ADRIAN D'HAGÉ

LE CODEX MAYA

Traduit de l'anglais (Australie)
par Paul Benita

FIRST ÉDITIONS

Titre original :
THE MAYA CODEX

MIXTE
Papier issu de sources responsables
FSC® C003309

Pocket, une marque d'Univers Poche,
est un éditeur qui s'engage pour la préservation
de son environnement et qui utilise du papier fabriqué
à partir de bois provenant de forêts gérées
de manière responsable.

ISBN 978-2-266-21522-0

À Tammy et Catherine

Prologue

Vienne, 2008

Debout à la fenêtre, Aleta Weizman voyait dans cette neige qui tombait un sombre présage. L'hiver était précoce cette année, porté par un vent glacial venu du Danube qui soufflait en rafales sur les vieux pavés du quartier Stephansdom. Ce n'étaient pourtant pas ces bourrasques qui inquiétaient la jeune et brillante archéologue. Ses recherches ne lui laissaient aucun doute : les anciens Mayas avaient laissé derrière eux un terrifiant avertissement, une mise en garde à laquelle, déjà, son grand-père avait consacré sa vie. Et voilà qu'elle découvrait une nouvelle pièce du puzzle. De retour à Vienne afin d'assister à une conférence, elle était tombée dans la bibliothèque familiale sur un exemplaire dédicacé de *Science et humanisme – La physique de notre temps,* d'Erwin Schrödinger. Par curiosité, elle avait feuilleté l'ouvrage rédigé par l'ami très cher de son grand-père. Une page jaunie couverte de notes et la petite photographie d'un pendentif en forme de croix en étaient tombées. Elle n'avait eu aucun mal à reconnaître l'écriture méticuleuse de Levi Weizman et ce qu'elle avait lu l'avait aussitôt fascinée.

• *La séquence de Fibonacci joue un rôle essentiel dans la construction de tous les temples et pyramides mayas.*

• *La lettre grecque Φ – si tu veux trouver le Codex maya, cherche Φ et le centre du nombre d'or – Pacal.*

Cherche Φ et le centre du nombre d'or – Pacal. Qui était Pacal ? Malgré la tournure énigmatique de cette phrase, il ne devait pas s'agir d'un code. Ce n'était pas le genre de son grand-père. Mais alors pourquoi avoir caché ces notes dans ce livre ? Aleta retourna le cliché : aucune inscription ne figurait au dos. Elle se souvenait de son père mentionnant ce crucifix : ils étaient partis pêcher ensemble sur le lac Atitlán et, pour la seule et unique fois de son existence, il lui avait raconté comment l'extraordinaire héritage de la famille avait été pillé par les nazis alors qu'il n'était qu'un enfant. Aleta poussa un soupir, ses yeux se mouillèrent. La perte de son père la hantait encore.

Depuis sa cachette, Curtis O'Connor ajusta la mise au point de ses jumelles braquées sur la femme dans l'appartement au dernier étage. Quoi qu'elle puisse être par ailleurs, le Dr Weizman était une femme très séduisante. Grande, avec de longs cheveux noirs cascadant sur ses épaules et couvrant en partie un visage ovale aux traits délicats. Pour l'heure, elle semblait plongée dans ses pensées.

Il continua à observer sa cible. Il était grand lui aussi, solidement bâti et en excellente forme. Sa tignasse noire et ses yeux bleus souvent rieurs trahissaient ses origines irlandaises. Microbiologiste de formation, O'Connor était un esprit brillant, l'un des plus brillants de la CIA. Il était aussi d'un naturel très indépendant et, dès le départ, il avait nourri des doutes quant à cette mission d'élimination du Dr Weizman. Pourquoi ses supérieurs du septième étage du quartier général de Langley tenaient-ils tant à supprimer une archéologue ?

Au-delà de la Judengasse, le regard d'Aleta se posa sur Saint-Ruprecht, la plus vieille église de Vienne. Sans voir l'homme qui se tenait dans l'ombre du clocher couvert de lierre, elle songeait à ceux qui avaient connu ici la terreur nazie. Les petites ruelles de la vieille ville abritaient autrefois la communauté juive ; à présent, ce quartier, rebaptisé le Triangle des Bermudes par les jeunes en sac à dos qui « faisaient » l'Autriche, regorgeait de boutiques de créateurs, de bars et de boîtes de nuit. Les clients de ces établissements avaient tendance à disparaître dans la *Judengasse*, la « rue des Juifs », aux petites heures de la matinée. En général, ils réapparaissaient un ou deux jours plus tard, un peu plus fatigués, certes, mais intacts. Contrairement au Triangle original situé dans l'Atlantique, au nord-est des anciennes terres mayas du Guatemala et de la péninsule du Yucatán, où des navires entiers et même parfois des avions avaient eux disparu sans laisser de trace. Si elle avait su la surveillance dont elle était l'objet, Aleta aurait compris que, pour elle, le Triangle des Bermudes de Vienne n'était pas moins dangereux.

Au-delà du vieux clocher carré de Saint-Ruprecht, au-delà des trams qui grondaient sur Franz-Josefs-Kai, elle contempla le Donaukanal, un des nombreux canaux que les ingénieux Viennois avaient construits à la fin du XIXe siècle pour contrôler les flots turbulents du Danube. Elle n'avait pas encore d'avis définitif sur ce désastre imminent prédit par les Mayas, mais il lui était difficile de rejeter les nombreuses preuves scientifiques qui tendaient à le confirmer. Beaucoup des événements qui, selon eux, annonçaient cette catastrophe s'étaient déjà produits. Elle pensa à l'ancienne stèle couverte de hiéroglyphes qu'elle avait dénichée au *Museo Nacional de Arqueología y Etnología* de Guatemala City. À la différence des artefacts exposés de façon permanente, ce monument se trouvait, comme oublié, dans une réserve. Lui seul portait le symbole Φ. Ce même symbole qu'elle venait de découvrir dans les notes de son grand-père.

Toujours plantée devant la fenêtre, elle envisagea d'explorer ce quartier de l'élégante capitale autrichienne mais y renonça. Non parce qu'elle craignait pour sa sécurité – la ville où Mozart avait passé ses années les plus créatrices était une des plus sûres d'Europe – mais parce qu'elle tenait à avoir les idées claires pour l'ouverture de la conférence. L'éminent spécialiste de la culture maya, Mgr Matthias Jennings, devait y délivrer une communication. Dire qu'elle était en désaccord avec lui serait un euphémisme. Personnage imbu de lui-même, ce prêtre jésuite présentait les Mayas comme des sauvages belliqueux et sanguinaires, mais sa célébrité attirait inévitablement les médias et elle savourait déjà l'idée de critiquer ses positions en public.

Aleta récupéra son verre de vin sur le manteau de la cheminée. En se retournant, elle sentit une lame de parquet craquer sous ses pieds. Sa curiosité d'archéologue aurait pu la pousser à soulever le tapis mais, fatiguée par le long vol depuis Guatemala City, elle préféra aller se coucher. Elle ne trouva donc pas la boîte en fer que son grand-père avait cachée là en 1938. Pas plus que les Chemises brunes d'Hitler quand elles avaient investi l'appartement soixante-dix ans plus tôt.

* * *

O'Connor quitta l'ombre du clocher de Saint-Ruprecht, descendit les quelques marches donnant sur la Morzinplatz et sauta à bord d'un vieux tram de la ligne 1 sur Schwedenplatz Strassenbahnhaltestelle. Il s'installa sur un des sièges en bois tandis que l'engin grinçait le long de la célèbre Ringstrasse. Les toits du Neues Rathaus, du Parlement et de l'Opéra étaient couverts de neige. Il descendit au Kärntner Ring et rejoignit à pied l'Imperial Hotel tout proche, l'ancien palais du prince Philippe de Wurtemberg où avaient, en leur temps, séjourné Nikita Khrouchtchev, Indira Ghandi, Liz Taylor, Richard Burton, et plus récemment Bruce Springsteen, Mick Jagger ou Hillary Clinton. O'Connor avait entendu dire que dans les années soixante, le jeune Rudolf Noureev s'y était vu refuser une chambre – à l'époque, les jeans étaient mal vus – jusqu'à ce que lord Snowdown, traversant la réception, le reconnaisse. Snowdown lui avait offert un verre au bar, et le danseur avait eu sa chambre.

O'Connor se dirigea vers ce même bar. Dans la lumière tamisée, une serveuse de salle vêtue d'un somptueux costume vert olive lui adressa un charmant sourire. Il le lui rendit, mais s'installa néanmoins sur un des tabourets en cuir au comptoir.

— Champagne, s'il vous plaît, Klaus.

Dans un hôtel, il s'attachait toujours à connaître deux personnes : le chef concierge et le chef barman.

— Dom Pérignon ou Moët, monsieur O'Connor ?

— Le Moët sera parfait, merci.

Il regarda la pièce enfumée autour de lui. Dans un coin, un groupe d'Autrichiens d'allure distinguée s'entretenaient autour d'une table basse sous des rideaux or et pourpre.

— L'Imperial semble avoir un faible pour tout ce qui brille, fit-il remarquer en s'attardant sur les épaulettes dorées de l'uniforme de la serveuse.

Klaus sourit tout en versant le champagne dans une flûte.

— Mon père travaillait déjà ici pendant la guerre. À l'époque, les clients étaient surtout des nazis. Et les bunkers où ils stockaient leur or existent toujours.

— Ils stockaient leur or *ici* ?

— Hitler descendait chez nous chaque fois qu'il venait à Vienne. Son ministre des Affaires étrangères, Joachim von Ribbentrop, en avait fait une sorte d'annexe du Troisième Reich.

Après l'entrée triomphale du Führer dans la ville peu après l'Anschluss, les balcons de l'établissement avaient été décorés avec d'immenses bannières rouge et noire portant le svastika et le *Reichsadler* – l'aigle allemand.

— Peu de gens s'en souviennent, monsieur O'Connor, mais les nazis ont utilisé du béton renforcé pour construire ces bunkers qui se trouvent encore sous nos pieds. Ils ont creusé des tunnels à travers les murs des caves, et l'un d'eux mène à une sortie secrète dans la Dumbastrasse, ajouta Klaus.

La Dumbastrasse, la rue qui se trouvait sur le flanc ouest de l'Imperial, croisait le Kärntner Ring.

— Ils ont donc résisté aux bombardements ?

— L'Imperial a eu beaucoup de chance. L'Opéra et le Burgtheater ont été détruits. L'Ambassador Hotel et le Old Bristol ont, quant à eux, beaucoup souffert. Nous avons été touchés nous aussi, mais les parois de ces tunnels font un mètre d'épaisseur. Les portes sont en acier et les systèmes d'aération ont été fabriqués par Dräger, l'entreprise chargée de la construction du bunker d'Hitler à Berlin. D'après mon père, quand le capitaine SS Otto Skorzeny a sauvé Mussolini en 1943, il l'a fait entrer dans l'hôtel par la porte secrète dans la Dumbastrasse.

— Et l'or ?

Klaus haussa les épaules.

— Le seul qui reste maintenant se trouve sur les couverts de l'hôtel qui sont rangés dans ces présentoirs là-bas. Mais on entend parfois des rumeurs… Toujours selon mon père, avant qu'Himmler ne se fâche avec Ribbentrop, il séjournait souvent ici. Il m'a montré une photo où on le voit avec un de ses protégés, un jeune officier SS nommé Karl von Heiβen qui est devenu commandant du camp de Mauthausen. Juste avant la chute du Reich, ce von Heiβen a été impliqué dans la disparition d'une grande quantité de lingots qui auraient été stockés ici avant d'être expédiés en Amérique centrale par l'intermédiaire de la Banque du Vatican. Qui sait ? Quelqu'un les retrouvera peut-être un jour…

O'Connor lui laissa un généreux pourboire avant de quitter le bar. Il s'engagea sur le tapis rouge recouvrant le grand escalier en marbre qu'Hitler, Himmler et tant d'autres avaient gravi. Au sommet des marches, trônait un immense portrait de l'empereur François-Joseph dans son uniforme de maréchal. Un peu plus loin, la statue délicieusement éclairée d'une déesse nue ramena les pensées d'O'Connor vers le Dr Aleta Weizman.

Il verrouilla la porte de sa suite derrière lui et vérifia la présence du cheveu qu'il avait laissé au coin inférieur gauche du coffre-fort installé dans la penderie. Constatant qu'il n'avait pas bougé, il composa la combinaison et sortit le disque contenant les données sur Weizman. Il les avait déjà mémorisées, mais il tenait à s'assurer qu'il n'avait rien oublié. Il inséra le disque dans son portable.

Le dossier était classé « SECRET », un niveau de sécurité important, ce qui n'avait aucun sens pour O'Connor. Les informations récupérées aussi bien par la CIA que par le FBI étaient peu nombreuses, et la plupart d'entre elles auraient pu être obtenues en consultant des bases de données ouvertes au public.

WEIZMAN, ALETA REBEKKAH

Naissance : 15 novembre 1972, San Marcos, lac Atitlán, Guatemala. Grand-père : Pr Levi Weizman, éminent archéologue. Parents et fratrie décédés.

O'Connor grimaça. Le mot « décédés » dissimulait beaucoup de choses.

Caractéristiques physiques : un mètre soixante-treize ; cheveux noirs ; teint olivâtre ; yeux brun foncé ; cicatrice juste au-dessus de la fesse droite.

Situation familiale/activités sociales : Semble n'entretenir aucune relation. A épousé un Américain en 1999, mais le mariage n'a duré que dix-huit mois et s'est terminé par un divorce. Pas d'enfant. Titulaire d'un certificat PADI, avec notamment une spécialisation pour la plongée sous-marine en conditions extrêmes mais ne semble pas pratiquer de façon régulière.

Religion : Se décrit elle-même comme « sans croyance particulière ». Éducation catholique, origines juives.

Formation : Nombreux diplômes universitaires en sciences, arts et archéologie, docteur en philosophie (Harvard).

Opinions politiques : Aucune preuve que Weizman soit membre d'un quelconque parti ou organisation, mais elle se montre virulente sur les droits de l'homme, particulièrement ceux concernant les descendants modernes des Mayas.

Publications : Essentiellement dans des revues scientifiques sur les anciennes civilisations mayas, mais est aussi l'auteur d'un article sur les changements du champ magnétique terrestre et les liens avec une vieille prédiction maya (voir document joint dans l'Annexe A). Cela reste dans son domaine de compétences, car elle détient aussi un diplôme en mathématiques.

O'Connor interrompit sa lecture pour réfléchir à ce qu'il avait appris lors d'une de ses dernières affectations au centre de recherches ultra-secret de Gakona, dans les immensités glacées de l'Alaska. Weizman entrevoyait-elle une dérangeante vérité sur le champ magnétique terrestre et un éventuel basculement des pôles ? Aussi catastrophique que serait un tel événement, elle était loin d'être la seule à s'y intéresser. De toute manière, même si elle avait établi un lien entre certains faits scientifiques et une vieille prédiction maya, cela ne justifiait nullement une mission d'assassinat. O'Connor fit défiler la page.

Plus récemment, Weizman a publié plusieurs articles critiques sur la politique américaine en Amérique centrale (les textes complets se trouvent dans l'Annexe A).

Niveau de surveillance : Priorité basse.

Il consulta les autres pages, qui incluaient les reproductions exhaustives des articles à la fois généraux et scientifiques du Dr Weizman, dont l'un faisant référence à un « Codex maya » disparu, et quelques traductions d'entretiens accordés à des journaux et magazines guatémaltèques, *El Periódico*, *Nuestro Diario* et *La Hora*. Perplexe, il éjecta le disque pour le ranger de nouveau dans le coffre. Le dossier Weizman soulevait plus de questions qu'il n'apportait de réponses.

Il se déshabilla et ajusta la pression et la température de la douche, savourant la puissance du jet. Mais ses pensées ne quittaient pas le Dr Weizman. Une obscure archéologue travaillant dans les jungles du Guatemala n'aurait jamais dû attirer l'attention de

Washington. Ce qui se trouvait dans son dossier ne justifiait, ni de près ni de loin, la qualification de « danger clair et immédiat », la seule qui aurait pu pousser le président à autoriser sa mission présente. Il devait y avoir autre chose. De bien plus grave. Il décida de fouiller son appartement.

LIVRE I

1

Vienne, 1937

Le Pr Levi Weizman retira la figurine de jade du grand coffre mural pour la poser sur son bureau. D'un vert laiteux, elle avait été sculptée en forme de kapokier, le *Yaxche*, l'« Arbre de Vie » révéré par les anciens Mayas. La puissante silhouette d'un jaguar mâle avait été gravée sur les racines. Sous ce socle, un orifice avait été creusé auquel on avait donné une forme très reconnaissable : celle de Φ, la lettre grecque phi. L'artisan était parvenu à reproduire fidèlement la couronne plate de l'arbre. De longues branches entremêlées s'étiraient à l'horizontale dans les quatre directions de la boussole. Levi avait souvent rencontré cet arbre lors de ses voyages sur le terrain. Dans les montagnes du Guatemala, le kapokier se dressait au-dessus de la canopée, offrant un perchoir pour les harpies féroces, les aigles qui hantaient cette jungle. Au sommet de la figurine, le nid du prédateur avait été remplacé par un anneau d'obsidienne noir et or sertissant un cristal chatoyant.

L'appartement des Weizman, au troisième et dernier étage de l'immeuble, était situé au coin de la Sterngasse et de la Judengasse dans Stephansdom, le vieux quartier juif. En ce début de soirée, une neige légère tombait, les flocons se posant délicatement sur les pavés. Plongé dans ses pensées, Levi enfonça les mains dans ses poches. Il avait largement dépassé la cinquantaine mais gardait l'allure d'un homme bien plus jeune. Ses cheveux gris coiffés en arrière dégageaient un visage ovale et une barbe blanche taillée avec soin. Ajustant ses lunettes carrées sans monture, il contempla la figurine. Il savait qu'elle avait dû être fabriquée aux alentours de 850 après J.-C., à une époque où les Mayas occupaient la grande cité-État de Tikal dans ce qui était maintenant le Guatemala.

Il l'avait découverte dans une chambre secrète de la Pyramide I, l'un des nombreux tombeaux de Tikal, au cours de l'été 1936 lors d'un congé sabbatique de l'université. Il était bien conscient qu'il lui fallait révéler cette trouvaille. Mais il était aussi convaincu que la figurine recelait un mystère et il était bien décidé à le percer avant de faire la moindre annonce publique.

— *Es is fast Abendessen*. Nous n'allons pas tarder à dîner, chéri. Les enfants ont faim.

De quinze ans plus jeune que son mari, Ramona Weizman n'avait pas abandonné sa carrière de modiste. Elle était l'une des plus réputées de Vienne et vendait ses créations exclusives dans sa boutique située au rez-de-chaussée. Ses feutres mous « à la Garbo » rivalisaient avec ceux de la très célèbre et très parisienne Schiaparelli. Grande, les cheveux noirs et les yeux sombres, Ramona était une femme belle et chaleureuse.

— Tu n'as pas quitté ton bureau de la journée, Levi, le gronda-t-elle gentiment en roulant des yeux quand elle aperçut la myriade d'équations mathématiques qui s'étalaient sur son bureau derrière la figurine.

— J'essaie de comprendre ce qu'elle signifie, répondit-il. Tu te souviens de cette stèle que j'ai trouvée dans la Pyramide I à Tikal ?

— Pas très bien, dit-elle en se perchant sur le seul coin de la table qui n'était pas recouvert par des papiers, croisant ses longues jambes. Tu m'as montré des photographies. C'est ce monument couvert de gribouillis ?

— De hiéroglyphes sculptés, corrigea Levi avec un sourire. Je suis convaincu que ces glyphes font référence au solstice d'hiver et que cela a un rapport avec cette figurine.

Il prit la statuette pour se diriger vers une autre table, beaucoup plus grande, où il avait construit une maquette reproduisant à l'échelle les principaux temples de Tikal. Il la posa au sommet de la Pyramide I.

— Même sans connaître le télescope, les Mayas étaient d'excellents astronomes, et leurs constructions le démontrent. Au solstice d'hiver, les pyramides de Tikal et le soleil sont alignés avec le mont Victoria qui se dresse dans les montagnes, expliqua-t-il en montrant les modèles de bois. Chaque pyramide fait partie d'une matrice. Par exemple, si tu te trouves au sommet de la Pyramide IV avant l'aube du solstice, le 21 décembre, le soleil se lèvera juste au-dessus de la Pyramide III et inversement au crépuscule.

— Quel rapport avec la figurine ?

— Je ne sais pas encore, mais je suis certain que ce cristal n'est pas là par hasard.

— Excuse-moi, Levi, dit-elle, mais je trouve cette reproduction assez peu fidèle. Je croyais que le kapokier était un arbre imposant. Celui-ci est court et trapu.

— Il fait exactement 33,98 centimètres de haut sur 21 de large, répondit-il, et ces dimensions ne doivent rien au hasard : si tu divises 33,98 par 21, tu obtiens 1,618.

Ramona haussa un sourcil.

— C'est la valeur de Φ, expliqua-t-il, ou « nombre d'or ». Ce qui le lie à la suite de Fibonacci que l'on retrouve au cœur du monde naturel…

Ramona leva la main, sachant ce qui allait se produire si elle le laissait continuer.

— Et je suis certaine que ce cher Fibonacci ne s'offusquera pas si tu t'arrêtes un moment pour dîner.

Levi étreignit sa femme.

— Tu me détournes de mon travail.

— Il faut bien que quelqu'un le fasse. Viens. Les enfants sont affamés et moi aussi.

À regret, il éteignit la lumière et la suivit hors de la pièce.

— *Ouch!* Arrête ! dit Rebekkah en repoussant son frère. Maman, Ariel me frappe avec un coussin !

— Ça suffit, vous deux. Allez vous laver les mains. On va manger.

Les deux chandeliers d'argent posés sur une simple nappe blanche représentaient les commandements de Dieu. Ramona apporta le pain, dissimulé sous un linge sur lequel était brodée l'étoile de David. Dès qu'ils furent tous assis, Levi récita la prière en hébreu :

Barukh atah Adonai Elohaynu melekh ha-olam

« Béni sois-Tu, Seigneur, notre Dieu, Roi de l'Univers »

Ha-motzi lechem min ha-aretz. Amein
« Qui fait surgir le pain de la terre. Amen »

Levi servit un des vins blancs préférés de Ramona, un grüner veltliner, et leva son verre.

— *Prost, meine Liebling.* « À toi. »

— *Prost*, répondit-elle avec un regard affectueux pour son mari. Et à ta figurine ! J'espère que tu découvriras ce qu'elle signifie. Tu as une idée ?

— Je crois que les Mayas cherchaient à nous laisser un message. À l'époque où cette statuette a été fabriquée, il y a plus de mille ans, leur civilisation était à son apogée. Pyramides et temples s'étalaient de la péninsule du Yucatán, dans ce qui est aujourd'hui le Mexique, jusqu'aux jungles du Guatemala, du Salvador et du Honduras. Pourtant, moins de cinquante ans plus tard, toute cette civilisation a purement et simplement disparu. Les cités-États et les pyramides ont été littéralement abandonnées à la jungle.

— Pourquoi ?

— Nous l'ignorons. Bien sûr, il y a des théories, une fièvre hémorragique virale catastrophique ou bien la chute d'une météorite, mais rien ne permet de les confirmer. Nous sommes nombreux à penser que la guerre entre cités-États couplée à la déforestation a provoqué de tels dégâts que les Mayas se sont retrouvés dans l'incapacité de faire pousser assez de grain pour survivre. Quelle que soit la cause, cela reste un des grands mystères de l'ancien monde. Tu te souviens de ce chaman que j'ai rencontré lors de mon dernier voyage au Guatemala ?

— Celui du lac ? Roberto ?

— Oui, Roberto Arana. Il m'a dit que c'était un grand honneur que d'avoir trouvé la figurine, mais il m'a recommandé de ne pas en parler. Selon lui, seuls les anciens sont au courant de son existence. C'est un secret très bien gardé. Il m'a aussi expliqué qu'il en existait deux autres, chacune avec un cristal enchâssé dans sa couronne. Celle que je détiens est *ah-ton*, le mâle, mais il reste à découvrir le neutre et la femelle.

— Tu sais où elles sont ?

Levi esquissa un sourire.

— Si seulement... Bien sûr, j'ai demandé à Roberto, mais il s'est montré très énigmatique. « Les deux autres ne seront trouvées que quand il faudra qu'elles le soient », a-t-il dit.

Levi regarda ses enfants et décida de ne pas révéler tous les détails de sa conversation avec le chaman maya.

— Il a aussi ajouté que les figurines permettront de découvrir un codex secret essentiel – le Codex maya – mais qu'il est nécessaire pour cela que les trois soient rassemblées.

— C'est quoi, un codex, papa ? demanda Rebekkah, 8 ans, ses boucles blondes luisant dans la lueur des chandelles.

— C'est un très vieux livre, mon cœur, écrit sur un papier à base d'écorce, qui se déplie comme un accordéon.

— C'est bizarre, de faire un livre avec de l'écorce, déclara Ariel.

Grand pour ses 10 ans et déjà brillant élève, le garçon avait hérité la chevelure noire et le sourire de sa mère. Ce soir pourtant, il semblait morose.

— Pas vraiment, répondit Levi. Si le papier a été inventé il y a des siècles en Chine, la première presse à imprimer date, elle, de 1448. C'est un Allemand du nom de Johannes Gutenberg…

— Disons, pour simplifier, intervint délicatement Ramona, que les Mayas ont dû se servir des matériaux dont ils disposaient.

— Alors, c'était comment l'école aujourd'hui, Rebekkah ? s'enquit Levi.

— Oh, ça allait, murmura la petite fille en baissant soudain les yeux.

Levi échangea un regard avec Ramona. Leur fille était une boule d'énergie en perpétuelle effervescence mais, ce soir, comme son frère, elle semblait étrangement apathique.

— Ça allait ? C'est tout ? Et toi, Ariel ?

Pour toute réponse, Ariel joua avec sa nourriture.

— Est-ce que pour toi aussi, « ça allait », jeune homme ?

— Oui, ça allait. On a un nouveau professeur, dit finalement Ariel.

— Et il est horrible et méchant ! s'exclama soudain Rebekkah.

— Vraiment ? Et qu'est devenu M. Lowenstein ? demanda sa mère, surprise que les parents n'aient pas été prévenus de ce remplacement.

Ariel haussa les épaules.

— Le nouveau s'appelle Herr Schweizer, et il dit que le Troisième Reich de Herr Hitler durera mille ans.

Levi et Ramona échangèrent de nouveau un regard. Soudain, la sonnerie du téléphone retentit dans le bureau.

— Pr Weizman.

— *Ein Moment, Bitte, Herr Professor. Berlin ruft an.*

Il y eut des craquements sur la ligne tandis que l'opérateur établissait la connexion.

— *Guten Abend, Herr Professor. Mein Name ist Standartenführer Wolff. Stabschef auf Reichsführer Himmler.*

Levi écouta attentivement le colonel SS lui exposer la proposition de Heinrich Himmler.

— *Gute Nacht*, papa !

Rebekkah et Ariel embrassèrent leur père.

— Qui était-ce, au téléphone ? demanda Ramona, une fois les enfants couchés.

— Le chef de cabinet de Himmler à Berlin, le Standartenführer Wolff. Le Reichsführer veut me voir la semaine prochaine au quartier général des SS à Wewelsburg.

— Au nom du ciel, pourquoi ?

— Apparemment, il envisage de monter une expédition au Guatemala dans l'espoir de trouver des preuves archéologiques de l'existence de leur prétendue « race supérieure ». Hitler n'a pas encore donné son accord mais, s'il le fait, l'expédition sera dirigée par un jeune officier SS, l'Hauptsturmführer von Heißen. Himmler veut que je l'assiste.

— Tu ne vas quand même pas accepter ? s'affola Ramona. Je n'ai aucune confiance en ces gens, Levi. Hitler, Himmler, Goebbels… Ce ne sont que des voyous.

— Je sais. Mais s'ils sont prêts à financer une expédition à Tikal, cela me donnera l'occasion de rechercher les deux autres figurines.

— Et si c'était un piège, Levi ? Pourquoi te demanderaient-ils de les aider, toi ? Tu sais bien ce que Hitler et Himmler pensent des Juifs… et des intellectuels. Ils ne s'en cachent pas. Tous nos amis, Einstein, Schrödinger… Tous sont déjà partis. Et si ça continue, il faudra que nous fuyions, nous aussi.

— Voyons juste ce que Himmler propose, répondit Levi. Je dois tout faire pour tenter de récupérer les deux dernières figurines… et empêcher qu'elles ne tombent aux mains des nazis.

Ramona prit son mari dans ses bras.

— Je ne sais pas, Levi. J'ai écouté la radio hier : le chancelier von Schuschnigg disait de ne pas faire confiance aux nazis. J'ai un très mauvais pressentiment.

— Tout ira bien, je te le promets, *Liebchen*.

— Tu viens te coucher ? demanda-t-elle.

— Bientôt, promit Levi. Je veux juste tester le cristal sur la figurine.

Une fois Ramona partie, il installa un projecteur de diapositives afin de simuler le lever du soleil au solstice d'hiver. Il vérifia la position de la figurine au sommet de la reproduction de la Pyramide I et braqua le rayon lumineux.

Son pouls s'accéléra. Une curieuse réaction se produisit dans le cristal et un rayon, semblable à celui d'un laser d'un vert profond, en jaillit selon un angle très précis, irradiant le sommet de la Pyramide IV.

2

Obersalzberg

Les ruelles de Berchtesgaden étaient un peu trop étroites pour la grosse Mercedes noire. En ce milieu de matinée, les passants devaient s'écarter sur son passage : les hommes dans leurs vestes traditionnelles en cuir, les femmes dans leurs *dirndls* colorés.

Le véhicule descendit Bahnhofstrasse avant de tourner vers l'est pour s'engager sur le pont qui traversait l'Ache. Ici et là, l'eau contournait les sculptures de glace qui s'étaient formées sur et entre les rochers. La route serpentait en direction de l'Obersalzberg, la montagne qui dominait la ville. Un soleil timide traversait parfois les nuages pour iriser la campagne enneigée, les champs et les cerisaies qui, sur les hauteurs, cédaient peu à peu la place à une épaisse forêt de pins.

Nullement intéressé par le paysage, le Reichsführer Himmler, installé sur les sièges en cuir rouge à l'arrière, était resplendissant dans son sinistre uniforme noir des Schutzstaffel-SS, la garde prétorienne de Hitler. En civil, il aurait pu passer pour un employé de banque ou un comptable avec ses lunettes rondes cerclées d'or, sa tête un peu trop grosse et ses rares cheveux noirs rasés bien au-dessus des oreilles.

Pour l'heure, il annotait avec méticulosité un dossier intitulé *Geheim – Nur Durch Offizierhände* tandis qu'il lisait le câble qu'il venait de recevoir de l'ambassadeur d'Allemagne à Guatemala City.

PERSONNEL À L'ATTENTION
DU REICHSFÜHRER HIMMLER :

Rapport sur possibles liens entre races aryenne et maya dans la valise diplomatique au plus tôt. Professeur autrichien Levi Weizman présent ici en novembre dernier, a visité lac Atitlán, ainsi que Tikal. Weizman, juif mais sans aucun doute meilleur espoir de déchiffrer hiéroglyphes mayas. Prêtre catholique à Tikal, père Wolfgang Ehrlichmann, croit que nous trouverons crânes aryens parmi ruines. Rumeurs non corroborées à propos d'un codex maya prévenant d'un « Armageddon imminent ». Ce codex devrait aussi établir des liens entre Aryens et anciens Mayas.

Himmler souligna les mots « codex maya » et « Armageddon imminent », puis songea à la conférence de 1933 de la *Nordische Gesellschaft*, la Société nordique, où il avait rencontré un vieux colonel de l'armée impériale autrichienne, Karl-Maria Wiligut. Celui-ci avait produit un manuscrit jauni relié de cuir contenant les fragments d'un autre avertissement :

Quand tous les arbres seront détruits, viendra le jour où la température sera insoutenable. Quand les incendies ravageront la terre ; quand les séismes apporteront pestilence et inondations ; quand la terre se flétrira ; quand l'humanité se vautrera dans la luxure ; quand la religion combattra la religion et que l'Église catholique sera détruite. Un prince, descendant des Aryens et d'une ancienne civilisation, émergera de l'obscurité. Il portera une croix de fer sur la poitrine et il délivrera son peuple.

Selon Wiligut, l'avertissement complet se trouvait dans un ancien codex maya disparu, dans lequel était expliqué le lien entre cette prédiction et la disparition de cette ancienne civilisation, ainsi que les mesures qui devraient être prises pour éviter une telle catastrophe. Himmler se frotta le menton. *Un prince avec une croix de fer sur la poitrine émergera de l'obscurité.* Le Führer avait obtenu la Croix de fer durant la Grande Guerre… Il acheva la lecture du câble.

Codex introuvable. Nonce apostolique offre à Ehrlichmann de prêter assistance officielle à l'expédition. Intérêt du Vatican peu clair mais sans doute lié au codex. Demande avis avant approbation. Support logistique pour expédition en cours d'évaluation. Exigera construction d'un terrain d'aviation à Tikal. Vous tiendrai au courant au plus tôt.

Freidrich Waltheim, Ambassadeur.

La Mercedes atteignit le premier des points de contrôle sur les flancs de l'Obersalzberg. La barrière et les bras droits des gardes se dressèrent à l'unisson vers le ciel. Himmler était attendu. Depuis l'accession des nazis au pouvoir, les résidents ancestraux des montagnes bavaroises avaient été chassés sans la moindre cérémonie. L'Obersalzberg était désormais une place forte du régime. La résidence secondaire préférée de Hitler, le Berghof, se trouvait ici et les autres dignitaires nazis, dont Hermann Göring et le chef du parti, Martin Bormann, avaient acquis d'immenses propriétés dans les environs. D'autres soldats saluèrent la voiture noire quand elle franchit une porte ornée de l'aigle du Troisième Reich. Les bâtiments de pierre grise de la Gestapo, la police secrète de Himmler, semblaient froids et menaçants. Sous ceux-ci, des kilomètres de tunnels et de bunkers avaient été creusés dans la montagne.

Himmler rendit le salut et ouvrit le dossier de la Gestapo sur Levi Weizman. Ce Juif disposait-il d'informations sur les anciens Mayas qu'il aurait dissimulées ? Tant que l'Autriche n'était pas annexée, il était difficile de fouiller son appartement à Vienne. Himmler étudia les photographies de la femme de Weizman et de ses deux enfants. Un père et un mari dévoué. Bien. Voilà qui pouvait se révéler utile.

La route tournoyait à présent parmi les pins tandis que la voiture grimpait vers le *Kehlsteinhaus*, le « Nid d'aigle ». Au prix d'un de ces exploits technologiques qui faisaient la fierté du Troisième Reich, cet immense « refuge » avait été bâti au sommet de la montagne en guise de cadeau d'anniversaire à Hitler.

Bormann en avait personnellement supervisé la construction. Le chauffeur dut changer de vitesse pour gravir les cinq derniers kilomètres, mais le puissant moteur de la Mercedes n'eut aucun mal à avaler la pente. Quinze minutes plus tard, Himmler descendait devant l'entrée d'un long tunnel dont les parois étaient tapissées de marbre d'Untersberg et éclairées par des lampes gothiques suspendues à intervalles réguliers. Deux gardes SS se mirent au garde-à-vous tandis que leur chef, un jeune et blond Untersturmführer saluait.

— *Heil Hitler, Herr Reichsführer !*

— *Heil Hitler*, répondit Himmler avec un geste négligent.

Les échos de leurs bottes résonnant contre la pierre, l'officier l'accompagna dans le tunnel qui s'enfonçait au cœur de la roche. Deux autres soldats figés comme des statues les attendaient à l'entrée d'une pièce circulaire. L'ascenseur personnel de Hitler était entièrement décoré de bronze et de cuir vert. Des miroirs vénitiens ornaient les parois de la cabine ainsi qu'une grosse horloge en cuivre provenant d'un U-boat. Il y avait aussi un téléphone. L'Untersturmführer appuya sur l'unique bouton, et l'engin gravit en silence les cent vingt mètres menant au Kehlsteinhaus.

Hitler se trouvait sur la terrasse, les mains posées sur la balustrade, les yeux fixés vers l'Autriche au-delà de la frontière. Les sommets enneigés du Hoher Göll, du Watzmann et du Hochkalter se perdaient dans les nuages. Plus de mille mètres plus bas, Himmler pouvait apercevoir le *Königsee*. Encerclé par les montagnes sur trois côtés, le « lac du Roi » scintillait sous le soleil.

Himmler hésita avant d'oser déranger son chef. Adolf Hitler était le seul homme qu'il admirait sincèrement, le seul qui saurait hisser le *Vaterland* à sa véritable place dans le monde, mais il redoutait son humeur capricieuse.

— *Guten Tag, mein Führer.*

Il claqua des talons.

— Ah, Himmler.

Hitler repoussa la mèche qui lui retombait sur l'œil gauche avant de montrer les Alpes.

— Vous voyez ça ? fit-il en tendant la main vers l'Autriche où il était né. Bientôt, elle fera partie du Grand Reich !

Himmler acquiesça. C'était une belle journée, froide et claire et, là-bas, tout en bas, la vallée de Berchtesgaden semblait couler tout droit vers la frontière. Ici, ils se trouvaient sur le toit du monde. Ici, la puissance du Reich semblait sans limite.

— J'ai quelque chose pour vous, *mein Führer*, commença Himmler, enhardi par l'enthousiasme de Hitler. Nous pensons pouvoir trouver une nouvelle preuve archéologique de l'influence primordiale de la race aryenne sur le développement des grandes civilisations.

— Excellent ! fit Hitler en se claquant la cuisse. Nous en discuterons pendant le déjeuner. J'ai moi aussi quelques idées dont je veux vous faire part, sur la question juive notamment, et l'Église catholique.

* * *

L'un des plats préférés du Führer était au menu : pommes de terre au four et au fromage blanc à l'huile de lin non raffinée. Les deux hommes étaient installés dans la salle Scharitzkehl aux murs lambrissés de pin dont l'un était recouvert par une immense tapisserie des Gobelins. Le balcon offrait une vue imprenable sur l'Autriche.

— Ce matin, j'ai rencontré le conseiller financier du pape, le signor Felici, annonça Hitler. La santé de Pie XI suscite une grande inquiétude.

— Il va mourir ? demanda Himmler.

— Il semble, oui. Le cœur et des complications dues au diabète.

— Il faudra surveiller la désignation du nouveau pape, *mein Führer*, et je me méfie de Felici. Il est très proche du cardinal secrétaire d'État, Pacelli, un homme plein de suffisance qui, à ce qu'on me dit, s'intéresse un peu trop à nos expéditions archéologiques.

Himmler redoutait le Vatican. Ce ne serait pas la première fois que Rome interviendrait dans les affaires mayas. En 1562, durant la conquête espagnole de la péninsule du Yucatán, l'Église avait ordonné que les inestimables bibliothèques mayas soient brûlées. L'histoire littéraire de toute une civilisation avait été réduite en cendres, et seuls quatre codex avaient survécu. Himmler partageait l'avis de Friedrich Waltheim : l'intérêt du Vatican pour les jungles guatémaltèques avait sans nul doute un rapport avec le Codex maya.

— Vous avez raison, fit Hitler. Mais il y a vingt-trois millions de catholiques dans ce pays, et ils seront plus de trente quand nous aurons ramené l'Autriche et les Sudètes dans le Reich. Il faudra tenir les évêques allemands et autrichiens, et ce sera bien plus facile si le secrétaire d'État Pacelli devient pape.

— Il nous apporterait son soutien ?

— J'ai demandé à von Bergen de mener une enquête.

Diego von Bergen était l'ambassadeur d'Allemagne auprès du Saint-Siège depuis 1920.

— Mais si Pacelli veut ma signature au bas d'un concordat, alors mieux vaut pour lui qu'il nous soutienne. J'ai dit à von Bergen de lui faire passer un message : si le parti catholique allemand continue à s'opposer à nous au Reichstag, il n'y aura *pas* de concordat.

Himmler parut pensif.

— Pensez-vous que Pacelli… *s'il* gagne… pensez-vous qu'il prendra le parti des Juifs ?

— D'après ce que je sais, Pacelli estime que les Juifs n'ont que ce qu'ils méritent, d'où l'intérêt à ce qu'il devienne Pie XII. Mais c'est une chose d'exterminer les Juifs ici, ajouta Hitler en se tournant vers la frontière autrichienne. Là-bas, ils sont beaucoup plus nombreux.

— *Jawohl, mein Führer*. Selon nos meilleures estimations, ils sont environ 185 000.

— Ce qui fait 185 000 de trop. La question est : qu'allons-nous faire d'eux ? Dachau est déjà plein, sans parler des homosexuels, des gitans, des handicapés et toutes les autres sous-espèces.

— Il nous faut beaucoup plus de camps, approuva Himmler. J'ai déjà pris des dispositions en Autriche, en prévision de sa prochaine annexion. Nous pourrons en bâtir plusieurs autour de Gusen, et il existe un autre emplacement très vaste à Mauthausen. Il y a une vieille carrière là-bas que nous pourrions remettre en activité… La vermine juive y cassera des pierres.

— De préférence à mains nues.

— Il suffit que vous m'en donniez l'ordre, *mein Führer*, et quand Gusen et Mauthausen seront terminés, vous pourrez vous promener dans n'importe quel quartier de Vienne sans rencontrer un seul Juif.

— Bien. Cependant, le chancelier autrichien se montre quelque peu obstiné. J'ai prévu une démonstration de force à la frontière pour le contraindre à céder. J'ai aussi fait rédiger un accord qu'il devra signer. L'interdiction du parti nazi autrichien doit être abrogée, et tous nos hommes enfermés dans les prisons de von Schuschnigg devront être libérés ! brailla Hitler en abattant son poing sur la table. Vous ne devriez pas tarder à entamer la construction de vos camps, Himmler.

Un maigre sourire froid fendit le visage cireux du Reichsführer.

— Bien, et maintenant quelle était cette preuve archéologique dont vous parliez ? reprit Hitler.

— J'ai reçu un câble de notre ambassadeur à Guatemala City. Il est possible que les Aryens aient joué un rôle majeur dans l'ascension de la grande civilisation maya.

— Cela ne me surprendrait pas le moins du monde. Je viens de lire *Le Mythe du vingtième siècle*… Un livre excellent, *excellent*, répéta Hitler en se claquant la cuisse cette fois. Alfred Rosenberg a tout compris. Les Juifs ont corrompu la culture aryenne. Il nous revient d'assurer la purification de la race supérieure ! Nous sommes en train de construire les fondations d'un Reich qui durera mille ans !

Une telle perspective parut le mettre en transe. Il se leva de table pour gagner le balcon.

Profitant de son euphorie, Himmler saisit sa chance.

— Je songe à créer un établissement de recherche consacré à la promotion de la pureté de notre héritage ancestral. Le gros des fonds proviendra de grands consortiums industriels comme Bayerische Motoren Werke, ce qui nous permettra aussi de financer des expéditions archéologiques au Moyen-Orient, au Tibet et au Guatemala. Pour ce dernier pays, nous prévoyons d'utiliser un Autrichien, le Pr Levi Weizman.

— Levi Weizman ? On dirait un nom juif !

— Nous enquêtons à ce sujet, *mein Führer*, répondit Himmler, évasif. Les hiéroglyphes mayas sont particulièrement difficiles à déchiffrer, et ce Weizman est un des plus éminents savants dans ce domaine.

— Je me méfierais de lui, à votre place, prévint Hitler, tout autant que je me méfie de Felici ou Pacelli.

— Weizman ne sera pas difficile à contrôler. Nous disposons déjà de nombreuses informations à son sujet. Il est marié et a deux enfants. Une fois notre mission accomplie, nous les éliminerons tous.

Hitler grogna.

— L'expédition sera dirigée par l'Hauptsturmführer von Heißen, un jeune officier SS prometteur.

— Ah oui, je l'ai rencontré au Reichstag. Un jeune homme intéressant. Si nous voulons défaire le mal que les Juifs et les chrétiens ont infligé au *Vaterland*, Himmler, il nous en faut beaucoup comme lui.

3

Steinhoring, près de Munich

Grand, blond, les yeux bleus perçants, l'Hauptsturmführer von Heiβen personnifiait la vision du mâle de la race supérieure. Pour l'heure, il se trouvait au bar du *Heim Hochland*, le premier centre ouvert par Himmler destiné à permettre aux jeunes Allemandes de donner naissance à de vrais « Aryens ». Dans un mémo à destination des SS, il avait souligné le besoin d'accroître de façon significative le nombre d'enfants « purs » et encouragé ses officiers à répandre leur aryenne semence. Le *Heim Hochland* offrait donc à von Heiβen la possibilité de coucher avec une jeune femme « propre » à tous les sens du terme, à la différence des nombreuses prostituées syphilitiques qu'il avait fréquentées dans les bordels de Berlin.

Le Dr Rainer Drechsler, un petit homme maigre affligé d'un tic nerveux à l'œil droit, regarda sans le moindre intérêt une des femmes placées sous sa garde mettre un disque sur le gramophone. Des couples commencèrent à rejoindre la piste de danse tandis que résonnaient les premières mesures de « Darling, My Heart Says Hello to You ». Von Heiβen n'avait jamais maîtrisé l'art de la danse, mais il estimait le moment venu de semer sa graine. Il se servit un autre Glenfiddich, renversant une bonne dose de pur malt sur le comptoir. Verre à la main, il rejoignit le docteur.

— Celle avec la robe rouge là-bas dans le coin. Je la prends. Présentez-moi, fit-il, la voix épaissie par l'alcool.

Drechsler haussa les épaules et se dirigea vers la grande blonde assise seule à une table.

Von Heiβen le suivit d'un pas incertain, se cognant à une table qu'il renversa. Un verre se brisa sur le sol.

— Mlle Katrina Baumgartner, annonça le docteur, impassible.

Katrina leva des yeux d'un bleu très pâle. Sa peau était d'un blanc laiteux.

— Von Heiβen. Hauptsturmführer von Heiβen, annonça le capitaine SS en claquant des talons. Que buvez-vous, *Fräulein* ?

— Je ne bois pas, Hauptsturmführer, répliqua-t-elle froidement en le dévisageant avec dédain.

— Ridicule.

Von Heiβen claqua des doigts en direction d'une des serveuses.

— Du vin rouge pour la *Fräulein*. D'où venez-vous ? demanda-t-il en tirant une chaise.

— Berlin, répondit Katrina, les yeux vitreux d'ennui.

— Et qu'est-ce qui vous amène ici ?

— Ayant été affectée au programme Lebensborn, je n'ai pas eu le choix. Mais vous le savez déjà, Hauptsturmführer.

— C'est un grand honneur, fit observer von Heiβen, pour une femme, de servir le Reich. Je suis moi-même sur le point de partir pour les jungles du Guatemala, mais il s'agit d'une mission top secrète.

Demain, j'ai rendez-vous avec le Reichsführer Himmler, qui m'a sélectionné en personne. Il s'agit de trouver la preuve que les Aryens ont permis l'éclosion de la grande civilisation maya.

La jeune femme leva un sourcil sceptique.

— Nous serons aussi à la recherche d'un codex secret qui a disparu depuis des siècles. Et qui devrait être d'une grande valeur pour le Reich !

— Si c'est si secret, ne vaudrait-il pas mieux éviter d'en parler ?

— À vous, je peux faire confiance, fit von Heiβen, la voix de plus en plus pâteuse. Vous faites partie du programme. Vous êtes de bonne souche allemande. Si vous étiez juive ou gitane, ce serait différent.

— Et si je vous disais que j'ai de nombreux amis juifs qui sont de bons citoyens ?

— Alors, je vous dirais de faire attention, *Fräulein*. Très attention. Avez-vous lu *Les Protocoles des sages de Sion* ?

— J'aurais dû ?

— Absolument. Je vous en ferai envoyer un exemplaire. Le Führer lui-même recommande sa lecture…

Von Heiβen se pencha pour saisir son verre et faillit tomber de sa chaise.

— Néanmoins, pour mon expédition, je vais devoir m'accommoder de la présence d'un professeur juif, même s'il aura sa date de péremption… ajouta-t-il avec un gros rire. Mais c'est très bruyant ici, fit-il en se levant et en tendant une main molle vers Katrina.

Elle leva les yeux, son regard passant avec mépris sur ses bottes immaculées et son uniforme SS entièrement noir créé par Hugo Boss. Elle se leva à contrecœur.

* * *

Von Heißen dut s'asseoir sur le rebord du lit pour se débarrasser de ses bottes.

— Je me mettrais à l'aise si j'étais toi, fit-il, soudain familier.

Katrina Baumgartner laissa tomber sa robe rouge sur le tapis de sa chambre confortablement meublée. Son soutien-gorge et sa culotte de dentelle noire contrastaient avec sa peau très blanche.

Louchant sur ses longues jambes, il réussit enfin à s'extraire de son pantalon. Il se leva et tituba vers Katrina. Elle l'esquiva.

— Pas tout à fait prêt, n'est-ce pas, Hauptsturmführer ?

— Hein ?

— Eh bien, regardez ça ! dit-elle en rigolant tout en se glissant dans le lit. Que voulez-vous faire avec un truc aussi petit ?

Elle prenait un gros risque, mais un risque calculé. La plupart des hommes – surtout ces officiers arrogants – supportaient mal ce genre de pression. Bien sûr, Katrina ne pouvait pas savoir que la première petite amie de von Heißen avait éclaté de rire quand elle l'avait vu nu pour la première fois et que, depuis, il ne trouvait consolation que dans les bordels berlinois.

— *Fick dich !*

Il lui balança son poing qu'elle évita adroitement. Il rugit de douleur quand sa main entra en contact avec la tête de lit. Il s'écroula sur l'oreiller.

— Je ne recommencerais pas si j'étais vous, Hauptsturmführer, le prévint-elle le doigt sur la sonnette installée sur sa table de nuit. On m'a peut-être forcée à intégrer ce programme, mais cette alarme est directement reliée au bureau des gardes et, si vous ne vous tenez pas correctement, je n'hésiterai pas à les appeler. Bon, et maintenant, fit-elle en haussant un sourcil, allez-vous vous décider à dresser cet outil minuscule ? Ou vous faut-il un autre whisky ?

Se tenant la main, Von Heißen s'assit, les yeux injectés de sang et brillants de colère. Elle était déjà debout près de la table.

— Buvez, dit-elle en revenant avec un grand verre de Chivas. Ça devrait vous aider.

Il lui lança un regard noir, mais avala la boisson d'un trait et lui rendit le verre. Elle le remplit de nouveau avant de brancher le gramophone. Elle prit son temps pour choisir un disque. Quand la musique emplit enfin la chambre, von Heißen ronflait.

* * *

Au matin, Katrina quitta le lit de très bonne heure, s'habilla en silence et sortit pour une très longue promenade.

Bien plus tard dans la matinée, la voiture de von Heißen arriva à Kassel, la ville où les frères Grimm avaient écrit leurs contes. Le chauffeur obliqua vers la vallée de l'Alme à l'est, mais von Heißen ne s'en rendit même pas compte. Bouillant de rage en raison de la nuit qu'il venait de passer, il était en train d'en noter méticuleusement chaque détail dans son journal. Une manie qu'il avait depuis toujours. Moins d'une heure plus tard, la grosse Mercedes s'arrêta dans la cour du Wewelsburg. Il descendit et s'étira. Situé à l'aplomb du village, le château dominait les forêts de Westphalie. De style Renaissance, il avait été bâti selon un plan en triangle très inhabituel avec trois tours commandant chaque angle.

— *Heil Hitler, Herr Hauptsturmführer !* s'exclama un jeune lieutenant SS au garde-à-vous, le bras tendu. Je suis l'Untersturmführer Bosch. Bienvenue au Wewelsburg.

Le lieutenant Bosch faisait un centimètre de plus que von Heiβen, et ses cheveux châtain clair, épais et ondulés, étaient coiffés de façon à dégager son large front. Ses yeux bleu foncé semblaient très résolus.

— J'ai été désigné pour vous assister pendant votre séjour ici, Herr Hauptsturmführer. Le Pr Weizman se trouve déjà dans sa chambre et vous rejoindra, le Reichsführer et vous, pour le déjeuner. Si vous voulez bien me suivre, le Reichsfürhrer Himmler est en train de s'adresser aux officiers.

Bosch le précéda sur un pont pavé dont l'arche enjambait les douves. Ils franchirent d'immenses portes en bois avant de descendre quelques marches. Des lampes en fer forgé projetaient une lueur fantomatique contre les murs de pierre.

— C'est la salle du Graal, expliqua Bosch avec ferveur tandis qu'ils passaient devant une chambre contenant un gros cristal de roche illuminé représentant le Saint-Graal. Et voici, ajouta-t-il en baissant la voix, le Obergruppenführer Hall.

Bosch poussa le plus discrètement possible une lourde porte, et ils pénétrèrent dans une salle décorée de runes anciennes. Les arches étaient soutenues par d'immenses colonnes, et une grande roue en fer noir supportant plusieurs lampes était suspendue au plafond. Son image avait été reproduite en miroir sur le sol de marbre. Environ cinquante officiers SS, tous en uniforme noir, écoutaient religieusement leur Reichsführer.

— La reproduction sera la base de notre succès, messieurs. L'amélioration de l'espèce. C'est quelque chose que l'on sait depuis longtemps avec les animaux. Quand on veut acheter un cheval, mieux vaut prendre conseil auprès d'un expert en chevaux.

Malgré une voix haut perchée, Himmler possédait, comme Hitler, une éloquence hypnotique.

— Les meilleures lignées produiront toujours des champions, mais c'est une réalité que des siècles d'éducation chrétienne nous ont fait perdre de vue. Pour les chrétiens, contempler un beau corps d'homme en maillot de bain est un péché !

Des rires résonnèrent dans l'immense salle.

— Il est de notre devoir de perpétuer la meilleure souche nordique. Tout notre combat restera vain si la victoire politique n'amène pas la pureté raciale. Faire des enfants n'est pas une affaire privée mais le devoir de chaque individu envers ses ancêtres et notre peuple. Un mariage reste futile s'il n'apporte pas de nombreux descendants. Toute union saine devrait produire un minimum de quatre enfants. Cela ne veut pas dire qu'il vous faut épouser la première fille qui semble remplir nos exigences. Sans vous montrer indélicat, amenez-la à vous parler un peu de sa famille. Si elle révèle que son père s'est suicidé, ou bien qu'une tante ou un cousin se trouve dans un asile de fous, vous devez faire ce qui convient. En toutes circonstances, un officier SS se doit de respecter les convenances. Dans de tels cas, voici ce qu'il doit dire : « Je suis navré, mais je ne peux pas t'épouser. Il y a trop de dégénérés dans ta famille. »

Von Heiβen approuva avec énergie.

— Bien… Et maintenant, avant de déjeuner, nous avons le temps de répondre à une ou deux questions.

Un grand major à la chevelure lissée se mit au garde-à-vous.

— Selon vous, quel est le plus grave problème auquel l'Allemagne doit faire face aujourd'hui, Herr Reichsführer ?

— Identifiez-vous.

— Sturmbannführer Austerlitz, Herr Reichsführer.

— C'est une excellente question, dit Himmler en contournant le pupitre.

Le major SS se rassit, rayonnant devant un tel compliment.

— En dehors du *Lebensraum* – l'annexion vitale de nouveaux territoires au Troisième Reich –, répondit Himmler, nous devons redonner toute sa gloire à la race nordique. Nous devons restaurer *das Herrenvolk*, la « race des seigneurs », dans sa position de prééminence et, dans ce but, il nous faut reconstruire l'histoire perdue des Aryens. Nous sommes en train de lancer plusieurs expéditions archéologiques afin de prouver les origines et l'influence déterminante de la race supérieure. L'une d'entre elles partira très bientôt dans les jungles du Guatemala. L'Hauptsturmführer von Heiβen, qui vient tout juste de nous rejoindre, la dirigera. Peut-être aimeriez-vous faire un commentaire sur votre mission, von Heiβen ?

— Certainement, Herr Reichsführer. L'origine de la pure race aryenne est cruciale, messieurs, expliqua-t-il, nullement impressionné par la présence de tous ces officiers d'un rang supérieur au sien. Pourquoi ? Parce que les anciennes tribus germaines ont démontré une intelligence et une créativité bien supérieures à toute autre civilisation de leur époque. Si nos recherches permettent de retrouver ce savoir, elles aideront le Troisième Reich à exceller à nouveau en sciences, en médecine, en agriculture et dans tous les autres champs de l'expérience humaine. La race germanique est au sommet de l'humanité, tandis que des races comme celles des Juifs, des Bochimans d'Afrique et des Aborigènes d'Australie en sont les tréfonds.

Himmler adressa un large sourire à son jeune protégé.

— Pour le moment, les Africains et les Australiens ne nous concernent pas, mais il en va tout autrement des Juifs, ainsi que des homosexuels et des gitans. Le Führer présentera très bientôt la loi pour la Prévention d'une descendance héréditairement malade. Elle nous permettra de stériliser les attardés mentaux, les aveugles, les sourds, les schizophrènes… tous ceux qui pourraient mettre un frein à notre glorieuse marche vers le progrès. Bien sûr, les Juifs nécessiteront une attention particulière.

Le Reichsführer hocha la tête en direction de l'Obersturmbannführer Manfred von Knobelsdorff, le commandant de la récente Académie nordique, lui indiquant que l'heure était venue de passer à table.

* * *

Levi Weizman feuilletait *Der Angriff*, le journal fondé par le ministre de la Propagande, Joseph Goebbels, le seul présent dans la pièce. À sa grande surprise, il y trouva un article concernant l'Église catholique. Quand il le lut, sa surprise se transforma en excitation.

L'archevêque de Paris couronne Notre-Dame de l'Espérance

L'archevêque de Paris, le cardinal Jean Verdier, a honoré une statue de la Vierge Marie à Pontmain, dans le nord de la France. La Sainte Vierge était apparue à deux enfants de ce village le 17 janvier 1871 au cours de la guerre franco-prussienne. Un conflit qui s'était soldé par une victoire écrasante de nos forces, débouchant sur l'unification de l'empire allemand par Guillaume Ier et la destruction totale de l'empire français.

Levi comprenait maintenant pourquoi la publication de cet article avait été approuvée. Le détestable petit Goebbels ne perdait jamais une occasion de claironner une victoire allemande.

Dans son message aux enfants de Pontmain, la Sainte Mère leur avait demandé de prier, redonnant ainsi espoir à tout le village accablé par la guerre. Quelques jours plus tard, comme en réponse à ces prières, l'armistice fut signé à Versailles. Le cardinal secrétaire d'État, Eugenio Pacelli, dans un décret promulgué à la basilique Saint-Pierre de Rome, a approuvé la vénération de « Notre-Dame de l'Espérance » de Pontmain, déclarant que sa statue devait être honorée avec une couronne d'or.

C'est donc le cardinal Verdier qui a été chargé de cette cérémonie en présence d'une assistance nombreuse. Au cours des siècles, il s'est produit plusieurs apparitions attestées de la Vierge Marie, les plus célèbres ayant eu lieu à Fatima, au Portugal, en 1917. Observée par plusieurs milliers de fidèles, la Sainte Mère était apparue à six reprises, le treize de chaque mois, de mai à octobre.

Levi respira profondément, songeant à la stèle qu'il avait découverte dans la Pyramide V de Tikal. Même si les Mayas n'avaient pas précisé l'année, les anciens hiéroglyphes indiquaient qu'une telle série d'événements surviendrait le treize de chaque mois de mai à octobre – et qu'ils auraient de grandes conséquences pour l'humanité. Existait-il un lien entre les avertissements que la Vierge avait délivrés à Fatima et le Codex maya ? se demanda-t-il. Cela expliquait-il l'intérêt du Vatican pour cette ancienne civilisation et la présence d'un prêtre catholique à Tikal ? Comment les anciens Mayas avaient-ils pu savoir que ces apparitions surviendraient ? Et tout cela avait-il un rapport avec 2012 ? Il secoua la tête. Trop de questions et, pour le moment, trop peu de réponses, mais plus que jamais il était convaincu que les anciens Mayas étaient loin d'avoir révélé tous leurs secrets.

Si, dans un premier temps, la cordialité de son hôte avait surpris Levi, il n'avait pas fallu longtemps pour que ce masque de bonhomie ne tombe. Le bureau dans la tour nord du Wewelsburg, avec son décor de svastikas et de runes, était d'un sinistre qui convenait mieux au changement d'humeur de Himmler. Il était déjà évident pour Levi que sa participation à l'expédition pour Tikal ne serait pas volontaire.

— Avez-vous entendu parler de la craniologie et de l'index céphalique, professeur ?

Levi hocha la tête sans faire le moindre commentaire. Pour lui, cela faisait très longtemps que l'utilisation des « formes de tête » et des « tailles du nez » comme preuves de l'existence des races constituait une sombre tache sur cette vraie science qu'était l'anthropologie.

— Alors, il est inutile que je vous rappelle l'importance que j'attache à la collecte de crânes mayas. Ils devront être ramenés au Wewelsburg pour examen et classification. Il ira de votre propre intérêt de nous accorder votre pleine et entière coopération, ajouta Himmler avant de se retourner vers son protégé. L'Hauptsturmführer von Heiβen sera le chef de cette expédition, même si bien sûr, vous serez en charge des fouilles archéologiques. Vous devrez donc nous fournir au plus vite une liste du matériel nécessaire. Von Heiβen veillera à ce que vous bénéficiiez de toute l'assistance nécessaire.

Levi acquiesça, songeant à l'avertissement de Ramona. Himmler se leva pour gagner une petite fenêtre dominant le village en contrebas.

— Bientôt, ce lieu représentera le zénith de la science raciale. Le village de Wewelsburg deviendra une ville SS, et ce château sera le nouveau Vatican du monde. Je vous souhaite un agréable séjour, professeur, conclut Himmler en le renvoyant d'un coup de menton.

— Je veux que vous partiez le plus tôt possible, ordonna Himmler à von Heiβen.

— *Jawohl, Herr Reichsführer.* Nous avons déjà commencé à rassembler les vivres et j'ai pris contact avec notre ambassade à Guatemala City. Elle fait tout ce qui est en son pouvoir pour lever les obstacles diplomatiques.

— Excellent ! Le Generaloberst Göring m'a assuré qu'un avion et un équipage seront à votre disposition pendant toute la durée de votre séjour au Guatemala. D'ici là, ne quittez pas Weizman des yeux. Ce Juif est aussi retors qu'un rat d'égout. Il faut s'en méfier comme de la peste.

— Ne pourrions-nous choisir quelqu'un d'autre, Herr Reichsführer ?

— Lui seul sait déchiffrer les hiéroglyphes mayas. Mais nous l'éliminerons une fois le succès de l'expédition assuré. Plus important encore, j'ai aussi rencontré l'envoyé du pape, le signor Alberto Felici, qui compte vous rendre visite sur place. Felici nous a obtenu des fonds substantiels de la part du Vatican, il faudra donc le traiter avec quelques égards. En échange, il a demandé qu'un certain père Ehrlichmann fasse officiellement partie de l'expédition. Entre autres choses, Ehrlichmann est un expert en craniologie. Il vous sera donc utile. Mais pas question de lui accorder votre confiance, pas plus à lui qu'à Weizman ou Felici.

— Les catholiques nous cacheraient-ils quelque chose, Herr Reichsführer ?

— Peut-être. Le Vatican ne s'intéresse à l'archéologie que quand il a peur de ce qu'elle pourrait révéler. Vous avez vu le câble de notre ambassadeur. Il fait mention de ce codex disparu annonçant une catastrophe pour l'humanité. Quant à la nature précise de cet avertissement, Weizman et le Vatican ont sans doute leurs théories… Nous verrons. Une chose est sûre cependant : si ce codex existe, le Juif peut nous y conduire.

4

Tikal, Guatemala, 1938

Levi Weizman jeta un coup d'œil dans le cockpit du Junkers JU 52 de la Luftwaffe. Le pilote avait entamé la descente tandis que son assistant, casque en cuir à moitié dégrafé, tapait une jauge de carburant avec sa phalange repliée.

Levi se tourna vers l'un des grands hublots carrés. Environ 1 500 mètres plus bas, des langues de nuages léchaient l'épaisse canopée de la jungle tapissant les montagnes guatémaltèques. Atteignant à peine les 260 kilomètres-heure, le Junkers était lent, d'autant plus qu'il était très lourdement chargé. La cabine comportait douze sièges, six de chaque côté de l'allée centrale, et leur périple depuis Berlin avait duré dix jours, de quoi vous tanner le postérieur. La traversée du golfe du Mexique jusqu'à l'escale de Mérida, la riche et vibrante capitale de la péninsule du Yucatán, avait paru interminable. Ce serait un coup du sort assez ironique, se dit Levi, s'ils devaient tomber en panne de carburant maintenant. Il regarda von Heiβen mais l'officier, que Himmler venait de promouvoir au rang de major, ne semblait nullement perturbé.

— Tikal est un endroit bien reculé pour y établir une ville, Herr Professor, fit-il remarquer.

— Cela peut paraître le cas aujourd'hui, mais les Mayas choisissaient leurs sites avec un soin extrême. Tikal a été construite sur l'une de leurs plus importantes routes d'échange qui reliait le golfe du Mexique et l'Usumacinta à l'ouest avec d'autres fleuves qui se jettent dans la mer des Caraïbes à l'est. Ainsi, les habitants de cette cité avaient-ils le contrôle du commerce sur toute cette zone du continent, comme par exemple du temps du roi Grande Patte de Jaguar.

— Une prévoyance qui fait penser aux Aryens, n'est-ce pas ?

— En tant qu'archéologue, je préfère toujours m'appuyer sur des preuves solides avant de tirer des conclusions, Sturmbannführer.

Von Heiβen étudia la carte de l'ancienne cité établie par Levi.

— Les ruines semblent nombreuses.

— La construction s'est étalée sur plusieurs siècles. Vers 550 de notre ère, nous savons que Tikal couvrait 30 kilomètres carrés et abritait 100 000 habitants. C'était une ville immense pour l'époque.

— Et les pyramides ?

— Les pyramides à escaliers ont été bâties de façon à ressembler à la montagne Witz qui était sacrée à leurs yeux, répondit Levi. D'autres structures servaient de palais pour les familles royales ou bien de tombeaux.

Il faisait très attention à son choix de mots, ne souhaitant pas révéler ses théories sur l'emploi de Φ, le nombre d'or, par les architectes mayas ou bien leur utilisation de la séquence de Fibonacci. Levi était désormais convaincu que l'alignement des pyramides avait un rapport avec les figurines manquantes et le Codex maya lui-même.

Soudain, le moteur de bâbord eut un raté avant de s'arrêter complètement. Une traînée de fumée s'en échappa.

— Tout ira bien, fit observer von Heiβen avec un rire guttural. Il nous en reste deux en parfait état.

Comme pour le contredire, le moteur de tribord puis le dernier situé sur le nez de l'appareil se mirent à tousser. Levi sentit une peur glacée lui envahir le ventre. Les pilotes tentaient des manœuvres aussi frénétiques que vaines de remise en route, et l'opérateur radio envoyait déjà un SOS en morse. Qui, dans cette partie du monde, avait peu de chances d'atteindre quiconque.

— Attachez vos ceintures ! hurla l'un des membres d'équipage tandis que la jungle remplaçait soudain le ciel dans le pare-brise du cockpit.

Tout en lui obéissant, Levi entama en silence le *Shema Yisrael*, la prière issue du Deutéronome que tous les Juifs croyants récitaient matin et soir.

Le vent sifflait à travers les hélices désormais immobiles. Une violente secousse ébranla l'appareil. Malgré tous les efforts des deux pilotes, les moteurs restaient muets.

— Les trois jauges sont à zéro ! hurla le lieutenant Müller, le jeune copilote.

Le colonel Hans Krueger lui fit signe de garder son calme. L'Oberst Krueger avait servi sur les vieux Fokker biplans pendant la Grande Guerre et il avait été abattu à trois reprises. Il avait aussi reçu la Croix de fer de première classe et le Generaloberst Göring en personne l'avait choisi pour l'« Opération Maya ».

— Je n'aperçois pas le terrain, nous allons devoir nous poser sur les arbres, annonça-t-il, imperturbable. Vitesse ?

Müller, livide, jeta un regard au compteur.

— 287 kilomètres-heure.

— Volets, 10 degrés, ordonna Krueger.

— Cela dépasse les limites, Herr Oberst.

Krueger sourit et se retourna vers son jeune copilote.

— Il serait utile, lieutenant Müller, que vous oubliiez ce que vous avez appris à l'école de l'air et que vous me sortiez ces volets à 10 degrés. Je ne tiens pas à heurter ces arbres à une vitesse excessive.

Müller s'empara du levier adéquat. L'avion frémit et ralentit de façon appréciable, mais Krueger savait qu'ils allaient encore beaucoup trop vite.

— Quelle était la direction du vent prévue ce matin ?

Il connaissait déjà la réponse mais ceci était le premier atterrissage forcé de son assistant, et il en profitait pour lui enseigner ce que tout bon pilote doit savoir en cas de nécessité : garder, en toutes circonstances, un calme absolu et une approche méthodique.

— 28 kilomètres-heure, du nord-ouest.

Krueger tira le manche en arrière et tourna doucement le volant en bois, son pied effleurant délicatement le gouvernail.

— Volets, 25 degrés.

Müller obéit, et l'appareil ralentit encore, l'air sifflant autour du cockpit.

Levi Weizman fixait la jungle qui fonçait vers eux.

— À 2 heures ! 3 kilomètres ! s'écria Müller en tendant l'index.

— Je le vois, répondit Krueger, toujours aussi imperturbable, changeant déjà de cap. Vitesse ?

— 174 kilomètres-heure.

Krueger grogna. La manœuvre était très risquée. D'un côté, il lui fallait sortir les volets à 45 degrés pour atterrir, de l'autre un tel angle sur un engin volant à plus de 140 à l'heure risquait d'arracher les ailes du fuselage. Sans compter qu'il devait aussi maintenir assez de vitesse pour atteindre la clairière. S'il passait sous les 110 kilomètres-heure, ils s'écraseraient parmi les arbres.

— Plus de volet, Herr Oberst ? s'enquit nerveusement Müller, la main sur le levier.

— Attendez.

Krueger calculait mentalement leur vol plané et ajustait le cap.

— Attendez, répéta-t-il encore, sentant la nervosité de son copilote. Maintenant !

Müller tira brusquement, et l'appareil fut pris d'un violent hoquet alors que les gros volets mordaient l'air.

— *Scheisse!* jura Krueger tandis que le nez de l'appareil remontait trop vite.

Il poussa le manche en avant pour maintenir leur vitesse et visa un point situé juste derrière les arbres à l'orée de la clairière. Au dernier moment, il tira sur le manche et ajusta l'assiette. L'appareil trembla quand sa queue tronçonna le sommet d'un grand kapokier. Krueger se prépara au choc. Le train heurta violemment la piste de fortune et rebondit. Avec calme, il continua à pousser sur le manche. Après deux nouveaux sauts, il parvint à immobiliser le Junkers pratiquement au bout de la clairière.

— Tout le monde va bien ? demanda-t-il en se retournant vers la cabine.

— *Alles gut, Herr Oberst*, lui répondit von Heißen, déjà debout.

Levi murmura une prière de remerciement avant de le suivre sur les marches déployées le long de la carlingue. Un prêtre les attendait.

— Bienvenue à Tikal, Sturmbannführer von Heißen.

— Père Ehrlichmann, quel plaisir de vous revoir. Je vous présente le Pr Weizman. Le père Ehrlichmann est un expert en craniologie. Il supervisera la classification préliminaire des crânes que nous trouverons ici avant leur expédition au Wewelsburg.

— *Guten Tag, Herr Professor.*

Levi accepta la main tendue à contrecœur.

* * *

Le lendemain matin, réveillé juste avant l'aube, il s'habilla rapidement, revêtant une tenue légère de safari, et sortit le plus discrètement possible. Les tentes avaient été alignées au bord de la clairière, et une seule séparait la sienne de celle de von Heißen.

Les étoiles disparaissaient tandis qu'il traversait la piste d'atterrissage en direction de la forêt. Grâce à ses précédentes visites, il connaissait l'étroit sentier qui menait à l'Acropole centrale, le cœur de la grande cité maya. L'air était frais et, déjà, la jungle se réveillait. Soudain, des rugissements enragés déchirèrent la quiétude. Levi leva les yeux vers un groupe d'alouates, des singes hurleurs pouvant atteindre une taille d'un mètre, qui semblaient le surveiller depuis la cime d'énormes figuiers étrangleurs. Ces arbres tueurs d'arbres étaient une curiosité de la nature. Une minuscule graine suffisait à donner vie à des lianes dont les griffes s'accrochaient au tronc hôte, l'enlaçant et se développant pour former plusieurs nouveaux troncs qui recouvraient le premier. Celui-ci, complètement étouffé, finissait par dépérir et pourrir alors que le figuier continuait sa croissance pour crever la canopée. Souvent creux, ces arbres étaient l'habitat préféré des hurleurs. La troupe de singes se mit en branle, avertissant bruyamment la forêt de la présence de Levi. Plus loin, il repéra deux toucans arc-en-ciel, croassant et aboyant dans la pénombre et dont les énormes becs rouge, orange et jaune contrastaient avec leur plumage noir. Mais ce furent les grosses empreintes de pattes et les crottes qui l'effrayèrent pour de bon. Levi les avait immédiatement reconnues : c'étaient celles d'un jaguar en chasse. Il continua néanmoins à avancer sur le tapis de feuilles en décomposition, guettant la végétation exubérante où se mêlaient fougères, orchidées et mousses qui poussaient en abondance sur les balsas, les sapotilliers – les fameux *chicles* dont la gomme sert à la fabrication des chewing-gums – et la myriade d'autres arbres et plantes qui encerclaient l'ancienne cité.

Vingt minutes plus tard, il émergea dans une autre clairière, celle-ci entourée de pyramides. Un vacarme infernal régnait à présent dans la jungle. Aux cris stridents des singes s'ajoutaient les trilles des oiseaux-mouches, les hululements des motmots à sourcils bleus, les caquètements insistants des faucons orangés et les vagissements des aras et autres perroquets.

Levi obliqua vers l'est de la Grande Place, contournant le terrain sacré où les Mayas s'adonnaient autrefois au jeu de balle le plus ancien et le plus brutal de l'humanité. Il atteignit la base de la Pyramide I, érigée par Jasaw Chan K'awiil, le vingt-cinquième souverain de Tikal. Il leva les yeux. Les marches de calcaire de l'immense pyramide reliaient neuf niveaux différents, et la crête du toit culminait à plus de 45 mètres au-dessus du sol.

Il se mit à grimper. Quand il atteignit le sommet, le souffle court, il se retourna pour observer la canopée en contrebas. Une épaisse brume blanche serpentait à travers les feuillages des kapokiers de 30 mètres de haut, des arbres sacrés pour les anciens habitants de la cité. D'immenses acajous, cèdres, chicles et arbres ramon dominaient les plus petits arbres à copal et paliers escobo, formant un épais tapis vert aussi loin que portait le regard. À l'ouest, se dressait l'imposante Pyramide II et, au sud-ouest, la Pyramide III. Plus loin encore à l'ouest, la IV semblait défier la brume tandis qu'au sud, le sommet de la Pyramide V était lui aussi visible, tout comme celui de la Pyramide du Monde Perdu. Levi s'installa sur le versant est du toit. Les brumes à l'horizon se teintaient d'un éclat rouge orangé. Le soleil se levait lentement sur le site antique.

Un sentiment d'exaltation mêlé d'admiration à l'égard des anciens Mayas gagna Levi. La jungle avait recouvert les magnifiques allées pavées qui autrefois permettaient l'entrée des commerçants sur le marché grouillant. Les temples-pyramides, jadis étincelants sous l'aube rose, s'étaient érodés, les gros blocs de calcaire étaient rongés ici et là par une mousse sombre et moite. Levi frissonna. La chute soudaine de cette civilisation constituait un terrible avertissement : l'humanité était mortelle, elle pouvait disparaître. À l'aide d'une boussole, il effectua un premier relevé en direction de la Pyramide IV puis un second avec celle du Monde Perdu.

Caché à bonne distance, von Heißen le regardait faire à travers ses jumelles.

Incomparablement plus à l'aise dans la jungle que les deux Européens, Roberto Arana, le chaman du lac Atitlán, les surveillait tous les deux. Petit et trapu, le visage recuit par le soleil, il semblait plus vieux qu'il ne l'était en réalité, ses cheveux noirs coiffés en queue-de-cheval sous son foulard rouge.

Le cœur battant, Levi guettait le disque solaire. Si son expérience à Vienne avec le projecteur était exacte, le prisme de la première figurine dévierait les rayons du soleil vers le sommet de la Pyramide IV. La deuxième figurine reposait-elle dans les profondeurs encore inexplorées de celle-ci ? Et où se trouvait la troisième ?

Il rangea sa vieille boussole dans l'étui accroché à sa ceinture et entama la descente sur les grandes marches ébréchées de la pyramide. Il pensait à Ramona, à Ariel et à Rebekkah. À Vienne, il le savait, la situation ne faisait qu'empirer. Hitler était plus menaçant que jamais, et les Chemises brunes du parti nazi autrichien contrôlaient la rue.

Von Heißen baissa ses jumelles et attendit.

5

Vienne

Ariel Weizman s'engagea sur les marches qui remontaient vers la Judengasse. Il refoulait ses larmes. Rebekkah, elle, pleurait déjà. Il lui prit la main pour tenter de la réconforter après la cruelle humiliation que leur avait infligée leur nouveau professeur.

— Hé, vous deux ! Weizman et ta sœur ! *Jude Kinder!* avait hurlé Herr Schweizer, un homme maigre et chauve avec une petite moustache, dès que la cloche annonçant le début de la classe avait retenti. Vous avez déjà de la chance qu'on vous autorise à venir. À partir de maintenant, vous resterez dans le fond. Le monde se porterait mieux sans les vermines de votre espèce. Personne ici n'a envie d'être contaminé !

Des rires avaient éclaté. Ariel avait regardé autour de lui. Même ses amis se moquaient de lui. Complètement hébété, il était allé s'installer au dernier rang avec Rebekkah. Qu'avaient-ils fait pour mériter ça ?

Herr Schweizer, vice-président de la section locale du parti nazi interdit, avait repris la parole.

— Les choses vont changer, et vite, pour le plus grand bien de l'Autriche et du Reich. Ce matin, nous allons étudier le traité de Versailles et comprendre pourquoi nous n'aurions jamais dû le signer.

* * *

À travers ses larmes, Rebekkah avait du mal à voir où elle mettait les pieds.

Ariel ne remarqua la foule qu'en arrivant en haut des quelques marches. Soudain, un inconnu le prit par l'oreille, un homme robuste en culotte de peau, affublé d'un chapeau avec une grande plume et d'un bandeau avec la croix gammée sur le bras.

— Qu'est-ce que vous faites ici ?

— Lâchez-moi ! On habite ici !

— *Ach! Jude Kinder!* « Des petits juifs ! » rugit l'inconnu à l'adresse de la foule.

Même si c'était la seconde fois de la journée qu'il entendait ces mots, Ariel ne se sentit pas moins humilié. Du coin de l'œil, il aperçut Herr Lieberman et sa femme qui possédaient le magasin de tapis tout proche de la boutique de leur mère. Ils étaient en train d'en nettoyer les marches avec des brosses à dents. Herr Lieberman semblait triste aujourd'hui et pourtant il restait très digne. Il secoua lentement la tête, indiquant à Ariel et Rebekkah qu'il valait mieux ne pas résister.

L'inconnu fourra un pot de peinture et un pinceau entre les mains d'Ariel.

— *Schreiben Sie hier Jude verrecke!* fit-il en le saisissant par le cou pour l'obliger à s'agenouiller à terre.

Derrière lui, la foule braillait, menaçante. Dans un geste futile, Rebekkah tenta de repousser la main de l'inconnu qui l'avait saisie par les cheveux.

— *Sieg Heil! Jude verrecke! Sieg Heil! Jude verrecke!*

Ariel se mit donc à peindre les mots en grosses lettres noires sur les marches. *Jude verrecke!* « Mort aux Juifs ! »

Quand il eut terminé, la foule poussa un cri de joie. D'un coup de pied, l'inconnu le faucha, l'envoyant rouler au bas des marches, puis il shoota dans le pot de peinture. L'épais liquide noir éclaboussa le visage d'Ariel et son uniforme d'écolier, provoquant un nouvel accès d'hilarité générale.

Ariel s'essuya le nez et la bouche et leva les yeux pour découvrir trois autres garçons en chemise brune qui le toisaient. Il gémit de douleur quand l'un lui flanqua un coup de pied dans les côtes.

— À ta place, Juif, j'irais pas à l'école demain. Et ça vaut aussi pour ta chienne de sœur. On sera là à t'attendre.

* * *

Himmler traversait l'immense Hall de Marbre, une impressionnante salle meublée de fauteuils rouge et or à haut dossier. Ses bottes claquaient sur le splendide marbre rouge qui avait été spécialement extrait des carrières d'Untersberg. Conçue par l'architecte officiel du régime, Albert Speer, la nouvelle chancellerie du Reich occupait plusieurs pâtés de maisons sur Wilhelmstrasse et Vosstrasse.

Deux SS montaient la garde sous l'arche surplombant les doubles portes menant à l'antre d'Hitler.

— *Reichsführer Himmler, mein Führer.*

L'aide de camp, Friedrich Hossbach, claqua des talons.

Celui qui pénétrait ici ne pouvait manquer d'être impressionné. La pièce, immense, avait bénéficié d'une finition en marqueterie exceptionnelle, et le vaste bureau installé tout au fond était tapissé de cuir rouge assorti à celui du fauteuil. Une table de cartes avait été dressée près du balcon donnant sur la cour intérieure. Quelques-uns des tableaux préférés de l'occupant des lieux étaient accrochés aux murs, semblant surgir entre d'imposantes plantes placées dans des amphores de style égyptien. Un grand aigle doré surmontait la double porte.

— Notre expédition est arrivée à Tikal, et nos hommes sont déjà au travail, annonça Himmler dès qu'ils furent installés sur les confortables canapés bleu pastel face à l'immense cheminée.

— Excellent, commenta Hitler, l'air satisfait.

— J'ai reçu un câble de notre ambassadeur à Guatemala City, continua Himmler. Il semble que, au cours de sa dernière visite au lac Atitlán, le Pr Weizman a rencontré un chaman maya avec qui il aurait évoqué l'existence d'un codex d'une valeur inestimable. Nous ne sommes pas encore en mesure de le confirmer, mais il est possible que Weizman ait aussi découvert une figurine permettant de retrouver ce codex.

— Comment notre ambassadeur l'a-t-il su ?

— Il entretient d'étroits contacts avec le nonce apostolique à Guatemala City, *mein Führer*. Le père Ehrlichmann, le prêtre catholique en poste à San Pedro et à Tikal, se révèle être une source d'informations utile.

— Von Heiβen a été prévenu ?

Himmler acquiesça.

— Les affaires de Weizman ont été fouillées, et von Heiβen le garde sous surveillance constante.

— Il ne faut jamais faire confiance à un Juif ! Jamais ! Mais la quête des origines et des secrets de la race aryenne doit se poursuivre. Gardez ce Weizman en vie tant qu'il nous sera utile.

— *Jawohl, mein Führer.* Dès que Vienne sera à nous, nous fouillerons son appartement de fond en comble.

À la mention de la ville dans laquelle il avait vécu dans une telle pauvreté, Hitler devint soudain morose. Il se leva pour arpenter l'immense pièce.

— Certains parmi nous pensent que c'est une erreur. Mais je vais moi-même annoncer aux chefs d'état-major et à cctte mauviettc de von Neurath que non seulement ils doivent se préparer à l'annexion de l'Autriche mais aussi à celle de la Tchécoslovaquie.

Himmler hocha vigoureusement la tête.

— Il nous faut plus de territoires, *mein Führer*.

— *Lebensraum!* La race supérieure a besoin de place, messieurs.

Un long silence suivit cette déclaration d'Hitler. Six hommes seulement étaient présents, tous assis sur des fauteuils ornés d'un aigle noir et d'une croix gammée : le Reichsmarshal von Blomberg, commandant en chef des forces armées et ministre de la Guerre ; le baron Konstantin von Neurath, ministre des Affaires étrangères ; l'Admiral Doktor Erich Raeder, commandant en chef de la marine ; le Generaloberst baron Frieherr von Fritsch, commandant en chef de l'armée ; le Generaloberst Hermann Göring, commandant en chef de l'armée de l'air ; et le colonel Friedrich Hossbach, aide de camp du Führer. La longue table d'acajou poli était recouverte d'un chemin de table lie-de-vin lui aussi brodé de svastikas dorés. Des chemises écarlates ornées de l'aigle et de la croix gammée et portant la mention *Streng Geheim* – ultra-secret – étaient posées devant chaque participant. Tous en connaissaient le contenu et tous réfléchissaient maintenant à l'énormité des projets du Führer.

— Nous sommes en train de rebâtir nos forces armées et, comme je l'avais prédit, la Grande-Bretagne et la France ne font rien, rugit Hitler. Rien ! Notre armée dispose déjà de trente-six divisions. L'Allemagne a des droits !

Ses yeux brillaient des feux de sa propre destinée. Nul n'osait l'interrompre.

— Il faut que le *Vaterland* retrouve sa place légitime aux yeux du peuple allemand. Notre nation doit être *la* grande puissance de ce monde. Et nous ne pourrons obtenir ce résultat que par la force. Nous avons repris la Rhénanie sans tirer un seul coup de feu. Le moment est venu à présent de nous occuper de l'Autriche et de la Tchécoslovaquie.

Le baron von Fritsch commit l'erreur de hausser un sourcil.

— Un souci, Generaloberst ? gronda Hitler.

— *Mein Führer*, personne ne doute des progrès que nous avons accomplis depuis que vous êtes devenu chancelier du Reich, mais je manquerais à mes devoirs envers vous et envers le peuple allemand si je ne vous rappelais pas les risques d'une telle entreprise. Si les Anglais et les Français s'opposent à votre plan d'invasion de l'Autriche et de la Tchécoslovaquie, une guerre majeure pourrait devenir un désastre pour le Troisième Reich. D'un point de vue militaire, nous sommes sur la bonne voie : il est vrai que nous possédons ces trente-six divisions que vous avez exigées, mais il faut du temps pour entraîner un demi-million d'hommes. Plus important encore, nous ne disposons pas de la logistique nécessaire pour soutenir de telles forces sur plusieurs théâtres d'opérations. Je vous recommande instamment, *mein Führer*, de ne pas agir trop rapidement.

— Il y a toujours des risques ! hurla Hitler en abattant son poing sur la table.

Son visage était congestionné, ses yeux exorbités. Comme ses chefs d'état-major commençaient à s'en rendre compte, le chancelier du Reich s'emportait de plus en plus facilement. Hitler se dressa et se dirigea vers un grand globe terrestre supporté par un cadre magnifiquement ouvragé. D'un geste sec, il le fit tourner.

— À l'évidence, vous ne connaissez pas grand-chose à l'histoire, Herr Generaloberst, ricana-t-il. Les chefs de tous les grands empires – les Grecs, les Romains, et même ces imbéciles de Britanniques – ont toujours été prêts à prendre des risques.

Il s'interrompit pour revenir en tête de table.

— Le but de notre politique, messieurs, dit-il, en retrouvant soudain son calme, consiste à préserver notre supériorité raciale et à l'accroître. Les Allemands sont le plus grand des peuples et, en tant que tel, nous avons droit à plus de territoires que les autres.

Et soudain, il fut de nouveau en transe. Ses yeux jaillirent de leurs orbites et il martela la table.

— Notre peuple est le bien le plus précieux ! Et c'est *pour* ce peuple et *avec* ce peuple, que nous lutterons et combattrons ! Nous ne faillirons jamais ! Nous ne nous fatiguerons jamais ! Nous ne douterons jamais ! Longue vie à notre mouvement ! Longue vie à notre peuple !

Il se rua hors de la salle du Conseil et traversa le couloir vers son propre bureau, furieux que des pleutres comme le général von Fritsch ne discernent pas son génie. Ils étaient dépassés. Bientôt, la croix gammée flotterait sur Vienne, dont les rues seraient débarrassées de ces maudits Juifs.

6

Tikal, Guatemala

— Eh bien, professeur, vous semblez apprécier les promenades matinales !

Levi sursauta, surpris par la soudaine apparition de von Heiβen dans la jungle qui envahissait désormais l'ancien terrain de jeu sacré.

— C'est une habitude chez vous, Sturmbannführer, de vous tapir ainsi ?

— Cela dépend, professeur. Je peux y être contraint si j'ai affaire à des gens sournois. Des gens qui me cachent des informations qui pourraient servir la grandeur du Reich. Je vous ai vu faire des relevés. J'imagine qu'il y a une raison à cela ?

— C'est une pratique très commune en archéologie avant de quadriller une zone.

— Et pourtant, vous n'avez pas jugé utile de prendre la moindre note ? Fascinant. Je surveillerai vos progrès avec intérêt. Par ailleurs, enchaîna von Heiβen, le père Ehrlichmann est désireux de commencer au plus tôt. J'ai prévu une réunion après le petit déjeuner. S'il ne se trompe pas, nous trouverons de nombreux crânes par ici.

— Les anciens Mayas étaient un peuple très fier, Sturmbannführer, et leurs cérémonies de victoires incluaient le sacrifice de leurs ennemis. Il y a des siècles de cela, des rangées de guerriers, le corps et le visage peints, martelaient de leurs pieds le sol où nous nous trouvons au rythme des tambours et dans les odeurs des feux rituels. Ils menaient leurs prisonniers sur ces marches.

Levi montra une grosse pierre saillante au sommet de la pyramide.

— Ils leur arrachaient le cœur alors qu'ils étaient encore vivants. Puis ils les décapitaient. Lors de mon dernier voyage ici, j'ai trouvé plusieurs crânes dans la jungle au bout du terrain de jeu.

Il tentait de faire diversion en mettant à profit l'obsession d'Himmler pour la craniologie.

— Et vous n'en avez ramené aucun en Autriche ?

— Certains musées auraient pu être intéressés, mais je ne fais pas collection de crânes, Sturmbannführer, pas plus que je ne profane les terres sacrées.

Roberto Arana, le chaman, lui avait rappelé la malédiction que les anciens Égyptiens avaient placée sur le tombeau de Toutankhamon : *Ceux qui troubleront la paix du Roi seront touchés par les ailes de la mort*. Par la suite, de nombreux membres de l'expédition qui avaient découvert la tombe du pharaon avaient succombé à des morts mystérieuses. Selon Roberto, les Mayas avaient protégé leurs pyramides et leurs terres sacrées avec la même férocité.

— Comme vous pouvez le constater, enchaîna-t-il, la jungle a tout recouvert et elle est très épaisse maintenant, mais les présentoirs où les Mayas exposaient les têtes de leurs victimes devraient toujours se trouver là.

— Excellent ! s'exclama von Heiβen. Je ne serais pas du tout surpris si les mesures de ces crânes correspondaient à l'index céphalique des Aryens nordiques.

— Ah ! oui. La fameuse formule mathématique qui vous permet de caractériser les races et leur intelligence. Si je me souviens bien, il s'agit du rapport de la largeur de la tête sur sa longueur multiplié par cent. Un calcul et un point de vue assez simplistes, me semble-t-il. Même si votre Reichsführer paraît vraiment y croire.

— Tout comme moi, répliqua von Heiβen, glacial. Vous feriez peut-être mieux de vous en tenir à vos relevés de boussole, professeur, et laisser les complexités de la craniologie à ceux qui sont à même de les comprendre.

Levi ne répondit pas. À l'évidence, von Heiβen ignorait tout des croyances mayas en matière de forme du crâne humain. Une tête allongée étant considérée comme un signe de noblesse, les anciens compressaient celle de leurs bébés, les serrant entre deux planches pendant des jours et des jours pour en modifier l'aspect.

* * *

Il fallut attendre le milieu d'après-midi pour que les travailleurs enrôlés au village voisin se taillent un chemin dans la végétation touffue entourant le terrain de jeu.

— Maestro !

Levi s'avança, mais von Heiβen et le père Ehrlichmann l'écartèrent.

— Là ! Regardez, déclara von Heiβen, enthousiaste.

Les villageois, descendants modernes des Mayas, avaient dégagé la première des nombreuses et sinistres rangées de crânes. Macabres, des orbites vides contemplaient ces étrangers. Levi frissonna. Les têtes étaient restées empalées sur le présentoir couvert de mousse exactement comme les habitants de la cité les y avaient laissées plus de mille ans auparavant. « Notre intrusion constitue une provocation digne de susciter la vengeance mentionnée par Roberto », se dit-il. Non loin de là, cette invasion de son territoire réveilla un *masacuata*. Le boa constrictor était un des plus grands serpents d'Amérique centrale et celui-ci dépassait largement les cinq mètres.

Von Heiβen effleura le premier des crânes. Plusieurs siècles auparavant, ils avaient été enduits de sang séché mais à présent, avec le passage du temps, ces ossements étaient d'un jaune crémeux.

— Regardez leur taille ! Des Aryens !

Le père Ehrlichmann extirpa un pied à coulisse de sa sacoche.

— Un index de 75 environ, annonça-t-il après sa première mesure. Une largeur un peu inhabituelle, mais je crois pouvoir dire que le Reichsführer Himmler sera ravi.

Encore une fois, Levi ne fit aucun commentaire. Ehrlichmann faisait peut-être autorité dans cette « science » discutable qu'était la craniologie mais, comme von Heiβen, il ignorait tout des coutumes des anciens Mayas.

* * *

Une semaine plus tard, le Junkers revint de son premier vol de ravitaillement. Levi, assis sur la chaise en toile devant sa tente, leva les yeux avec espoir. Peut-être ramenait-il une lettre de Ramona. L'appareil décrivit un cercle au-dessus de la clairière avant de disparaître au-dessus de la jungle pour effectuer son approche finale.

Dans la cabine, le signor Alberto Felici tripotait sa moustache avec nervosité. Des gouttes de sueur perlaient sur son visage pâle et grassouillet. Il détestait l'avion, et le long voyage en DC-2 de Rome à Guatemala City suivi par celui dans le Junkers n'avait en rien diminué son appréhension. Il ne lâchait pas ses accoudoirs. Mais ses craintes étaient injustifiées : sous la patiente tutelle de l'Oberst Krueger, le lieutenant Müller posa l'appareil sans heurt sur la piste de fortune.

Levi vit un petit homme rondouillard et chauve, vêtu d'une tenue de safari et portant un gros cartable en cuir, en descendre. Von Heißen et le père Ehrlichmann l'attendaient pour lui souhaiter la bienvenue. Tous trois disparurent dans la tente de l'officier allemand, tandis que Levi se demandait qui était cet inconnu qui se donnait la peine de leur rendre visite au fond de cette jungle perdue. Il ne s'interrogea pas longtemps. Le nouveau venu, suivi par Ehrlichmann, émergea très vite de la tente pour se diriger vers lui.

— Le signor Felici est conseiller auprès du pape Pie XI, annonça le père Ehrlichmann. Il est ici à la demande expresse du cardinal Pacelli, secrétaire d'État du Vatican.

— Le Vatican s'intéresse donc aux Mayas ? demanda poliment Levi après le départ d'Ehrlichmann.

— Puis-je vous appeler Levi ? demanda Felici.

Levi hocha la tête.

— Et je vous serais reconnaissant de ne pas ébruiter notre conversation, ajouta Felici. Disons que les nazis ne m'inspirent pas une confiance absolue.

Levi acquiesça de nouveau. Peut-être avait-il enfin trouvé un allié ici.

— L'existence potentielle d'un codex a attiré l'attention du Vatican. La destruction des bibliothèques mayas décidée par l'évêque de Landa a constitué une terrible perte pour la civilisation, et même si l'Église n'admettra jamais publiquement sa responsabilité, je puis vous assurer que le soutien de cette expédition constitue, pour nous, une façon de reconnaître que nous avons commis une grave injustice.

— Il n'est pas certain que cela suffise, signor Felici. Imaginez si les Mayas avaient envahi Rome et brûlé toutes les bibliothèques et tous les musées !

— Cela a été une leçon douloureuse, approuva Felici, qu'il ne faudra jamais oublier. Mais, ceci étant clair entre nous, j'apprécierais que vous me fassiez part de vos avancées.

Levi mit l'envoyé du pape au courant des découvertes réalisées jusque-là, non sans ironiser sur les théories crâniennes de ses compagnons.

— Selon vous, que contient ce codex ? demanda Felici.

— Les nazis s'imaginent qu'il pourrait fournir la preuve d'un lien entre Mayas et Aryens, mais ils se trompent. Les Mayas faisaient partie des plus grands astronomes de l'ancien monde et, d'après mes études de leurs hiéroglyphes, je suis convaincu qu'ils cherchaient à nous mettre en garde à propos d'un rare alignement planétaire qui se produira en l'an 2012. Cela ne nous affectera, bien sûr, ni vous ni moi, mais nos petits-enfants qui vivront cette époque devront se préparer à affronter la puissance du cosmos. Par ailleurs, il existe peut-être un lien entre l'avertissement du codex et ceux de la Vierge de Fatima, ce qui me fait m'interroger sur les raisons pour lesquelles les trois secrets confiés par Marie aux enfants de Fatima ont été dissimulés par le Vatican.

— J'ignorais qu'ils avaient été dissimulés, répondit Felici, feignant la surprise.

— Un millier d'années avant les faits, les Mayas avaient prévu ces apparitions de la Vierge, continua Levi en scrutant le visage de son interlocuteur.

— Comment cela ?

Levi sourit.

— Ils ont laissé un avertissement sur une stèle découverte non loin d'ici. Nous avons encore beaucoup à apprendre sur les Mayas, signor Felici. Pour le moment, nous n'avons fait qu'effleurer la surface. Nos connaissances actuelles en astronomie confirment leurs prédictions pour 2012. Si l'humanité veut avoir une chance de réagir, il est vital que ce codex soit retrouvé.

* * *

Von Heiβen versa une autre généreuse dose de whisky dans son gobelet.

— Signor ? proposa-t-il à Felici qui venait de le rejoindre dans sa tente.

— Avec plaisir, Herr Sturmbannführer. Vous semblez ne manquer de rien ici.

— J'aime à le penser et, s'il vous plaît, appelez-moi Karl, répondit von Heiβen, se souvenant des instructions de Himmler. Que vous a donc dit notre professeur ?

— Il est convaincu de l'existence d'un codex perdu, mais à votre place je me méfierais de lui. Après tout, c'est un Juif. *Prost*, ajouta Felici en levant son verre.

— Ne vous inquiétez pas, nous le tenons à l'œil. *Prost*. Vous a-t-il révélé le contenu de ce codex ?

Felici secoua la tête.

— En dehors du fait qu'il est convaincu qu'il se trouve là quelque part, il est resté très vague. Mais s'il le découvre, Karl, je vous serais très reconnaissant de pouvoir l'examiner et d'en discuter avec vous avant de le dévoiler au public.

— Bien sûr. Nous sommes dans le même camp. Au fait, quelle est la situation au Vatican ? Je crois savoir que le souverain pontife ne se porte pas très bien.

— Sa santé se détériore rapidement, je le crains.

— Une idée sur son futur remplaçant ?

— Êtes-vous homme à apprécier les paris, Karl ?

Von Heiβen sourit.

— On le dit, signor.

— Alors, à votre place, je mettrais tout mon argent sur le cardinal secrétaire d'État, Eugenio Pacelli. S'il est élu, les relations germano-vaticanes s'en trouveront grandement améliorées… Le cardinal secrétaire d'État apprécie beaucoup votre Führer.

Felici prenait quelques libertés avec la vérité. Pacelli nourrissait de sérieuses réserves à l'égard de Hitler, mais le concordat avait raffermi l'autorité de la sainte Église en Allemagne. De plus, le cardinal voyait dans le régime nazi la meilleure garantie contre l'avancée du communisme.

— Nous devrions rester en contact, déclara von Heißen en raccompagnant un peu plus tard Felici à sa tente. Votre projet concernant une nouvelle Banque du Vatican me semble très prometteur. Le Reichsführer Himmler en personne m'a annoncé qu'après cette expédition je devrais être muté en Autriche, à Mauthausen. Si vous venez à Vienne, je connais d'excellents restaurants.

Un peu grisé par la boisson, Felici hocha la tête.

— J'y séjourne deux à trois fois par an pour affaires. Je ne manquerai pas de vous faire signe. *Gute Nacht und danke schön.*

Il se baissa avec difficulté pour pénétrer dans sa tente, réfléchissant aux puissantes forces qui se mettaient en branle au nord de l'Italie et aux relations que von Heißen entretenait avec les plus hauts dignitaires du Reich.

Von Heißen, de son côté, consignait déjà dans son journal les événements de la journée.

* * *

Levi se sentait frustré. Depuis près de trois mois qu'ils se trouvaient à Tikal, et en dépit des nombreux messages qu'il avait envoyés par l'intermédiaire des ouvriers, Roberto Arana ne s'était toujours pas montré. Assis sur sa chaise en toile, il contempla la piste d'atterrissage en terre battue. La veille, il avait reçu une invitation des anciens du village et il se demandait si Arana serait présent à ce dîner. Depuis leur arrivée ici, cent vingt-neuf crânes avaient été recueillis autour du terrain de jeu sacré. Le père Ehrlichmann les avait méticuleusement mesurés et répertoriés. Pendant ce temps, Levi avait aussi reçu plusieurs lettres de Ramona qui, il en était convaincu, avaient toutes été ouvertes. Plus que jamais, il se languissait de sa femme, de sa présence, de ses rires, et s'inquiétait pour sa sécurité et celle des enfants. Il relut le dernier paragraphe de la lettre qu'il avait reçue un peu plus tôt dans la semaine.

J'espère que tu ne tarderas plus à revenir, mon chéri. Les Chemises brunes sont de plus en plus nombreuses dans les rues, et Hitler profère de nouvelles menaces. Je t'ai envoyé des articles découpés dans le Weiter Zeitung et comme tu peux le voir notre chancelier résiste stoïquement aux nazis, mais nous nous demandons tous combien de temps il pourra encore tenir. Tu me manques terriblement, mon cœur. Je t'aime.
Ta Ramona. Toujours.

* * *

Levi savait que le temps pressait. Il avait fouillé avec soin, mais en vain, les quatre premières pyramides. Dans la dernière, il avait découvert une niche secrète, très similaire à celle de la Pyramide I où il avait découvert la figurine mâle bien des années auparavant, mais celle-ci était vide. Quelqu'un l'avait-il devancé ? Au cours de cette dernière semaine, il s'était consacré à la Pyramide V avec l'espoir d'examiner la petite pièce située sous sa crête mais, chaque fois, il en avait été empêché par l'apparition de von Heißen ou du père Ehrlichmann. Chacun de ses faits et gestes était étroitement surveillé. D'une manière ou d'une autre, il fallait qu'il explore cette chambre. Peut-être de nuit, quand von Heiβen et Ehrlichmann dormiraient.

Il regarda sa montre : 17 heures. Il lui fallait passer voir ce nazi dans sa tente avant de se rendre à l'invitation des anciens.

— Eh bien, Herr Professor, à quoi dois-je ce plaisir inattendu ? maugréa l'officier.

Le niveau dans la bouteille de Glenfiddich, l'une des plusieurs douzaines qu'il avait fait inclure dans la cargaison, était déjà très bas.

— Je passais juste vous annoncer que je partage le repas des villageois ce soir. J'ignore à quelle heure je rentrerai.

— Pourquoi vouloir manger avec des employés ? demanda von Heiβen en remplissant son gobelet.

— Si l'on veut comprendre les hiéroglyphes des Mayas, il faut d'abord tenter de saisir leur culture. Par ailleurs, je considère comme un honneur le fait de partager le repas de ces gens. Ils ont beaucoup à nous apprendre.

— Si vous le dites, Weizman. Et si ça vous amuse de manger des fayots et des bananes, ce n'est pas moi qui vous en empêcherai. Mais, n'oubliez pas de rappeler au chef de ces demeurés que je n'ai toujours pas reçu la visite de cette jeune femme que j'ai remarquée. Elle s'appelle Itze quelque chose…

Sa diction était déjà traînante à cause de l'alcool.

— Nous, les Allemands, sommes les descendants de la race supérieure, Weizman, rappelez-lui ça aussi.

Le village se trouvait à près de trois kilomètres des ruines. Au bout de cinq cents mètres à peine, Levi sentit qu'il était suivi. Il se retourna, fixant la végétation très dense autour du chemin dans la jungle mais, en dehors de quelques singes hurleurs et d'un couple d'aras dans les arbres, il ne vit rien. Une demi-heure plus tard, il atteignait la rivière. Le rugissement des cascades se fit plus fort tandis qu'il s'approchait du pont de corde rudimentaire qui permettait la traversée. Dans la pénombre, il y voyait à peine mais, à nouveau, il sentit une présence derrière lui. Il quitta le sentier et attendit.

7

Vienne, mars 1938

Il faisait encore nuit quand le téléphone tira le chancelier von Schuschnigg d'un sommeil épuisé. Le chef du gouvernement autrichien tâtonna à la recherche de l'interrupteur de sa lampe de chevet et regarda l'heure : 5 h 30.

— Schuschnigg.

— *Es tut mir leid Sie zu wecken, Herr Bundeskanzler*, s'excusa le chef de la police, mais les Allemands ont fermé la frontière à Salzbourg. Tous les trains ont été arrêtés, et je reçois des rapports indiquant que des troupes se massent de l'autre côté.

Von Schuschnigg le remercia et raccrocha. Il se leva avec lassitude et passa dans la salle de bains. Une heure plus tard, sa Mercedes noire pénétra dans le Ballhausplatz. Les pavés recouverts d'une fine couche de neige luisaient dans la lueur des phares.

Herr Seyss-Inquart, un jeune chef pro-nazi, l'attendait dans la chancellerie étrangement calme.

— Ce fut une grave erreur de demander un plébiscite au peuple, Herr Bundeskanzler.

— La question posée était simple : Oui ou non le peuple désire-t-il une Autriche indépendante et libre ? répliqua von Schuschnigg avec colère.

— Hitler est furieux. Il voit dans ce geste un acte de trahison, une promesse brisée.

— Vous semblez être en ligne directe avec Berlin.

— Nous vivons des temps difficiles. Je ne fais que veiller aux meilleurs intérêts du peuple autrichien.

— C'est ce que nous tentons tous de faire. Quant aux promesses, il me semble que nous avions un accord avec Herr Hitler : il s'était engagé à respecter l'indépendance de l'Autriche.

— Il respectera son engagement, Herr Bundeskanzler, mais à une condition.

— Laquelle ?

— Que vous démissionniez en ma faveur, annonça froidement Seyss-Inquart.

— Rien d'autre ? gronda von Schuschnigg.

— Je peux vous assurer qu'un tel geste de votre part évitera un bain de sang. Je parle au nom du bien du peuple autrichien et pour lui uniquement.

— Si vous le dites. Je vous ferai part de ma réponse.

Les jeunes femmes dans les sous-sols du principal réseau téléphonique de Vienne étaient conscientes qu'un événement d'importance se tramait. Au cours des trois dernières heures, elles n'avaient cessé d'établir des liaisons entre le président et le Bundeskanzler d'une part et les plus hauts responsables d'Autriche et d'Europe de l'autre. En début d'après-midi, von Schuschnigg et le président Miklas s'étaient tous les deux résignés à l'inévitable.

L'air pensif, von Schuschnigg contemplait la cour enneigée par la fenêtre de son bureau. L'accord pour restaurer dans leurs fonctions d'importants officiers de police nazis avait peut-être été une erreur. Son chef de la police l'avait prévenu que le gouvernement ne pourrait plus compter sur ses propres forces de l'ordre. L'armée était prête à se battre mais elle n'avait aucune chance, et von Schuschnigg le savait. Le coût en vies humaines serait terrible. Mieux valait, avait-il assuré au président, accéder aux désirs du Führer allemand.

* * *

Sa boutique désertée par les clients et elle-même terrifiée pour ses enfants et pour Levi, Ramona écoutait la radio avec une horreur croissante.

— Les routes sont bordées de foules immenses qui attendent avec enthousiasme l'arrivée du Führer, braillait le speaker. Dans chaque ville, la croix gammée du Troisième Reich flotte sur tous les bâtiments officiels.

L'immense Mercedes à six roues d'Hitler franchit l'Inn à Braunau, sa ville natale, à 15 h 30 le 20 mars, flanquée de sa garde motorisée et d'une impressionnante escorte à moto. Le convoi fonçait sous les pics enneigés des Alpes, ralentissant aux abords des villes.

— Le peuple acclame et salue le chancelier allemand tandis qu'il se dirige vers Linz. De là, il prendra la route de la capitale où plus d'un demi-million de personnes s'apprêtent à le recevoir sur la Heldenplatz, la place des Héros.

Comment le peuple autrichien pouvait-il être aussi stupide ? se demandait Ramona, incrédule.

* * *

Le chauffeur de Hitler engagea la Mercedes sur la Heldenplatz tandis qu'une fanfare d'infanterie allemande jouait « *In Treu Feste* ». Le Führer debout à l'arrière de la voiture décapotée leva le bras. La foule devint folle :

— *Sieg Heil! Sieg Heil! Sieg Heil!*

Ces deux mots scandés par une masse en délire étaient une sorte d'incantation primitive qui montait furieusement vers le ciel. D'immenses bannières rouge et noir ornées de la croix gammée flottaient aux murs du palais des Habsbourg, du Rathaus, de l'Imperial Hotel et du Burgtheater. Les acclamations devinrent frénétiques quand Hitler apparut au balcon du palais et se pencha vers la mer de visages en contrebas. Il était de retour chez lui. S'approchant du micro, il leva la main et soudain le silence se fit sur la place surpeuplée.

— Il y a des années de cela, j'ai quitté ce pays emportant avec moi la même profession de foi qui aujourd'hui emplit mon cœur ! Jugez de mon émotion quand, après tant d'années, me voici enfin de retour pour l'accomplir.

Ses paroles emplissaient la Heldenplatz. De jeunes femmes se mirent à pleurer. L'hystérie gagnait.

— *Sieg Heil! Sieg Heil! Sieg Heil!*

La ferveur semblait ne jamais devoir retomber alors que Hitler, immobile, triomphant, contemplait la ville où un quart de siècle plus tôt, vêtu d'un manteau crasseux pour affronter les rigueurs de l'hiver, il vendait ses aquarelles pour quelques pfennigs et mendiait sa soupe dans des refuges sur les rives du Danube tandis que les clients du Burgtheater sirotaient du champagne et dansaient sur les valses de Johann Strauss. Vienne.

Le joyau de la couronne d'Autriche. C'était ici qu'Hitler avait étudié les Juifs. Ils proliféraient comme des vers dans un cadavre. Ils étaient partout : la prostitution, le trafic d'esclaves. D'innocentes jeunes chrétiennes séduites par de répugnants Juifs aux jambes tordues. Les Juifs étaient l'incarnation du mal qui dévoyait le peuple. Ils devaient être exterminés. Et ils le seraient. Bientôt Adolf Eichmann arriverait à Vienne pour mettre ses instructions à exécution.

* * *

Tremblante, Ramona Weizman essuya une larme et éteignit la radio. Elle ferma sa boutique et monta à l'appartement récupérer son châle de prière.

8

Tikal, Guatemala

Quittant l'arbre derrière lequel il s'était caché, Levi revint sur le sentier. Soudain, il se pétrifia. Un fer-de-lance de deux mètres, l'un des plus grands et des plus dangereux serpents de cette jungle, rampait vers lui, les losanges noirs sur son dos gris et chocolat parfaitement visibles sous le clair de lune. Levi recula lentement. Le crotale pouvait détecter un changement de température de l'ordre du millième de degré, ce qui lui permettait de frapper sa proie avec une précision mortelle. La dose de venin fatale aux humains était d'à peine 50 milligrammes, et un fer-de-lance pouvait en délivrer jusqu'à 300 dans une seule morsure. Mais l'immense serpent le dédaigna, préférant ramper vers la rivière à la recherche de crapauds et de rats. Levi entendait toujours la bande de hurleurs un peu plus haut en amont, mais le sentier était désert. Peut-être n'était-il pas suivi après tout. Ici, l'imagination pouvait se montrer aussi fertile que la végétation. Il se remit en marche vers le frêle pont de corde qui enjambait la rivière turbulente séparant le village maya des ruines de Tikal.

— Cela faisait longtemps, Pr Weizman.

Les broussailles sur sa droite s'écartèrent, et Roberto Arana apparut, son visage buriné surmonté de son habituel foulard rouge. Souriant, il lui serra la main et, sans plus attendre, se mit en route.

— Je commençais à me demander si vous aviez reçu mes messages, dit Levi en suivant le chaman sur le pont, s'agrippant aux cordes qui servaient de rampe et progressant avec prudence sur les planches disjointes. C'était bien vous qui me suiviez ?

Roberto secoua la tête.

— Un jaguar.

Soudain, comme pour confirmer ces mots, un rugissement effroyable retentit dans la jungle.

— Ne vous inquiétez pas, des guerriers vous raccompagneront tout à l'heure. Quant à vos messages… Ce que vous cherchez est resté caché pendant des siècles et ne sera révélé que quand le moment sera venu. Aujourd'hui, les anciens sentent que ce moment approche, ils ont des informations à vous donner.

— Sur les figurines et sur le codex ? demanda Levi, le cœur battant.

— Si vous les comprenez, vous trouverez ce que les anciens veulent que vous trouviez, répondit le chaman, énigmatique.

Le sentier dans la jungle sur l'autre rive était encore plus étroit, obligeant Levi à marcher dans les pas de Roberto. Ils ne tardèrent pas à atteindre une clairière au bord de la rivière sur laquelle dix huttes aux toits de chaume étaient regroupées. La fumée des feux de cuisine flottait vers le cours d'eau. Les épis de maïs avaient mariné depuis la veille dans du citron vert pour les ramollir, et aujourd'hui les femmes les avaient pilés pour en faire le *masa*, la pâte traditionnelle. Des pots noircis étaient suspendus au-dessus des feux, et les plaques en fonte, les *comales*, chauffaient, prêtes pour les tortillas. Des arômes savoureux montaient dans la nuit : du poulet mijoté dans du piment jalapeño, des poivrons, de l'origan et du jus de citron. À la lueur des feux, certaines des plus jeunes femmes assises sur des nattes travaillaient encore sur leur métier à tisser. Des *huipils* colorés, les ponchos ancestraux, prenaient forme tandis que des doigts habiles maniaient des cadres de cèdre polis par des années d'usage. Chaque village du Guatemala pouvait être identifié par son *traje* particulier, sa robe traditionnelle. Ici, les rouge et jaune éclatants étaient merveilleusement imbriqués de motifs en diamants bleus ou turquoise. Les plus âgées portaient toutes le *corte*, une longue jupe munie d'une large ceinture tissée.

Les anciens attendaient, vêtus de leurs *kamixa*, des chemises en coton multicolores, et coiffés de leurs chapeaux de paille. Levi sourit poliment pendant la cérémonie des présentations. Puis, on lui proposa de s'asseoir sur un des troncs de cèdre placés autour du feu central.

— *Hach ki'imak in wo'ol in kaholtikech.* « Nous sommes très heureux de vous rencontrer », déclara Pacal, le chef du village.

Son sourire chaleureux laissait voir quelques trous dans sa dentition.

— *Ki'imak in wo'ol in wilikech.* « Et je suis très heureux d'être ici. »

Les vieux du village hochèrent la tête, ravis d'entendre cet étranger répondre dans leur langue. Les longues heures passées à étudier la langue maya n'avaient pas été vaines.

— *Bix a k'aaba ?* demanda Levi à la jeune femme qui avait été désignée pour prendre soin de lui.

— Je m'appelle Itzel, répondit-elle.

Ses dents blanches étincelaient dans la lueur du feu.

— *Dios bo'otik.* « Merci », fit-il quand elle lui tendit un plat en bois rempli de tortillas chaudes et de sauce ainsi qu'un petit pot de *pulque*, un puissant breuvage à base d'agave.

Les anciens levèrent leurs coupes, s'inclinant d'abord vers Roberto puis vers Levi. Même si Roberto était originaire du lac Atitlán, il était clair qu'il jouissait ici du même prestige qu'à San Marcos.

* * *

Vénus était déjà haute dans le ciel quand la conversation aborda deux sujets cruciaux.

— Votre collègue allemand pourrait vous causer des problèmes, fit observer Pacal.

— Permettez-moi de vous présenter des excuses si son comportement vous a offensés, répondit Levi.

— C'est pour votre sécurité que nous nous inquiétons, releva Roberto. Le prêtre catholique représente aussi une menace.

— Le père Ehrlichmann a tenté de nous empêcher de célébrer nos cérémonies. Selon lui, nous sommes des païens, expliqua Pacal. En conséquence, son Église et lui restent ignorants des anciens avertissements. Mais vous, professeur, vous avez l'esprit ouvert. C'est peut-être à vous qu'il reviendra de révéler le mystère.

— J'ai cherché en vain les deux figurines manquantes.

— L'une d'elles est toujours ici, annonça Pacal. Mais l'autre a été emportée en lieu sûr, ajouta-t-il avant de fouiller dans la sacoche tissée qu'il portait sur l'épaule.

Il en sortit deux cartes tracées sur du papier d'écorce et en tendit une à Levi. Une étrange forme jaune y avait été peinte, et trois lignes s'y rencontraient en un point unique.

— Les Allemands sont déjà venus ici, dit Pacal, et ils ont vandalisé la Pyramide IV. La figurine sacrée a donc été déplacée afin d'être protégée. Elle est cachée dans un endroit proche et, si tel est votre destin, vous la trouverez. Cette carte pourra vous y aider. Quant à la dernière figurine, ajouta-t-il en lui tendant la seconde carte, elle est encore ici. Ensemble, les trois figurines permettront de trouver le codex.

Levi examina l'autre carte. Trois points y formaient un triangle.

— Les Anciens construisaient des calendriers en se fiant aux mouvements des planètes, continua Pacal. Contrairement aux vôtres qui mesurent le temps d'une façon linéaire, les nôtres sont cycliques. Ils sont donc bien plus précis et permettaient à nos ancêtres de prédire l'avenir, car ils pouvaient se baser sur des événements passés récurrents. Le prochain grand événement se produira le 21 décembre 2012.

— Un alignement planétaire, comprit Levi.

Pacal acquiesça.

— Pour la première fois depuis vingt-six mille ans, notre système solaire sera aligné avec le noyau au centre de la Voie lactée, notre galaxie. Savez-vous ce qu'est la séquence de Fibonacci ?

— Oui... mais je croyais que c'était une découverte occidentale.

Pacal et les autres anciens du village se contentèrent de sourire.

— Les Mayas, les Incas et les Égyptiens l'utilisaient déjà : ces trois civilisations étaient bien plus avancées que vos historiens ne le pensent. Vous connaissez donc phi, le nombre d'or ?

— 1,618, répondit Levi qui, depuis très longtemps, était fasciné par le ratio désigné par la lettre Φ.

La séquence de Fibonacci, il le savait, était obtenue en additionnant chaque terme à son précédant :

1, 1, 2, 3, 5, 8, 13, 21, 34, 55, 89, 144, 233…

Le résultat obtenu en divisant chaque élément de la séquence par son prédécesseur approchait fréquemment 1,618. Ce nombre d'or était présent partout dans la nature, exprimant aussi bien le ratio de croissance des spirales des coquillages marins que celui des galaxies. Même la distance entre les feuilles d'une plante était fonction de la séquence de Fibonacci.

— Ce nombre est à la base même de l'univers, fit observer le chef du village, et les Mayas, les Incas et les Égyptiens s'en sont tous servi pour construire leurs pyramides. Si vous voulez trouver ce qui vous intéresse, cherchez le centre du nombre d'or, déclara Pacal.

— *Dios bo'otik.* « Merci », dit Levi. Je le ferai.

— Mais soyez prudent, le prévint Roberto Arana. L'officier allemand et le prêtre vous surveillent.

* * *

Quatre jeunes hommes du village, descendants de la caste des guerriers, le raccompagnèrent. Tandis qu'ils traversaient le pont, un autre rugissement effroyable déchira la nuit, mais leurs torches enflammées gardaient le formidable jaguar à distance.

Le camp était plongé dans l'obscurité. Après avoir caché les précieuses cartes dans une cavité qu'il avait creusée dans un coin de sa tente, Levi s'empara de sa vieille sacoche en cuir contenant ses outils et ressortit. Récupérant une torche plantée à la lisière du camp, il se fraya un chemin dans la jungle en direction de la tombe d'un roi maya. Il grimpa avec prudence les marches couvertes de mousse menant à la petite pièce située au sommet de la Pyramide V, la deuxième plus haute de Tikal.

Au pied de la construction, caché derrière un grand cèdre, von Heiβen l'observait.

9

Le Vatican, Rome

Le cardinal secrétaire d'État, Eugenio Pacelli, était plongé dans ses pensées. Debout à la fenêtre de son bureau au troisième étage du palais du Vatican, il contemplait Rome et le Tibre. L'homme le plus puissant de l'Église catholique après le pape, était grand et filiforme, avec un long visage maigre et un nez busqué. Parmi la myriade de défis que devait relever le ministre des Affaires étrangères du Saint-Siège, certains étaient prioritaires. Au-dessus de sa tête, au dernier étage, le médecin papal veillait sur un Pie XI aux portes de la mort. Pacelli était désormais le candidat le mieux placé à sa succession. L'ascension d'Adolf Hitler et de ses sbires représentait un problème tout aussi grave.

Le cardinal baissa les yeux vers la Piazza San Pietro. Les pavés sombres luisaient faiblement sous les lumières du palais. Cette scène avait quelque chose de lugubre, comme un mauvais présage. Pacelli retourna à son bureau, songeant aux autres sujets qui le préoccupaient : les finances du Vatican et une expédition archéologique que les nazis avaient lancée dans les jungles du Guatemala. Sur le mur derrière lui, un crucifix de deux mètres de haut semblait le surveiller.

Ses pensées furent interrompues par son secrétaire privé qui frappait à la porte.

— *Avanti.*

— Il signor Felici est arrivé, Votre Éminence.

— Qu'il entre.

Signor Alberto Felici, émissaire de Sa Sainteté et chevalier commandeur de l'ordre de Sylvestre, s'inclina avec déférence.

— *Benvenuto,* Alberto, fit Pacelli avant de l'embrasser sur les deux joues. Installez-vous, dit-il en indiquant un fauteuil. *Desideri acqua minerale, caffè, tè ?*

— *No, grazie*, Votre Éminence, je sors de table.

Alberto frotta une ample bedaine, témoignage de sa faiblesse pour la bonne chère et les vins fins.

— Merci de venir à une heure aussi tardive, dit Pacelli dès que son secrétaire eut refermé la porte. Avant tout, je crois savoir que des félicitations sont de rigueur.

— *Grazie*, Votre Éminence, vous êtes trop bon.

À près de 50 ans, Alberto s'était enfin marié, et son épouse venait de donner naissance à leur premier enfant.

— Avez-vous choisi le prénom ?

— Salvatore Giovanni Felici, Votre Éminence, et si votre emploi du temps le permet, Maria et moi serions honorés par votre présence à son baptême.

— Nous pourrions le célébrer ici à San Pietro, si vous le souhaitez. Qui sait, le jeune Salvatore deviendra peut-être l'un d'entre nous plus tard. La prêtrise est toujours à la recherche de bons candidats, *non è vero ?*

— Maria en serait doublement ravie, Votre Éminence.

— Bien. Et maintenant, qu'avez-vous découvert à propos de notre ami Nogara ?

Pacelli nourrissait des soupçons croissants à l'égard de Bernardino Nogara, le conseiller financier de Pie XI. En 1929, en signant le traité de Latran, le Premier ministre Benito Mussolini avait enfin reconnu la souveraineté du Saint-Siège en tant qu'État à part entière. En compensation des territoires pontificaux perdus, le gouvernement italien avait versé un fabuleux dédommagement au Vatican. À présent, des rumeurs de corruption, de liens entre Nogara et une loge maçonnique ultra-secrète et d'un train de vie fastueux hantaient les couloirs du Vatican.

— J'ai travaillé à ses côtés pendant les négociations du traité de Latran et je dois avouer qu'il se montrait toujours très discret, pour ne pas dire secret. Il ne laissait jamais rien paraître, ce qui pouvait s'interpréter de bien des façons, Votre Éminence. Pourtant, je dois le dire, j'ai été surpris par ce que j'ai découvert et je peux vous assurer que mon enquête a été très minutieuse.

Pacelli se prépara au pire.

— Il signor Nogara vit de façon très simple. À l'époque où il a pris la charge des finances du Vatican, il s'est octroyé un modeste salaire, et son compte en banque est créditeur d'une somme ridicule. Pour autant que j'aie pu m'en rendre compte, il donne généreusement à des œuvres de charité. Il assiste à la messe tous les jours, et son unique divertissement semble se résumer à une séance de cinéma hebdomadaire.

Pacelli parut perplexe.

— Des femmes ?

— Il n'y en a aucune dans sa vie, Votre Éminence, et nous n'avons trouvé aucune preuve de… comment dire… d'amours tarifées. Il n'a aucun lien avec les maçons, ni aucune autre organisation anticatholique et il limite ses lectures aux journaux économiques.

— Les comptes ?

— L'Administration spéciale du Saint-Siège est dans une situation excellente et, grâce au signor Nogara, nos avoirs qui étaient de 100 millions de dollars américains ne vont pas tarder à atteindre un milliard. Le premier milliard du Vatican.

Pacelli écarquilla les yeux.

— Il signor Nogara est tout à fait digne de votre confiance, Votre Éminence. Il est dévoué à la sainte Église.

— Je me suis montré très injuste envers lui, fit observer le cardinal secrétaire d'État.

— En matière de finances, Votre Éminence, mieux vaut toujours être prudent. Je crains que les rumeurs n'aient été répandues par ceux qui jalousent les liens étroits que Nogara entretient avec vous et avec le Saint-Père. J'ajoute que votre concordat avec le Reichskanzler Hitler nous a procuré des revenus bien plus importants que nous ne l'avions prévu.

Pacelli acquiesça. L'accord signé avec Hitler avait été un coup de maître. Non seulement les fidèles allemands étaient maintenant assujettis au droit canon, mais la critique de la doctrine catholique était désormais interdite par la loi. En échange du soutien du Vatican à l'égard de son régime, Hitler avait accepté la *Kirchensteuer*, la « taxe d'église ». Cela signifiait que les catholiques allemands voyaient désormais leurs salaires amputés d'un montant de 9 %. Un impôt qui venait s'ajouter au « denier de Saint-Pierre » affluant de tous les diocèses du monde dans les caisses de Rome.

— Il faudra veiller à ce que notre accord sur la *Kirchensteuer* soit respecté, mais je crois comprendre que le Saint-Père prépare une encyclique.

Felici, qui n'ignorait rien de ce qui se passait au Vatican, savait que Pie XI, avant de mourir, tenait à publier son traité depuis longtemps attendu, *Humani Generis Unitas* – sur l'unité de la race humaine.

— Si une telle encyclique venait à critiquer le traitement réservé aux Juifs par Hitler, Votre Éminence, cela pourrait mettre en danger le concordat lui-même. L'ambassadeur von Bergen est très inquiet.

Encore une fois, Pacelli hocha la tête, douloureusement conscient que toutes ces années de dur labeur pouvaient être rayées d'un trait de plume par un souverain pontife agonisant.

— J'ai réaffirmé à l'ambassadeur allemand le soutien présent et futur du Vatican, particulièrement dans le combat contre les communistes bolcheviques. Selon moi, ils représentent une menace bien plus grande que Hitler et son Troisième Reich. Quant aux Juifs, cela ne nous concerne en rien.

— C'est une bonne nouvelle, Votre Éminence, car Nogara ne va pas tarder à suggérer quelques changements pour la gestion de nos finances.

— Pourquoi de tels changements si nous réussissons si bien ?

— L'Administration spéciale a admirablement rempli son office, mais avec des sommes aussi importantes, le Vatican aura bientôt besoin de sa propre banque. Une entité distincte qui pourra opérer comme un établissement normal sur la scène financière internationale.

Felici savait pertinemment qu'une telle banque n'aurait rien de « normal ». Échappant à la surveillance des autorités italiennes et internationales, et même à celle du Collège des cardinaux, la Banque du Vatican ou l'*Instituto per le Opere di Religione*, serait aussi exemptée de tout impôt de la part de l'État italien. Avec le temps, elle deviendrait un outil puissant, permettant à la Mafia et à d'éminents hommes d'affaires italiens de blanchir des milliards de lires qui finiraient dans des comptes secrets en Suisse. Dans un avenir plus immédiat, elle allait permettre aux nazis d'y entreposer l'or et les richesses confisqués aux millions de Juifs assassinés.

— Une banque pourrait être en contradiction avec les préceptes de l'Église quant à l'usure, observa Pacelli.

Saint Ambroise et les conciles de Nicée, de Carthage et de Clichy avaient tous condamné la pratique consistant à percevoir des intérêts sur des prêts d'argent, une condamnation réitérée par le pape Benoît IX.

— Il y a moyen de contourner ces difficultés, Votre Éminence… quand il s'agit du bien de la sainte Église.

Pacelli acquiesça.

— Seriez-vous prêt à siéger en tant que *delegato* au sein du directoire de cette banque, Alberto ?

— Bien sûr, Votre Éminence, bien sûr.

Felici restait parfaitement impassible mais cette proposition comblait ses désirs les plus fous. C'était très exactement ce qu'il avait espéré obtenir lors de cette entrevue avec le cardinal.

— Bien, dit celui-ci, me voilà rassuré. J'examinerai donc le projet de Nogara.

Pacelli ferma le dossier intitulé *Nogara* et s'empara de celui marqué *Maya*.

10

Tikal, Guatemala

Levi Weizman grimpa avec difficulté les dernières marches ébréchées qui menaient à la petite pièce située sous la crête de la Pyramide V. Le souffle court, il se retourna pour surveiller la jungle. Le vent s'était levé et, dans le clair de lune, la canopée ondoyait comme une mer argentée. Il sortit un mètre-ruban de son sac. Il ne lui fallut que quelques secondes pour prendre les mesures de la petite ouverture au sommet de la pyramide et encore moins pour effectuer de tête le rapport entre sa hauteur et sa largeur.

1,618 par 1 ! La petite chambre avait été construite en respectant le nombre d'or. Il sortit sa boussole. Les sommets des Pyramides I et IV se dressaient comme des échardes d'obsidienne à l'assaut du ciel et du centre de la Voie lactée. *Chercher le centre*. La cime de la Pyramide I se trouvait par 15° 30' et celle de la IV par 352°, ou 8° ouest du nord. Les cristaux des figurines reproduiraient-ils ces relevés au solstice d'hiver ? Il se retourna. Selon ce qu'il pouvait en juger, les deux axes ainsi formés se croiseraient sur le mur opposé de la pièce où il venait de pénétrer. Son mètre-ruban à la main, il reporta ses mesures sur la paroi, avant de l'éclairer avec le rayon de sa torche, le cœur battant.

Elle s'était un peu effacée avec le temps mais les contours de la lettre Φ étaient bien discernables sur une grosse brique au centre du mur. Sortant un petit pic de son sac, Levi commença à gratter le *sascab*, le mortier que les ingénieux Mayas fabriquaient à base de calcaire pilé et cuit. Au début, celui-ci s'effrita facilement, mais à mesure qu'il atteignait les zones que l'humidité n'avait pas rongées, la résistance s'accrut. Il changea d'instrument, choisissant une pointe plus fine, et quelques instants plus tard sentit qu'elle pénétrait dans ce qui semblait être une cavité derrière la brique. *Chercher le centre*. Il avait déjà trouvé une niche similaire dans la Pyramide IV, mais vide. À présent, il savait pourquoi. Elle avait contenu une figurine que le chaman et les anciens avaient prélevée pour la mettre à l'abri. La brique commença à bouger. Levi inséra une deuxième pointe pour la déloger délicatement.

L'artefact massif et vaguement rectangulaire se trouvait là où les anciens l'avaient placé plusieurs siècles auparavant : un kapokier d'un vert laiteux sculpté de façon exquise dans du jade, quasiment identique à celui que Levi avait ramené à Vienne, à cette différence près que deux jaguars, un mâle et une femelle, étaient gravés sur les racines. La présence des deux félins indiquait qu'il s'agissait du principe « neutre ». Maintenant, se dit Levi, il ne lui restait plus qu'à trouver la dernière, la figurine qui représentait le féminin perdu… l'élément final pour assurer l'équilibre dans un monde dominé par les mâles.

Même si 2012 était encore loin, l'humanité aurait peut-être besoin de ces quelques décennies pour se préparer ou pour tenter d'empêcher la catastrophe prédite par les Mayas dans leur codex. Levi leva le jade dans le clair de lune et vit que les anciens artisans avaient là aussi façonné un orifice en forme de Φ dans les racines du kapokier qui en constituaient le socle.

— Eh bien, Herr Professor, vous faites vos fouilles en pleine nuit ? Et qu'avez-vous découvert ?

Von Heißen venait d'apparaître sur le seuil, son Luger braqué droit sur la tête de Levi.

— Ah, la figurine. Fascinant. Vous permettez ?

À regret, Levi lui tendit l'artefact.

Von Heißen continuait de le tenir en joue. Son haleine empestait le whisky.

— Si vous deviez ne pas rentrer de cette expédition, Pr Weizman, ce ne serait qu'un regrettable incident survenu lors d'une dangereuse expédition dans la jungle.

— Peut-être, répliqua Levi, se forçant à garder son calme. Mais le Reichsführer Himmler risque d'être très déçu si vous lui ramenez cet artefact sans pouvoir lui expliquer sa signification.

— Et quelle est cette signification ?

— Je dois d'abord l'analyser. Je vous ferai un rapport dès demain. En attendant, je vous suggère de baisser votre arme.

Le garde SS posté devant la tente alluma une cigarette, mais Levi avait oublié sa présence. Il avait passé la journée à étudier la figurine, et ce qu'il avait découvert le laissait totalement incrédule. À l'aide de sa loupe, il avait déchiffré les hiéroglyphes gravés sous les deux jaguars. La date était incontestable : 21 décembre 2012. Les deux caractères suivants étaient tout aussi clairs, l'un désignant le « solstice d'hiver » et l'autre « l'annihilation », mais c'étaient les derniers signes qui l'avaient vraiment sidéré. Levi savait que les Mayas utilisaient ces marques en dents de scie pour désigner des énergies électromagnétiques d'une puissance incommensurable. Ici, ces marques pointaient vers un autre hiéroglyphe qui représentait le cœur de la galaxie. Écartant sa loupe, il reposa avec délicatesse la sculpture de jade sur sa table pliante. Pacal avait confirmé que la troisième figurine femelle serait nécessaire pour localiser le codex disparu qui, Levi en était désormais convaincu, détenait la clé de la survie de l'humanité après 2012. Mais s'il parvenait à la trouver, comment éviter qu'elle ne tombe aux mains des nazis ?

Les cris des hurleurs, les grésillements des criquets, à vrai dire tous les bruits de la jungle commençaient à être recouverts par la musique et les chants montant de la tente qui servait de mess au bout de la piste d'atterrissage. Un gramophone jouait l'enregistrement d'une fanfare interprétant des chansons à boire. Levi soupira. Il se sentait fatigué et découragé à l'idée de devoir exposer ses découvertes à von Heiβen. Ramona lui manquait terriblement… Son calme, ses doux conseils… et la chaleur de sa peau. Aussi importante que soit la découverte du Codex maya pour l'humanité, il désirait par-dessus tout rentrer à Vienne. À vrai dire, en cet instant, il aurait été soulagé de laisser la découverte de ce codex à un autre archéologue.

* * *

— Alors, Herr Professor, qu'avez-vous à m'apprendre ?

Von Heiβen souffla une fumée imaginaire du canon de son Luger avant de le reposer sur la table à côté d'une bouteille de Glenfiddich à moitié vide.

Levi fit de son mieux pour cacher son mépris. Le nazi était encore plus ivre qu'à l'ordinaire.

— Comme vous pouvez le voir, la figurine représente un kapokier qui, pour les Mayas, était l'arbre sacré de vie. Si vous voulez une analogie, le bouleau tenait le même rôle aux yeux des Aryens qui ont déferlé du nord de l'Afghanistan il y a environ 3 500 ans pour occuper la vallée de l'Indus. Il y a donc un parallèle ici.

— Le Reichsführer Himmler sera ravi, fit von Heiβen d'une voix traînante. Finalement, vous servez peut-être à quelque chose, Herr Professor.

Levi ne répondit pas, sachant que son « analogie » était parfaitement vide et grotesque.

— Je suis néanmoins curieux. Comment avez-vous su où chercher ?

— Cela fait très longtemps que je pratique des fouilles, Sturmbannführer. Parfois, on a de la chance et on tombe sur une pierre qui a du jeu ou, plus rarement encore, sur des marches qui mènent à un tombeau caché.

Von Heiβen remplit de nouveau son gobelet.

— À l'avenir, vous serez bien inspiré de faire vos découvertes en plein jour, Herr Professor, à un moment où nous pourrons tous les partager.

Son regard s'était soudain fixé derrière Levi. Celui-ci se retourna pour voir la belle et jeune Itzel sur le seuil de la tente. Elle semblait nerveuse.

— *Brunnen! Was haben wir hier?* ricana von Heiβen.

Itzel baissa timidement les yeux vers le sol de terre rouge. Elle était modestement vêtue de son *traje* traditionnel : une *kamixa* colorée et une jupe qui lui tombait jusqu'aux chevilles, maintenue par une large ceinture tissée. Levi savait que le chaman et les anciens du village avaient dû l'envoyer ici, mais dans quel but ?

— Je n'ai pas pour habitude qu'on me fasse attendre, *Fräulein*. Vous auriez dû venir il y a trois jours déjà.

Itzel fouilla dans sa sacoche en tissu pour en sortir une petite jarre et un gobelet de terre façonné en forme de singe qu'elle posa sur la table. Elle servit le pulque que les anciens avaient parfumé à l'ananas et à la mangue.

— *Hatsh mal-ob*, dit la jeune femme, mais von Heißen était déjà fasciné par le décolleté, pourtant très chaste, de sa blouse.

La peau sombre et sans défaut d'Itzel luisait doucement dans la lueur de la lampe à pétrole.

— Elle ne parle ni l'allemand ni l'anglais, Sturmbannführer, mais elle vous offre ceci en gage d'amitié.

Von Heißen s'empara du gobelet et goûta le *pulque*.

— *Fruchtsaft!* Du jus de fruits !

Il y ajouta une bonne dose de Glenfiddich et avala la mixture d'un trait.

— Venez donc boire une vraie boisson d'homme, *Fräulein*, dit-il en la guidant vers une chaise, non sans lui palper la cuisse.

— Permettez-moi de vous recommander, fit Levi, de ne rien faire qui pourrait compliquer nos rapports avec les villageois.

— Foutez le camp ! Je m'occuperai de vous demain matin, fit von Heiβen qui titubait légèrement.

Il s'empara de la figurine, qu'il enferma dans sa malle, rangeant la clé dans sa poche.

Furieux, et très inquiet pour Itzel, Levi retourna dans sa tente et alluma sa propre lampe. Roberto Arana était assis sur sa chaise.

— Ne craignez rien pour Itzel, professeur. Les princesses mayas ont toujours eu le sens du sacrifice, et Itzel sait qu'elle agit pour le bien de son peuple.

— C'est une princesse ?

Pour toute réponse, Roberto se contenta de sourire.

— Faites vos bagages et vite. Prenez juste l'essentiel. Vous n'êtes plus en sécurité ici. Nous partons ce soir.

— Mais la figurine…

— Savez-vous si l'Allemand a bu le *pulque* ?

— Une coupe seulement, dit Levi, comprenant enfin le sens du cadeau d'Itzel.

— Cela suffira largement. Il a été préparé avec soin.

* * *

— *Fräulein*, installez-vous donc dans le lit afin que nous fassions mieux connaissance.

Soudain, pris de vertige, von Heiβen se retint au piquet de la tente. Il fit un pas vers la jeune femme, puis deux, avant de tomber lourdement, face contre terre. Obéissant aux instructions qu'elle avait reçues, Itzel prit la clé dans sa poche, déverrouilla la malle et s'empara de la figurine. Elle replaça la clé dans la poche de von Heiβen avant de sortir sans bruit. Le chaman, Levi et six jeunes guerriers l'attendaient de l'autre côté de la piste. Levi n'avait eu le temps d'emporter que quelques sous-vêtements et affaires de toilette, ses outils, les précieuses lettres de Ramona et les deux cartes.

— Mettez ceci dans votre sac, dit Roberto en lui tendant la sculpture de jade. Il en reste encore une à trouver, mais les cartes vous guideront. Protégez-les de votre mieux, car ces figurines vous conduiront au codex.

— Mais comment…

— Cela se produira quand le cosmos sera prêt, répondit Roberto tandis que le chef des guerriers rallumait sa torche.

— Et les Allemands ? s'inquiéta Levi.

— Laissez-nous nous en occuper. Les femmes et les enfants du village sont déjà en route vers une cachette dans la jungle. Les guerriers vous feront descendre la rivière en canoë jusqu'à Puerto Barrios et le golfe du Honduras. Un de nos amis vous y retrouvera. Nous avons négocié un passage pour Naples sur un cargo et, de là, vous pourrez rentrer à Vienne. Cela prendra du temps et ce ne sera pas très confortable, mais traverser l'Italie sera beaucoup plus sûr. Von Heiβen va probablement donner l'alerte. Les aéroports seront surveillés.

— Comment vous remercier ?…

— En protégeant les figurines, répondit Roberto.

Il sourit à Levi, ses dents blanches éblouissantes à la lueur de la torche. Ils se mirent en route, s'enfonçant dans la forêt vierge. Les marches militaires et les chansons allemandes dans la tente du mess ne tardèrent pas à s'éteindre, remplacées par les criquets et le rugissement d'un félin.

11

Le Vatican, Rome

— J'ai fait ce que vous avez demandé, Votre Éminence, et interrogé tous ceux qui pourraient détenir des informations sur le Codex maya perdu, y compris le père Ehrlichmann et le nonce apostolique à Guatemala City, dit Alberto Felici. Je suis maintenant convaincu qu'il doit être caché à Tikal ou dans les environs.

— Donc, Himmler tient bien une piste concrète ? fit observer Pacelli.

Felici sourit.

— Le Reichsführer Himmler entretient d'étranges relations, Votre Éminence. Sur les conseils d'un certain Karl-Maria Wiligut, un ancien colonel de l'armée impériale autrichienne, il a pris possession d'un château de la Renaissance en Westphalie, le Wewelsburg, pour en faire une sorte d'académie SS. J'ai découvert depuis que Wiligut était un alcoolique, un esprit dérangé et violent qui a été libéré d'un asile de fous en 1927.

— Pourquoi Himmler s'intéresserait-il à un dément alcoolique ?

— En premier lieu, Wiligut est un farouche adversaire des Juifs et il publie un journal antisémite, *Le*

Balai de Fer. Mais l'antisémitisme ne suffit pas à tout expliquer, Votre Éminence. Heinrich Himmler est redouté partout dans le Reich, car il est perçu comme un homme froid, un administrateur brutal et efficace auquel aucun détail n'échappe. Pourtant, derrière cette rationalité apparente, il est fasciné par l'occultisme. Wiligut lui a été présenté comme un mystique qui aurait accès à un savoir perdu sur d'anciennes cités et civilisations… Il est parvenu à convaincre Himmler que la dernière grande bataille pour la civilisation se déroulera près de Wewelsburg dans les vallées de Westphalie.

— Nous aurions donc affaire à un esprit dérangé ?

Felici secoua la tête.

— Ne jamais sous-estimer Himmler, Votre Éminence. Il est en train de faire des SS une nouvelle aristocratie aryenne, un ordre de guerriers qui ont prêté serment de fidélité au Führer, sur le modèle des Templiers et des Jésuites. Il compte transformer Wewelsburg en cité SS, une sorte de Vatican païen au centre du Nouveau Monde.

Incrédule, Pacelli écarquilla les yeux.

— Il a chassé les habitants du village voisin, reprit Felici. Et, pour rebâtir le château, il a créé un camp de concentration dans les forêts de Niederhagen, où des Juifs sont soumis au travail forcé. C'est au diable que nous avons affaire ici, Votre Éminence. Sous des dehors convenables, Himmler possède en fait un esprit moyenâgeux. Il est impitoyable, calculateur et dangereux. Quant au traitement qu'il réserve aux Juifs, vous serez peut-être amené à faire des remarques publiques. Les condamnations internationales se multiplient.

— J'en suis conscient, Alberto, dit Pacelli avec irritation, mais il y a des problèmes bien plus importants à considérer que le sort des Juifs.

— Hum… Savez-vous, Votre Éminence, que votre nonce apostolique à Istanbul a monté un réseau afin de favoriser la fuite d'enfants juifs ? Weizman m'a confié que si les choses empiraient pour lui à Vienne, il serait peut-être contraint de partir avec toute sa famille, *via* la Turquie, justement.

Felici scrutait avec attention le visage du puissant cardinal secrétaire d'État, guettant la moindre réaction d'animosité envers son subordonné en Turquie, mais il restait indéchiffrable.

— Le Pr Weizman vous a-t-il donné la moindre idée de ce qui pourrait figurer dans ce codex ?

— Il pense que les Mayas y ont inséré une mise en garde concernant une éventuelle destruction de l'humanité. Il croit aussi que cet avertissement a un rapport avec ceux délivrés par la Vierge de Fatima.

Pacelli blêmit. Lui-même se sentait en relation très étroite avec la Sainte Mère. Le pape Benoît XV l'avait nommé archevêque le 13 mai 1917, le jour même où Marie était apparue pour la première fois à trois enfants portugais. Une coïncidence que Pacelli n'avait jamais oubliée, tout comme il n'avait jamais oublié les trois révélations de la Vierge de Fatima.

— Le Vatican va-t-il rendre ces secrets publics, Votre Éminence ?

Pendant un instant, un lourd silence pesa sur la pièce.

— Il est possible, déclara finalement Pacelli, que nous divulguions les deux premiers avertissements. Pour le moment, tous trois sont aux mains de l'évêque de Leiria au Portugal. Le troisième – et ce que je vais vous dire doit rester strictement entre nous –, le troisième contient une menace directe contre la sainte Église elle-même et ne doit en aucun cas être révélé.

— Dans ce cas, ne vaudrait-il pas mieux que tous trois soient transférés aux archives secrètes où au moins ils seraient en sécurité ? L'existence de ces documents et du miracle du soleil est de notoriété publique.

Pacelli repensa à la dernière apparition, le 13 octobre 1917, quand par une sombre matinée humide et venteuse, 70 000 personnes s'étaient rassemblées dans les champs à Cova da Iria pour assister au miracle que la Vierge avait promis aux trois enfants dc Fatima. Au moment où les nuages s'étaient écartés, la petite Lúcia s'était adressée à la foule en montrant le soleil. Soudain, l'astre s'était mis à tournoyer comme un carrousel de feu d'artifice, projetant des rayons de multiples couleurs, comme les nombreux témoins présents sur place l'avaient plus tard confirmé. Plusieurs reporters dépêchés par les plus importants journaux portugais, y compris *O Século*, une publication progouvernementale et anticléricale, décrivirent le soleil qui « zigzaguait » et changeait de direction dans le ciel. Le quotidien de Lisbonne, *O Dia*, écrivit qu'une intense lumière bleue avait jailli du centre de l'astre, illuminant les milliers de personnes prostrées et en larmes.

— Les secrets sont à l'abri pour l'instant, Alberto, dit Pacelli, mais comme vous venez de le dire, il vaudrait mieux prendre des mesures plus sûres. D'ici là, je veux que vous gardiez un œil attentif sur tout ce qui pourrait se passer à Tikal. Si le Codex maya a *bien* un rapport avec les secrets de Marie, alors lui aussi doit être enfermé aux archives secrètes.

— C'est aussi mon avis, Votre Éminence. Il faut surveiller ce Weizman.

* * *

Quand il franchit les immenses portes en bronze du Vatican, Felici hocha la tête en réponse au salut du garde suisse. Il descendit les marches de marbre et traversa la Piazza San Pietro. La confiance et l'amitié que lui vouait Pacelli s'avéraient fort utiles. Mais, tandis qu'il se dirigeait vers le Tibre, il songeait à une autre amitié, bien plus récente : celle qu'il avait commencé à nouer avec von Heiβen avant de quitter Tikal. Les liens que celui-ci entretenait avec Himmler pouvaient se révéler encore plus profitables. Felici était depuis longtemps passé maître dans l'art délicat de la traîtrise.

12

Vienne, 1938

Le train s'arrêta en grinçant au poste de contrôle du col du Brenner à la frontière italo-autrichienne. À l'aplomb, les pics enneigés semblaient monter une garde sinistre. Levi regarda avec angoisse les Chemises brunes qui se ruaient à bord. Plus il s'approchait de Vienne, moins il se sentait en sécurité.

— *Papier!*

Il tendit son passeport autrichien au jeune homme auquel la section locale du parti nazi avait attribué les fonctions de garde-frontière officieux.

— *Zweck Ihres Besuchs?* « Le but de votre visite ? »

— Je rentre chez moi, répondit Levi, aussi calmement qu'il le put, avec l'impression d'être un étranger dans son propre pays.

— *Beruf?* « Occupation ? »

— Professeur à l'université de Vienne.

Le garde regarda la photographie du passeport, puis scruta le visage de Levi avant de lui rendre le document sans un mot.

Roberto avait eu raison. Ni les Italiens ni les Allemands n'étaient encore complètement organisés. Benito Mussolini était occupé à soutenir son allié, le général Franco, en pleine guerre civile espagnole, et le port de Naples n'était pas soumis à une surveillance draconienne. Ici, à la frontière, ce jeune garde arrogant mais inexpérimenté lui avait posé ces questions de façon mécanique.

Levi baissa le rebord de son chapeau au moment où il descendit du vieux tram à Franz-Josefs-Kai près du Donaukanal, non loin des marches qui menaient à la Judengasse. Vienne grouillait de soldats nazis et de Chemises brunes : dans les trains, les trams, les bus, aux coins des rues, dans les bars et les cafés. Instinctivement, il serra contre lui la sacoche cachée sous le pardessus qu'il avait acheté à Naples. Il atteignit le sommet des marches et s'enfonça dans l'ombre du clocher de Saint-Ruprecht. À l'autre extrémité de la Judengasse, un groupe de soldats quittait un bar, et leurs chants de beuverie résonnaient dans la rue. Il y avait de la lumière chez lui. Son cœur battait très fort à l'idée de retrouver Ramona et les enfants. Les nazis disparurent enfin, et il se dirigea discrètement vers l'escalier de service qui menait à son appartement.

— *Wer ist es?* demanda Ramona quand il frappa à la porte.

Sa voix était forte et résolue, mais Levi sentit sa peur.

— *Levi, meine Liebling*... C'est moi.

Elle voulut ouvrir précipitamment, mais la chaîne de sécurité bloqua la porte.

— Levi ! Levi ! Comment ?...

Elle dut refermer avant de pouvoir se jeter dans ses bras.

— Pourquoi ne nous as-tu pas annoncé ton retour ? J'avais si peur, Levi !

Des larmes de soulagement ruisselèrent sur ses joues. Rebekkah surgit à son tour et courut vers son père. Levi embrassa sa fille et tendit son bras libre vers Ariel.

— Tu nous as tant manqué, papa ! s'exclama Rebekkah.

— Je ne pouvais pas vous téléphoner, au cas où les nazis surveilleraient notre ligne, dit Levi dans la cuisine après avoir couché les enfants.

Après avoir expliqué comment il s'était enfui de Tikal, il ajouta :

— J'ai eu du mal à reconnaître Vienne avec tous ces soldats.

— C'est terrible, Levi, dit Ramona, une tasse de thé entre les mains. Rebekkah et Ariel ont peur de sortir, et moi aussi. Nous ne pouvons même plus nous promener dans le parc. Il y a des pancartes partout. *Juden Verboten.* Les Chemises brunes sont déjà passées ici deux fois cette semaine. Et je n'ai plus aucun client, conclut-elle en essuyant une larme sur sa joue.

Levi lui prit la main.

— Mais tu m'as, moi ainsi que les enfants, *Liebling*, et c'est tout ce qui compte.

— J'ai peur, Levi. Himmler et ce von Heißen ne vont-ils pas te rechercher ?

— Je n'aurais jamais dû aller là-bas même si, à vrai dire, ils ne m'ont pas laissé le choix. Je ne crois pas que von Heißen osera avouer à Himmler dans quelles circonstances il a perdu la figurine, mais tu as raison. Il faut partir, et vite. J'ai déjà pris contact avec Ze'ev Jabotinsky, de l'Agence juive. Ils peuvent nous faire transiter par Istanbul. Si nous parvenons aux États-Unis ou en Angleterre, Albert Einstein ou Erwin

Schrödinger ont proposé de glisser un mot en ma faveur à Princeton ou à Oxford. Je pourrai continuer mes recherches, et tu pourras ouvrir une autre boutique.

— Et l'appartement ? Nous ne pourrons pas le vendre.

— Mon frère a la nationalité allemande. Il pourra s'en occuper jusqu'à ce que les choses s'arrangent.

— Mais, Levi, c'est un sympathisant nazi !

— Ce qui pourrait être un avantage pour nous. Et puis, au moins, l'appartement restera dans la famille.

Ramona semblait retrouver son calme. Levi sourit : sa femme possédait une vraie force intérieure soutenue par une foi inébranlable. Soudain, des cris et des bruits de verre brisé retentirent dans la rue. Il se précipita à la fenêtre. Plus loin, dans la Judengasse, il aperçut des torches.

— Éteins les lumières ! Vite !

Les beuglements étaient clairement menaçants, s'intensifiant chaque fois qu'une vitrine explosait. Une bande de jeunes voyous – des membres des Jeunesses hitlériennes autrichiennes et des Chemises brunes – venaient d'entrer dans la « rue des Juifs ».

— *Judenfrei! Judenfrei!* braillaient-ils en chœur. « Mort aux Juifs ! Mort aux Juifs ! »

Tout comme Nabuchodonosor et Titus avaient détruit le Premier et le Second Temple de Jérusalem, Hitler et Himmler étaient bien décidés à exterminer les Juifs de Vienne, et leurs sbires étaient déjà l'œuvre. Des briques fracassaient chaque vitrine « ornée » de l'Étoile de David.

— Prends les enfants et va t'enfermer dans la salle de bains, murmura Levi.

Malgré l'obscurité, il sentait la terreur de sa femme. Très vite, il récupéra la précieuse figurine maya qui était restée dans son bureau, l'enveloppa dans un tissu de velours rouge, souleva le tapis devant la cheminée et la rangea auprès de sa jumelle dans une boîte en fer-blanc dissimulée sous les lames du parquet. Il avait bien un coffre dans son bureau, mais ce serait le premier endroit que les nazis fouilleraient. Après avoir remis les lattes en place, il cacha ses notes sur la séquence de Fibonacci et les pyramides de Tikal dans un livre d'Erwin Schrödinger. Ce ne fut qu'après avoir replacé l'ouvrage dans la bibliothèque qu'il songea enfin à protéger leur appartement. Avec l'aide de Ramona, ils firent glisser une lourde commode au-dessus de la trappe qui donnait sur l'escalier menant à la boutique au rez-de-chaussée.

— Reste avec les enfants, maintenant, dit-il avant de regagner la fenêtre donnant sur la rue.

La bande approchait. Les vitrines tombaient systématiquement les unes après les autres. Levi se cacha dans l'ombre au moment où une vingtaine de jeunes voyous s'arrêtèrent devant la boutique de Ramona.

— Mort aux Juifs ! hurla l'un d'entre eux en fracassant la devanture avec une brique.

Les autres, armés de barres de fer, se ruèrent à l'intérieur pour tout saccager, démolissant les étagères, les meubles, les lampes, tout ce qui pouvait se briser. Puis ils jetèrent de la peinture jaune sur tous les élégants chapeaux. L'un d'eux escalada les marches et se mit à cogner sur la trappe avec la crosse de son fusil, mais les autres, pressés de ravager la boutique suivante, s'en allaient déjà. Il abandonna.

— On reviendra, pourriture de Juifs ! hurla-t-il.

— Combien de temps avons-nous ? demanda Ramona, serrant ses deux enfants contre elle.

Terrorisée, Rebekkah sanglotait tandis qu'Ariel tentait de ravaler ses larmes. Les bruits de verre brisé s'éloignaient, bientôt remplacés par des sirènes, tandis que des flammes s'élevaient de la synagogue située à un pâté de maisons de chez eux.

— Il faut faire nos bagages cette nuit, répondit Levi.

13

Istanbul

Le soleil se coucha, flamboyant, illuminant le ciel orange et rouge sang. À la différence du cardinal Pacelli qui, quand il était nonce apostolique à Munich, préférait se déplacer dans une luxueuse limousine ornée du blason du Vatican, le représentant du Saint-Siège en Turquie et en Grèce, l'archevêque Angelo Roncalli – le futur pape Jean XXIII – choisit de laisser sa vieille Fiat cabossée au garage. Vêtu d'une tenue civile avant tout confortable, il héla un taxi, lui aussi en piteux état, dans l'étroite rue qui longeait l'ambassade vaticane dans Ölçek Sokak. Bien des années plus tard, longtemps après sa mort, le peuple turc reconnaissant la rebaptiserait « rue du Pape-Roncalli ».

— Hôtel Pera Palace, s'il vous plaît.

— *Evet, Pera Palas!*

Dans un craquement sinistre, le vieux chauffeur engagea une vitesse et s'inséra dans la circulation chaotique d'Istanbul. Les automobiles y étaient encore rares en 1938, mais les rues grouillaient de carrioles et de chariots tirés par des mulets, les trottoirs n'existaient pas, et les piétons – un terme qui n'avait encore aucun sens – marchaient où bon leur semblait. La manœuvre du taxi déclencha un concert de jurons qui n'étaient ici qu'un rituel dans la cacophonie ambiante. Le chauffeur leva une main apaisante.

— *Senin bir ailn var?* « Vous avez une famille ? » lui demanda Roncalli.

Entendre cet étranger s'adresser à lui dans sa langue maternelle réjouit le vieil homme.

— *Evet*. Deux garçons et une fille. Et vous ?

Roncalli sourit et secoua la tête.

— *Hayir*. Je suis seul.

Les bords de la chaussée étaient occupés par des marchands que le bonhomme évitait avec adresse. Des toiles étaient tendues sur lesquelles étaient offertes les marchandises les plus variées : poissons et poulets, cuirs et fers forgés, chaussures et chemises, et parfois *uds et cümbüs*, les luths et mandolines turques. Ils atteignirent Refik Saydam Caddesi et entamèrent la descente vers le Bosphore, le long détroit reliant la mer Noire à celle de Marmara. Face à eux, un vieux cheval efflanqué, les côtes apparentes sous sa robe, les naseaux frémissants et l'haleine formant un nuage visible dans l'air froid, tentait de hisser un fardeau improbable sur la pente abrupte. Les pneus en caoutchouc de la carriole qu'il traînait étaient usés jusqu'à la corde et les sacs de riz, d'épices et de café, empilés jusqu'à une hauteur de trois mètres constituaient un défi aux lois de la gravité. Des vieillards peinaient eux aussi sous le poids de paniers remplis d'oranges, de bananes et de pain. Des mendiants culs-de-jatte installés sur des planches munies de roulettes se frayaient un chemin entre les étals, certains offrant des urnes remplies de fort café turc, d'autres supportant des plaques de cuivre sur lesquelles rôtissaient châtaignes et kebabs. Des myriades d'odeurs se glissaient par la vitre ouverte de la voiture.

— Merci, mon ami, dit Roncalli quand ils arrivèrent au Pera Palace. Pour vos enfants, ajouta-t-il en glissant un généreux pourboire dans la paume calleuse du chauffeur.

Il prit le temps d'admirer la Corne d'Or, l'estuaire qui se jette dans le Bosphore. De l'autre côté du port, les minarets de la grande mosquée d'Istanbul se dressaient tels des doigts de pierre vers le ciel du soir. Roncalli se retourna vers le Pera Palace, un opulent bâtiment de style rococo. Un jeune portier aux cheveux bouclés, vêtu d'un pantalon noir et d'une veste écarlate aux épaulettes dorées, lui sourit avant de lui ouvrir la double porte en cuivre.

Derrière le bureau de la réception en bois sombre et verni, des casiers contenaient les clés en cuivre, elles aussi, des chambres. Au bout du comptoir, trônait un téléphone avec un embout en forme de cloche et un écouteur en Bakélite. Plus loin, sur la droite, un grand escalier de marbre recouvert d'un tapis rouge contournait les piliers d'acier et le grillage contenant la cage d'ascenseur, devant laquelle un liftier montait une garde attentive.

Foulant un magnifique tapis persan fait main, l'archevêque Roncalli traversa le hall orné à intervalles réguliers de grands pots de fleurs. De lourds buffets en bois sculpté, des miroirs et d'élégants vases de style égyptien ajoutaient à l'ambiance baroque, mais le Pera Palace n'était pas tout à fait ce qu'il semblait être. Autrefois étape nécessaire sur la Route de la Soie, Istanbul était idéalement placée entre l'Europe de l'Est et la Palestine et, tandis que le monde entier basculait vers la guerre, le gouvernement turc préservait farouchement sa neutralité. Mais il avait permis à l'Agence juive, une organisation créée après la Grande Guerre, d'ouvrir une antenne dans l'hôtel.

Assis à l'une des vieilles tables du hall, Mordecai Herschel l'attendait déjà.

— Angelo, merci d'être venu, dit-il en se levant, la main tendue.

Ayant maintenant dépassé la cinquantaine, mais toujours aussi svelte, il avait été major dans la Haganah, la branche militaire de l'Agence juive de Ben Gourion en Palestine, où il avait été blessé au cours des combats contre les Anglais comme en témoignait la cicatrice qui ornait sa joue droite. Dans une tentative désespérée pour sauver quelques Juifs d'Europe, le mouvement sioniste avait fait appel à lui pour diriger le bureau d'Istanbul. Par contraste, Roncalli, peu enclin à l'exercice physique, affichait une corpulence bonhomme. Il perdait ses cheveux, et son gros visage était dominé par un grand nez romain. Ils formaient un couple intéressant, l'ancien combattant de la liberté et l'archevêque rondouillard. Tous deux étaient des esprits profonds, liés par le même engagement au service de la justice et de l'humanité.

— Des nouvelles du Vatican ? demanda Herschel.

— Ils envoient un émissaire apostolique, mais je crains qu'il ne s'agisse d'une manœuvre dilatoire. Rome semble s'éloigner des vrais problèmes de ce monde.

Le silence du cardinal Pacelli en réponse aux appels de Roncalli pour venir en aide aux Juifs avait été assourdissant.

Herschel hocha la tête.

— Je comprends. Pour revenir à ce qui nous intéresse, Angelo, les communications sont l'un de nos plus grands problèmes. Trouver des agents sur place possédant les qualités nécessaires n'a pas été facile, mais j'en ai maintenant un en Roumanie et un autre en Hongrie. Deux autres partiront la semaine prochaine pour la Yougoslavie et la Bulgarie. Je suis aussi parvenu à infiltrer le camp de concentration autrichien de Mauthausen.

— S'il vous faut un moyen sûr de transmettre des messages, je connais quelques personnes dignes de confiance dans notre ambassade. Nous pourrons utiliser la valise diplomatique.

— Le Vatican ne s'y opposera pas ?

— Pas s'il l'ignore, répondit Roncalli, avec une satisfaction visible. Dieu, Lui, ne s'y opposera pas, et c'est Lui seul qui compte.

— Merci, Angelo. Je vous suis très reconnaissant. La poste turque nous a aussi beaucoup aidés, et nous continuerons à passer par elle pour entrer en contact avec des citoyens ordinaires, mais il est précieux de savoir que nous pouvons disposer d'un moyen plus sûr.

Roncalli se pencha en avant.

— Et je pensais aussi, dit-il avec calme, aux enfants. Si nous vous fournissions des certificats de conversion au catholicisme portant les tampons officiels appropriés, cela vous serait-il utile ?

Ce n'était pas la première fois que l'élégant Pera Palace abritait des conspirateurs. Mata Hari avait consommé quelques verres à l'Orient-Express Bar, tout comme Alfred Hitchcock et Ernest Hemingway ; et après qu'on avait retrouvé la voiture accidentée d'Agatha Christie abandonnée et que la fausse rumeur de sa noyade s'était répandue, elle avait écrit *Le Crime de l'Orient-Express* dans la chambre 411.

— Cela nous serait plus qu'utile, Angelo. Nous allons tenter de convoyer le plus possible des nôtres ici puis en Palestine, même si ces hypocrites de Britanniques empêchent nos bateaux d'accoster, nous obligeant à débarquer de nuit sur les plages.

— D'autres pays sont-ils prêts à les accueillir ?

— Nous en cherchons en Amérique centrale et du Sud.

— Au moins, cela nous donnerait davantage d'options.

— Pour certains, le temps presse. Avez-vous entendu parler du Pr Levi Weizman ?

— Le célèbre archéologue ?

— Oui. Nous avons reçu des informations de l'un de nos agents infiltrés chez les SS : Weizman et sa famille courent un grave danger.

14

Vienne

Adolf Eichmann se tenait sur le podium de la salle de bal de l'hôtel des Rothschild récemment réquisitionné sur la Plösslgasse, achevant un discours à l'adresse des officiers SS, des *Gauleiter* et *Kreisleiter*, les chefs de district et de comté qui venaient tout juste d'émerger au sommet du parti nazi autrichien comme la vase à la surface d'un égout. L'Obersturmbannführer von Heiβen, désormais promu lieutenant-colonel et commandant du camp de Mauthausen, était assis au premier rang.

Eichmann agrippa les rebords de son pupitre, sa casquette SS inclinée sur son crâne.

— Les Juifs, messieurs, sont des parasites envahissants. Après l'argent, leur seule autre obsession dans la vie vise à détruire le peuple germanique et le Reich. Mais nous, les Allemands, sommes un peuple compatissant et nous encouragerons ces sous-hommes à partir de leur propre volonté.

— Et s'ils refusent ?

L'uniforme marron du *Kreisleiter* du troisième district de Vienne avait du mal à le contenir. Herr Schweitzer était aussi obèse que cruel.

Eichmann esquissa un petit sourire.

— À compter d'aujourd'hui, tous les commerces juifs doivent être boycottés. Tout Viennois qui s'approvisionnera chez des Juifs sera coupable de crime contre l'État. Son nom et son adresse seront affichés dans les rues. En fait, aucun Autrichien ne devra adresser la parole à un Juif à moins de nécessité absolue.

Eichmann observa une pause et décida de s'en tenir là pour l'instant. Son programme visant à recruter des jeunes femmes afin qu'elles travaillent dans des commerces juifs pour récupérer les noms de leurs clients ne serait divulgué qu'aux personnes strictement concernées.

— Il ne faudra pas très longtemps, continua-t-il, avant que ces suceurs de sang ne soient forcés de vendre leurs entreprises à des prix ridiculement bas, ce qui permettra à d'honnêtes Autrichiens de les racheter et de les gérer de façon juste et équitable. De plus, sur ordre du Führer, tout fonctionnaire qui ne peut justifier d'une ascendance aryenne sera renvoyé sur-le-champ. Cela vaut aussi pour les personnels enseignants. Les universités sont désormais interdites à quiconque possédant une goutte de sang juif. Il en va de même, bien sûr, pour les écoles. Les avocats et docteurs juifs doivent être rayés de leur Ordre. Dans le cas des médecins, ils seront désormais catalogués « guérisseurs juifs », et leur immonde pratique devra se limiter à leurs congénères.

— Herr Obersturmführer, comment être certain de pouvoir tous les identifier ? demanda Schweitzer.

— Avec l'aide de leurs responsables communautaires, vous devrez dresser la liste des Juifs de chaque district, et tous devront porter l'étoile jaune, répondit

Eichmann. La loi sur les biens juifs vient d'être promulguée. Ils devront rendre or, platine et argent ainsi que tous bijoux, pierres précieuses et perles qu'ils ont accaparés.

Von Heiβen acquiesça avec vigueur.

— Les prisonniers politiques, ainsi que tous ceux pouvant disposer d'informations utiles pour le Reich, seront internés dans un camp que nous avons construit à Mauthausen, conclut Eichmann en inclinant la tête vers von Heiβen.

* * *

De retour dans son bureau, un des salons des Rothschild, Adolf Eichmann se posta devant la fenêtre donnant sur la Plösslgasse, les mains croisées derrière le dos. Il savait que les mesures qu'il venait d'annoncer ne suffiraient pas. Bientôt, une solution finale serait nécessaire et, avec elle, viendrait l'opportunité de réaliser des expériences médicales qui permettraient d'améliorer la vie des citoyens du Reich.

On frappa à la porte.

— *Kommen Sie!*

Son adjoint entra et claqua des talons.

— Un câble urgent, Herr Obersturmführer.

Eichmann le lut, impassible.

```
POUR : OBERSTURMFÜHRER EICHMANN

Sur instruction du Reichsführer
Himmler, le Pr juif Levi Weizman
(55 ans) ainsi que Ramona Weizman
(40 ans), Ariel Weizman (10 ans) et
```

Rebekkah Weizman (8 ans), tous demeurant au 4/12 Judengasse, Quartier Stephansdom, Vienne, doivent être arrêtés sur-le-champ. Le commandant de Mauthausen, l'Obersturmbannführer von Heiβen dirigera la fouille de l'appartement de Weizman et doit pouvoir bénéficier de toute l'aide nécessaire.

Brigadeführer Heinrich Müller
Kommandant
Geheime Staatspolizei

Eichmann apposa son paraphe sur le câble et signa l'autorisation donnant à von Heiβen le commandement temporaire d'un détachement spécial de Sonderkommandos SS.

— Portez ceci à l'Obersturmbannführer von Heiβen, ordonna-t-il. Vous le trouverez en bas dans la salle de bal.

— *Jawohl, Obersturmführer!*

15

Vienne

On martelait la porte.

— *Öffnen Sie, Jude!*

Ramona se dressa dans le lit, terrorisée.

— Levi ! C'est eux !

— Calme-toi, fit-il. Je m'en occupe.

Tandis qu'il enfilait sa robe de chambre, il se souvint soudain des deux cartes d'écorce qu'il avait laissées près du modèle réduit des pyramides mayas dans son bureau. Il alla les récupérer et revint dans la chambre. Rebekkah et Ariel, tous deux visiblement effrayés, avaient rejoint leur mère. Sur une impulsion, se disant que les nazis ne soupçonneraient peut-être pas un enfant, il donna les cartes à Ariel.

— Garde-les pour papa, dit-il. Tout ira bien, je vous le promets, ajouta-t-il, se voulant rassurant.

— Ouvre cette porte, Juif, ou on la défonce !

Quand il la déverrouilla, les Sonderkommandos, ayant reçu le renfort d'un groupe de jeunes Chemises brunes, le jetèrent à terre et se ruèrent dans l'appartement. Quand il se retourna sur le dos, Levi découvrit von Heiβen sur le seuil, cinglant sa botte avec une cravache.

De la pointe de celle-ci, il lui releva le menton.

— Tu comptais aller quelque part, Juif ? fit-il en montrant les valises dans le couloir.

Levi chassa la cravache d'un revers de main.

— Comment osez-vous vous introduire chez moi ainsi ?

Von Heiβen le fouetta en travers du visage.

— Où est la figurine ?

— Je n'en ai aucune idée… Quelque part dans la jungle au Guatemala, j'imagine.

Von Heiβen le frappa de nouveau sur l'autre joue.

— Où est-elle ?

Les yeux de Levi s'emplirent de larmes, mais il serra les dents et ne dit rien.

— *Scharführer!* « Sergent ! » Arrêtez-les et fouillez partout. Nous sommes à la recherche d'une figurine de jade d'une trentaine de centimètres.

— *Jawohl, Obersturmbannführer.* Il y a un coffre dans le bureau, mais il est fermé.

— Tiens donc ! fit von Heiβen avec un air ravi, plaçant à nouveau sa cravache sous le menton de Levi. Eh bien, le Juif va l'ouvrir !

Sans mot dire, Levi inséra la clé dans la serrure et la tourna. Il s'écarta, priant en silence pour Ramona et les enfants.

Von Heiβen examina le contenu du coffre qui contenait les biens les plus précieux des Weizman dont 4 000 schillings de la recette de la boutique que Ramona n'avait pas encore convertis en Reichsmarks.

— Pas de figurine, gronda von Heiβen avec colère.

Sa déception était palpable. Avec sa cravache, il farfouilla parmi les autres objets du coffre : les bijoux de Ramona et trois menoras en or, les chandeliers à sept branches évoquant le buisson ardent que Moïse avait vu sur le mont Horeb. Von Heiβen trouva aussi un crucifix en or massif au centre duquel était enchâssé un superbe rubis cerclé de douze gros diamants. Il s'en empara.

Levi essayait de garder son calme. Ce pendentif avait été découvert par son arrière-grand-père lors d'une fouille archéologique sur le mont des Oliviers, à Jérusalem. Il se trouvait dans sa famille depuis trois générations, et sa trace remontait jusqu'au temps de la troisième croisade, l'époque de Richard Cœur de Lion et de Saladin.

— Emmenez cette vermine, ordonna von Heiβen en refermant le coffre-fort et en empochant la clé.

Avec rage, Levi s'arracha à la prise du garde qui le tenait.

— Je dois m'habiller.

Von Heiβen ricana.

— Emmenez-le. Là où il va, il n'aura pas besoin de vêtements.

Il se posta à la fenêtre pour regarder les jeunes Chemises brunes pousser Levi dans la remorque d'un camion garé dans la rue. Il avait encore neigé cette nuit, et les pavés luisaient dans l'aube glacée. Un peu plus bas dans la Judengasse, d'autres Juifs étaient rassemblés afin d'être convoyés à Mauthausen, mais von Heiβen n'était pas totalement satisfait. Derrière lui, ses hommes continuaient à mettre méthodiquement en pièces l'appartement des Weizman. En vain. Ils ne trouvèrent pas le symbole en jade. Après tout, la figurine était peut-être bien restée au Guatemala, se dit von Heiβen, mais le Juif paierait quand même. Il fit demi-tour, passant à moins d'un mètre de l'objet de sa convoitise dissimulé sous le plancher.

* * *

Levi passa un bras autour des épaules de Ramona et l'autre autour de Rebekkah et Ariel. La fillette sanglotait. Sa mère était parvenue à convaincre un caporal moins enragé que les autres de les laisser, ses enfants et elle, s'habiller, mais Levi, toujours en robe de chambre, était frigorifié.

— Où nous emmènent-ils, papa ?

Levi embrassa les boucles blondes de Rebekkah.

— Nous verrons… Tout ira bien, *Liebchen*, murmura-t-il, tentant de la réconforter de son mieux.

Ils traversèrent le Danube à Emmersdorf, passant sur la rive nord. Les arbres étaient couverts de neige. Levi se frottait les mains pour se réchauffer tant bien que mal. Ariel et Rebekkah s'étaient rendormis contre lui. Près de deux heures plus tard, ils ralentirent pour traverser la petite ville de Mauthausen, et quelques minutes plus tard le camion gravit une petite colline avant de s'immobiliser devant les grosses portes en bois du camp de concentration. Les gardes vérifièrent les documents du chauffeur et inspectèrent vaguement son chargement humain avant d'ouvrir les portes. Le véhicule pénétra dans la cour et s'immobilisa.

Un capitaine SS et une dizaine de gardiens les attendaient.

— Sortez ! Contre le mur ! aboya l'officier.

Levi serra sa femme et ses enfants.

— Que Dieu nous protège, murmura-t-il.

Ils se retrouvèrent au milieu de la ligne des prisonniers. Tremblant dans ses pantoufles et son pyjama, Levi regarda autour de lui. À intervalles réguliers, les murs d'enceinte étaient interrompus par des tours de guet en granit aux toits d'ardoise. Tel un macabre monastère, la cour dans laquelle ils se trouvaient était entourée de petits cloîtres de pierre construits avec soin. Dans la guérite située dans un coin, Levi découvrit deux gardes braquant une mitrailleuse sur eux. Il sentit une soudaine appréhension gagner les soldats quand les immenses portes qu'ils venaient de franchir s'ouvrirent à nouveau.

— *Achtung!*

Une dizaine de SS jaillirent du bâtiment principal pour se mettre au garde-à-vous.

— *Heil Hitler!* brailla leur commandant, le bras droit dressé, au moment où la Mercedes noire de von Heiβen faisait son apparition.

Celui-ci en descendit, adressa un signe de tête à son adjudant et se dirigea vers les prisonniers, cinglant toujours sa botte de coups de cravache. Il remonta lentement la ligne avant de s'arrêter devant Ariel, qui gardait une main dans sa poche.

— Qu'est-ce que tu as là-dedans, petit ?

Les yeux rivés au sol, les lèvres tremblantes, le garçon ne répondit pas. Von Heiβen lui leva le menton avec sa cravache.

— Donne-moi ça !

Levi voulut s'avancer pour protéger son fils, mais von Heiβen le fouetta au visage, et un garde le plaqua contre le mur.

— J'ai dit : donne-moi ça !

Ariel, les larmes aux yeux, tendit une des cartes qu'il avait cachées dans sa poche, celle qui reproduisait le lac Atitlán.

— Tiens, tiens. Et qu'avons-nous là ? fit von Heiβen en se tournant vers Levi.

— Rien qu'un dessin d'enfant, répondit celui-ci.

— Menteur ! s'exclama Von Heiβen en le frappant à nouveau.

Ramona ne put retenir un sanglot.

— Tu oses défier le Troisième Reich ? *Sturmscharführer!*

— *Obersturmbannführer!* répondit l'officier en claquant des talons.

Le Sturmscharführer Schmidt avait été désigné pour assumer la charge de sergent-major du camp. Après plus de vingt-cinq ans de carrière dans la Wehrmacht puis dans la division SS « Tête de Mort », sa haine viscérale des Juifs était bien connue de ses supérieurs. Incapable de la moindre pensée originale, sadique et servile à la fois, il était haï aussi bien des prisonniers que des soldats, mais il possédait des qualités que von Heiβen jugeait utiles.

— Faites-leur nettoyer les latrines dans le baraquement des gardes.

— *Jawohl, Obersturmbannführer!*

Von Heiβen replaça sa cravache sous le menton de Levi.

— Et ta famille et toi frotterez jusqu'à ce qu'elles brillent. Cela te laissera le temps de songer à mieux coopérer.

Là-dessus, il tourna les talons.

Schmidt conduisit la colonne de prisonniers le long des cloîtres vers l'entrée principale du camp proprement dit, où deux massives tours en pierre se dressaient de chaque côté du portail. Levi regarda sur sa gauche. Des hommes et des femmes piochaient et martelaient une falaise de granit pour en arracher de la roche qu'ils transportaient jusqu'à de grandes trémies en bois. Plusieurs femmes s'échinaient à pousser un chariot qui devait peser plusieurs tonnes, leurs cris résonnant sur la carrière chaque fois qu'on les battait à coups de manche de pioche. Plus loin, sous la menace de leurs armes, des soldats forçaient des hommes titubant sous de lourds quartiers de roches à grimper un escalier abrupt qui menait au sommet de la falaise.

Les gardes poussèrent Levi et sa famille dans les toilettes du baraquement. Une odeur immonde régnait.

— On n'aurait pas pu mieux trouver, pas vrai ? ricana Schmidt tandis qu'Ariel toussait et se bouchait le nez. De la *Scheisse* juive pour nettoyer une *Scheissenhäuser* SS !

Il bouscula Levi en direction d'une des cabines ouvertes. La puanteur était infernale. Le saisissant par le cou, Schmidt lui enfonça la tête dans la cuvette encore remplie de selles avant de tirer la chasse.

* * *

— Mon taleth, Levi. Ils m'ont obligée à nettoyer les toilettes avec mon châle de prière, murmura Ramona en sanglotant.

— *Lichte löschen.* « Extinction des feux », grogna le *Scharführer* Schaub en poussant l'interrupteur.

Le jeune caporal était le seul qui avait fait preuve d'un minimum de décence depuis leur arrestation, aussi Levi fut-il surpris de le voir s'approcher de sa paillasse.

— Toi ! Dehors !

Mentalement et physiquement épuisé, il ne résista pas lorsque Schaub le poussa dehors. Dès qu'ils furent sortis, le caporal referma la porte.

— Nous n'avons pas beaucoup de temps, alors écoutez-moi bien, dit-il en l'entraînant à l'écart du halo de l'ampoule suspendue au-dessus de la porte. Je suis désolé de ce qui vous arrive. Nous allons essayer de vous faire sortir d'ici au plus vite mais, pour le moment, c'est trop dangereux. Il y a peut-être une possibilité pour les enfants. Si Ariel et Rebekkah sont transférés à la laverie, n'essayez pas de les garder avec vous et expliquez-leur qu'ils devront faire exactement ce qu'on leur dira.

— Comment savez-vous leurs noms ? Qui êtes-vous ? demanda Levi qui essayait de comprendre ce que lui disait ce SS.

— Peu importe qui je suis. Sachez seulement que c'est l'Agence juive à Istanbul qui m'envoie.

La porte d'un baraquement à l'autre bout du complexe s'ouvrit brusquement.

Levi grimaça quand Schaub le frappa au visage.

— Pourriture de Juif ! Qu'est-ce que tu fais dehors après l'extinction des feux. Rentre là-dedans !

16

Mauthausen, 20 avril 1938

Une aube grise et froide s'était levée, et les semelles des bottes de von Heiβen faisaient craquer cette dernière neige de printemps tandis qu'il revenait de son inspection du camp. Il était bien décidé à ce que la visite du Reichsführer Himmler et les célébrations de l'anniversaire d'Hitler se déroulent de la meilleure des façons. De retour dans ses quartiers, il descendit dans la vaste cave du bâtiment. Une seule autre personne était autorisée à entrer ici en dehors de lui-même : son ordonnance qui avait pour mission de fondre les bijoux et les dents en or arrachées sur les cadavres des Juifs après leur passage à la « douche » derrière l'hôpital. Von Heiβen tâta la paroi du petit fourneau installé contre l'un des murs de pierre et fut satisfait de le sentir encore tiède. Il composa la combinaison de l'immense chambre forte qui occupait le fond de la pièce.

« Excellent », se dit-il, en s'emparant du lingot de plus de dix kilos que son aide de camp avait ajouté aux six autres déjà stockés ici. Tous portaient l'aigle et la croix gammée, laissant supposer qu'ils allaient remplir les caisses du Reich, mais von Heiβen avait d'autres projets pour eux. Il avait déjà invité Felici à venir lui rendre visite. L'émissaire du Vatican, un État souverain qui échappait aussi bien à la juridiction de l'Italie de Mussolini qu'à celle du Reich d'Hitler, semblait très bien disposé à son égard. Le colonel SS ouvrit l'un des tiroirs pour en sortir le pendentif qu'il avait découvert chez les Weizman, l'un des nombreux objets que son ordonnance avait eu pour ordre de stocker à part. Von Heiβen n'éprouvait pas d'intérêt particulier pour ce crucifix, sinon pour sa valeur pécuniaire, mais il se doutait qu'il en irait tout autrement pour Felici. Après l'avoir contemplé un moment, il le rangea à nouveau dans son tiroir, referma la chambre forte et retourna dans son bureau.

Assis derrière sa grande table en acajou, il examina l'étrange document qu'il avait récupéré sur le petit Juif. Un dessin d'enfant ? La forme sommaire peinte en jaune pouvait le faire croire, mais pourquoi un enfant de 10 ans irait dessiner des séries de lignes en y reportant ce qui ressemblait à des repères ? Et pourquoi choisir un tel support ? On aurait dit de l'écorce séchée. Cela valait-il la peine de laisser son père en vie pour découvrir le fin mot de l'histoire ? Dans des circonstances normales peut-être, mais von Heiβen était très conscient de la menace que représentait l'archéologue. Lui seul savait comment il avait perdu la figurine. Si jamais Himmler venait à l'apprendre, von Heiβen ne donnait pas cher de sa carrière… ni de sa peau.

Plongé dans ses pensées, il se leva pour aller à la fenêtre, jetant un regard absent vers la carrière où la vermine juive était déjà au travail. Si Weizman avait eu la statuette, il l'aurait à coup sûr gardée dans son coffre. Celle-ci devait donc encore se trouver au Guatemala, ce qui impliquait… Un coup à la porte interrompit sa réflexion.

— *Kommen Sie!*

Mesurant un mètre soixante-quinze, son adjoint, l'Hauptsturmführer Hans Brandt, atteignait tout juste la taille requise chez les SS, mais le blond capitaine avait des relations haut placées. Quant à ce qu'il lui manquait en hauteur, il le compensait largement en ambition et en sauvagerie.

— Le Juif est là, Herr Kommandant, et on m'a prévenu que la voiture du Reichsführer Himmler approche de Mauthausen. Il devrait arriver dans la demi-heure.

— La garde est prête ?

— *Jawohl, Herr Kommandant.* Je l'ai inspectée en personne. Par ailleurs, le Doktor Richtoff accompagne le Reichsführer.

— Tout est prêt ?

Brandt hocha la tête.

— Les techniciens ont fini d'installer l'équipement, y compris le caisson de pression, et le Bloc 6 a été entièrement réaménagé selon les instructions du Doktor Richtoff.

— Bien. Amenez-moi le Juif.

— *Jawohl. Heil Hitler!*

— *Herr Professor*, votre appartement a été entièrement fouillé sans qu'on y retrouve la moindre trace de la figurine. Où est-elle ?

Le vouvoyant à nouveau, von Heiβen s'exprimait d'une voix très douce, mortellement douce.

— Je vous ai déjà dit…

— Menteur !

L'insulte fut ponctuée d'un coup de cravache au visage.

— Sale menteur juif ! répéta von Heiβen en le frappant à nouveau, fracassant ses lunettes. Où est-elle ?

Il hurlait à présent, le cognant de façon incontrôlée. Il finit par s'arrêter, contemplant les joues maculées de sang et de larmes de Levi.

Une nouvelle fois, von Heiβen se demanda si, après tout, il ne disait pas la vérité, mais ce moment d'incertitude passa très vite.

— Et que signifie cette carte ? dit-il en montrant la feuille d'écorce étalée sur son bureau.

— Ce n'est qu'un dessin d'enfant, répondit Levi qui tenait à peine debout.

— Tu mens !

Von Heiβen se tourna vers son adjoint.

— Qu'on l'enferme et, après le départ du Reichsführer, que Schmidt l'emmène au saut en parachute.

Malgré tous les pouvoirs dont il jouissait désormais, von Heiβen savait qu'il ne pouvait éliminer le Juif sans l'autorisation expresse d'Himmler.

* * *

— *Achtung!*

La garde d'honneur était déjà en place pour saluer le véhicule blindé suivi par une BMW noire, ornée de fanions arborant l'aigle d'argent et la croix gammée, qui franchissaient le portail. La plaque d'immatriculation de la voiture affichait un numéro bien particulier : *SS1*. Von Heiβen se figea, le bras droit tendu tandis que le chef suprême des SS en descendait.

— *Heil Hitler, Herr Reichsführer. Wilkommen zum Mauthausen.*

À une centaine de mètres de là, dans la carrière, Ramona, Ariel et Rebekkah s'efforçaient de soulever un énorme rocher pour le jeter dans une des trémies. Levi voulut les aider, mais un SS lui flanqua un coup de crosse.

— Essayez d'en prendre de plus petits, *meine Lieblinge,* murmura-t-il.

Il se retourna et sentit un frisson glacé lui parcourir le dos quand le Reichsführer Himmler, accompagné de von Heiβen, apparut au sommet du mirador le plus proche. Soudain, une escouade de gardes se rua dans la carrière, fusil à la main. Une file de détenus, tous vêtus de l'uniforme rayé gris et noir, reçut l'ordre de s'immobiliser et de se retourner face à la paroi de la falaise.

Un coup de feu retentit, et la première femme à une des extrémités de la file s'effondra, abattue d'une balle dans la nuque. Ramona s'évanouit. Ariel et Rebekkah se mirent à pleurer, blottis derrière la trémie. Pendant l'heure et demie qui suivit, une détonation éclata toutes les deux minutes dans la carrière : chaque fois, un Juif était tué en l'honneur de l'anniversaire du Führer.

* * *

Von Heiβen suivit des yeux la BMW jusqu'à ce qu'elle disparaisse sur la route. La journée avait été splendide. Les célébrations de l'anniversaire du Führer s'étaient déroulées à merveille, et Himmler l'avait félicité pour sa gestion efficace du camp. C'était aussi pour cette raison, avait-il expliqué, que Mauthausen avait été choisi pour accueillir les expériences médicales top secrètes du Dr Richtoff. Le Reichsführer avait même laissé entendre que si tout continuait ainsi, une nouvelle promotion serait envisagée. Standartenführer ! Von Heiβen sentait déjà les feuilles de chêne brodées sur son col. Empli de fierté, et flagellant sa botte à coups de cravache, il emprunta le chemin qui menait au sommet de la falaise surplombant la carrière. Il baissa les yeux vers le portail du camp des prisonniers où, selon ses ordres, la Weizman et ses rejetons avaient été enchaînés à l'une des tours. « Bien, se dit-il, satisfait. De là, ils auront une vue imprenable. »

Schmidt poussa Levi en direction de l'escalier taillé dans le granit.

— Il y a 186 marches, Juif, et tu vas les grimper une par une.

Levi se retourna vers Ramona et les enfants. Sa femme pleurait.

— Ramasse cette pierre ! gueula Schmidt quand ils atteignirent le bas des marches. Sur l'épaule !

Levi hissa avec peine l'énorme rocher sur son épaule.

— *Jetzt lauf!* Maintenant, cours !

Ramona, les mains enchaînées à un anneau de fer scellé dans le mur au-dessus de sa tête, vit avec horreur son mari s'engager en titubant sur les marches.

Schmidt se tourna vers deux jeunes gardes.

— Vous savez quoi faire !

Le plus grand des deux rejoignit Levi et lui hurla à l'oreille :

— Allez, le Juif, plus vite !

Les genoux de Levi ployaient sous le poids du bloc de pierre. Il trébucha et tomba. Le deuxième SS lui flanqua un coup de crosse dans les côtes.

— Debout, cochon de Juif ! J'ai pas envie de passer la nuit ici !

Levi se redressa et hissa à nouveau le boulet sur ses épaules, fermant son esprit à la douleur lancinante qui lui lacérait la poitrine.

— Qu'est-ce qu'ils font à papa, maman ? demanda Rebekkah en sanglotant, les mains enchaînées très haut au-dessus d'elle.

Suffoquant, Levi leva les yeux. Encore dix marches. Au bord de l'épuisement, il arriva enfin au sommet, tituba et laissa tomber son fardeau.

— Qui t'a donné la permission de le poser ?

Le grand garde lui flanqua un nouveau coup de crosse dans les reins. Levi s'écroula, heurtant violemment la roche. Il se brisa le nez et deux incisives.

— Debout !

Levi s'agenouilla, toussant et recrachant du sang et des bouts de dents.

Un des gardes regarda sa montre.

— On perd notre temps ici, Gunther ! Les autres sont déjà en train de boire une bière.

— *Ja*. Debout, Juif de merde ! gronda Gunther, cette fois en shootant dans le ventre de Levi.

Celui-ci roula à terre jusqu'à un grand rocher plat au bord du gouffre. Cent mètres plus bas, le pied de la falaise était hérissé de pointes de granit, là où les détenus arrachaient la pierre à coups de pioches et de barres à mine. Levi leva les yeux, et un frisson l'ébranla. La silhouette reconnaissable entre toutes de von Heiβen se détachait dans le soleil couchant.

Il voulut reculer mais fut violemment poussé en avant par un des gardes.

Avec horreur, Ramona le vit basculer dans le vide, les bras battant l'air dans un réflexe irrépressible. Son hurlement lui déchira l'âme. Il rebondit sur un affleurement rocheux avant de s'écraser avec un bruit mat sur le granit.

— Voilà ce qui arrive quand on s'oppose au Reich ! cria Schmidt à l'intention des détenus réunis dans la carrière. Maintenant, reprenez votre travail si vous ne voulez pas le suivre.

* * *

L'ordonnance de von Heiβen et l'intendant en chef, ce dernier portant un grand verre en cristal rempli de Glenfiddich sur un plateau d'argent, se tenaient prêts à l'intérieur du mess des officiers. Des drapeaux du Troisième Reich et de la SS avaient été déployés le long d'un des murs, et le bar était décoré d'un grand aigle doré.

— *Meine Herren. Der Kommandant!*

L'Hauptsturmführer Brandt venait d'annoncer l'arrivée de von Heiβen. Tous les officiers présents se dressèrent au garde-à-vous. Von Heiβen tendit sa cravache et sa casquette à son ordonnance et soulagea l'intendant du verre de scotch.

— Hans, venez nous rejoindre, commanda-t-il à son adjoint en indiquant un fauteuil libre au côté du Dr Richtoff. *Ein Bier?*

— *Danke schön, Herr Kommandant.*

Von Heiβen se tourna vers le comptoir et claqua des doigts.

— Alors, Eduard, tout est-il comme vous le souhaitez ? demanda-t-il à Richtoff.

Le médecin acquiesça. Sa peau était d'un blanc laiteux, ses cheveux gris coupés très court. Profondément enfoncés derrière d'épais sourcils noirs, ses yeux vert pâle semblaient vitreux.

— J'en ai l'impression, Karl. L'équipement est en train d'être testé en ce moment même. Nous devrions être en mesure de commencer nos expériences dès demain.

— De quelles expériences s'agit-il, Herr Doktor ? s'enquit Hans.

— Le rôle de la SS est de fixer de nouveaux standards pour le Grand Reich, Hauptsturmführer. Les expériences de Mauthausen ont pour but de produire une nouvelle élite germanique – imaginez un embryon humain dans lequel seront combinés le chef, le savant, le guerrier et l'administrateur. Tout cela dans une seule et même personne. Veuillez me pardonner, messieurs, mais vous n'êtes pas encore parfaits.

— Certes, mais reconnaissez que nous sommes une bonne base de départ, répondit von Heiβen en faisant signe à l'intendant de remplir son verre.

— Ces expériences nous fourniront aussi des éléments qui nous permettront peut-être d'améliorer la qualité de nos troupes, notamment si elles venaient à servir sur le front de l'est.

— Comment cela ? demanda Brandt, sincèrement curieux d'apprendre comment la race allemande pouvait être améliorée.

— Votre Kommandant a bien voulu me fournir des spécimens en bonne condition, à la fois mâles et femelles. Au cours de la première expérience, nous allons les déshabiller et les plonger entièrement nus dans de la glace pour découvrir combien de temps il leur faudra pour mourir. Bien sûr, en plein hiver, cela aurait été plus facile, ajouta Richtoff en toussant, car il nous aurait suffi de les laisser nus dans une cage placée à l'extérieur pour voir combien de temps ils auraient tenu. Dans la seconde expérience, nous baisserons progressivement la température jusqu'au seuil où la plupart d'entre eux mourront. Quant aux autres, nous verrons lesquels pourront être réanimés. Nous avons déjà effectué quelques tests en introduisant de l'eau glacée dans leurs intestins… mais aucun n'a survécu. Malheureusement, cette méthode ne semble guère prometteuse.

Richtoff s'empara de sa bière.

— Et le caisson de pression ? À quoi sert-il ?

— Simulation de basse pression dans un environnement pauvre en oxygène, répondit le médecin. Votre Kommandant, étant un spécialiste de la plongée en conditions difficiles, comprend de quoi je parle.

— Cela remonte à un certain temps maintenant, répondit von Heißen, modeste.

— Cela aussi, nous l'avons déjà testé ailleurs, poursuivit Richtoff, mais ici, à Mauthausen, nous prévoyons de ne pas nous contenter d'utiliser des hommes mais aussi des femmes. Le corps humain fonctionne mieux au niveau de la mer où le sang est saturé en oxygène, mais à des altitudes supérieures à 4 500 mètres, là où les taux d'oxygène dans l'air sont réduits de moitié, le corps doit s'acclimater. Lors de nos précédentes expériences, nous avons découvert que la plupart des sujets meurent quand la simulation d'altitude atteint 7 000 mètres. À cette hauteur, il est difficile de dormir, et le système digestif ne fonctionne plus correctement. Mais l'un a tenu au-dessus de cette limite, et nous avons gardé ses organes pour analyse.

— Combien de spécimens vous faut-il, Herr Doktor ? demanda Brandt.

— Quarante suffiront pour commencer. Vingt hommes et vingt femmes, mais ils doivent être en bonne condition.

— Incorporez la Weizman dans la première fournée, Hans… et assurez-vous que ses deux bâtards assistent à ça. Le garçon hésitera peut-être à nous faire des cachotteries la prochaine fois. Bien, ceci étant réglé, Eduard, j'ai commandé un excellent vin pour le dîner, en votre honneur.

* * *

La nuit descendait sur la carrière, et une équipe de soldats finissait d'extraire les dents en or des cadavres au pied de la falaise. Un gros bulldozer, de la fumée jaillissant de ses échappements, se mit en position et commença à pousser les corps vers une fosse. Derrière les murs d'enceinte du camp, les détenus étaient debout dans le froid entre les baraquements, attendant l'appel. Ramona tentait de son mieux de réconforter Ariel et Rebekkah. L'homme qu'elle aimait de toutes les fibres de son être venait d'être assassiné sous ses yeux, mais elle refusait de céder.

— Demain, vous serez tous les deux transférés à la laverie, *Lieblinge*, murmura-t-elle. Si quelqu'un propose de vous aider, vous devrez faire tout ce qu'il vous dira, d'accord ?

— Mais, et toi, maman ? demanda Ariel.

Il était livide. Son monde venait de se briser. Quant à Rebekkah, elle levait des yeux éperdus vers sa mère, tentant de comprendre ce qu'il venait de se passer.

— Maman s'en sortira très bien… Mais, toi, veille sur ta petite sœur. Promets-le-moi, ajouta-t-elle en regardant son fils tout en caressant les boucles blondes de sa fille.

— Je promets, murmura Ariel, serrant la main de sa mère de toutes ses forces.

17

Mauthausen

Ariel vint aider Rebekkah. Le sac de vêtements sales était aussi gros qu'elle. Elle ne parvenait pas à le charger dans la vieille camionnette bleue qui, chaque jour, faisait la navette vers la petite ville de Mauthausen afin de nettoyer le linge des SS. Au moment où les deux enfants allaient repartir chercher les derniers sacs, la conductrice, une jeune femme aux yeux bleu pâle, leur fit signe de s'approcher du côté du véhicule caché à la vue des miradors.

— Écoutez-moi bien, dit-elle à mi-voix. Je m'appelle Katrina, et il faut faire tout ce que je vous dis. Il y a un espace à l'arrière de la camionnette contre la cabine. Dès que vous aurez fini de charger, vous grimperez à bord, vous escaladerez les sacs puis vous les tirerez au-dessus de vous. Je verrouillerai les portes derrière vous.

Elle regarda à nouveau autour d'elle pour s'assurer que nul ne les voyait.

— Vite, maintenant. Allez-y.

— Et maman ? demanda Rebekkah à Ariel.

— Elle nous a dit d'obéir à cette femme, répondit-il.

— *Was ist los?*

Le gardien de la laverie avait de petits yeux porcins.

— *Beeilen Sie sich!* Dépêchez-vous, espèce de feignants ! Je n'ai pas toute la journée.

Katrina poussa Ariel et Rebekkah vers la porte du local où le linge était entreposé.

— Ils sont si paresseux, ces deux-là, dit-elle en secouant la tête vers le garde avant de reprendre sa place au volant.

— Qu'est-ce que t'espérais ? C'est des Juifs !

Il se retourna pour rejoindre les deux enfants.

Katrina tourna la clé du démarreur. Le moteur toussa mais refusa de se lancer. Elle fit encore deux tentatives, sans plus de succès. Le soldat qu'elle surveillait dans son rétroviseur revenait vers elle.

— *Scheisse!* jura-t-elle en sortant de la cabine.

Elle souleva le capot cabossé et démonta une pièce mécanique couverte de rouille verdâtre.

— C'est le rotor, dit-elle en la contemplant d'un air dégoûté. Vous n'auriez pas du papier de verre quelque part ? demanda-t-elle en glissant un paquet de cigarettes Sleipner au garde.

— *Jawohl!* répondit-il en la lorgnant d'un air enjoué. Viens avec moi.

Katrina le suivit, non sans adresser un petit coup de tête en direction de la camionnette à Ariel et Rebekkah au moment où elle passa près d'eux.

Ariel s'empara d'un coin du sac de sa sœur et le traîna en plus du sien. Une fois le chargement effectué, il aida Rebekkah à monter et tira discrètement les portes.

— Vite, murmura-t-il en regardant par la vitre.

Katrina revenait en compagnie du garde, frottant quelque chose entre ses mains.

— Ils arrivent !

Ils escaladèrent l'empilement, s'adossèrent à la paroi de la cabine avant de se couvrir de sacs. Rebekkah avait du mal à respirer. Ariel lui prit la main.

— Il y a toujours quelque chose, se plaignait Katrina en replaçant le couvercle de la distribution avant de claquer le capot. *Vielen Dank.*

— *Bitte.* Quand tu veux. On pourrait peut-être prendre un verre après le travail ?

— Pourquoi pas ?

Katrina embraya et démarra, se dirigeant vers les massives portes en bois flanquées de deux tours qui marquaient l'entrée de Mauthausen. Derrière elle, le gros gardien lui adressa un vague signe de la main avant d'aller s'enfermer aux toilettes fumer une cigarette. Katrina roulait lentement, s'attendant à ce que les sentinelles ouvrent le portail, mais le soldat en faction lui fit signe de s'arrêter.

— *Was ist in der Lastwagen?*

— *Nur schmützige Wäsche.* Juste du linge sale.

— *Öffnen Sie!*

Katrina haussa les épaules, sortit et ouvrit les portes arrière de la camionnette.

L'un après l'autre, le SS entreprit de sortir les gros sacs bleus. Finalement, alors qu'il ne restait plus que deux rangées, il en eut assez. Il fixa sa baïonnette à son fusil et piqua entre deux sacs. Ariel et Rebekkah tressaillirent quand la lame passa juste au-dessus d'eux avant de heurter la paroi de la cabine.

— *Entschuldigung?* intervint Katrina, l'air nonchalant.

— *Was*?

— Je veux juste vous signaler qu'il y a les uniformes de l'Obersturmbannführer von Heiβen là-dedans. Le commandant ne sera peut-être pas ravi de les retrouver percés à la baïonnette !

Le soldat grogna et sortit de la camionnette.

— Recharge ça et file ! ordonna-t-il avant de tourner les talons pour grimper dans sa tour de guet.

Ariel serra à nouveau la main de Rebekkah, tout en s'assurant que la carte qu'il avait réussi à cacher aux nazis se trouvait bien dans sa poche.

Une demi-heure plus tard, alors qu'ils roulaient en pleine forêt, Katrina immobilisa le véhicule sur le bas-côté. Jetant les sacs à terre, elle rejoignit les enfants et leur tendit une sacoche.

— Voici quelques vêtements. Nous serons à Vienne dans deux heures. Je veux que vous vous changiez avant. Dès que nous serons là-bas, vous embarquerez à bord d'un bateau.

— Merci, dit Ariel. Vous n'auriez pas une feuille et un crayon ?

— Oui. Une seconde.

— C'est pour quoi faire, ce papier ? demanda Rebekkah quand ils repartirent.

— Je veux redessiner la carte que l'Allemand nous a prise. Papa a dit qu'elle était très importante.

Une larme tomba sur la feuille tandis que le garçon s'efforçait de reproduire la carte de son mieux, mais il ne se souvenait que de l'un des trois repères.

Deux heures plus tard, en regardant par la vitre, Ariel reconnut certains bâtiments devant lesquels ils passaient.

— On arrive près des quais.

Peu après, la camionnette s'immobilisait au pied de la passerelle d'un petit cargo. En ce milieu d'après-midi, Vienne était noyée dans la brume. Quelques soldats installés sur de grosses balles de laine fumaient et rigolaient. Aucun d'entre eux ne portait la moindre attention à ce rafiot rouillé. De la fumée s'échappait de l'unique cheminée du *Wilhelm Kohler*, se mêlant au brouillard. Plus loin, une barge chargée d'immenses troncs d'arbres remontait avec obstination le puissant courant du Danube.

— Voici les deux derniers, annonça Katrina au matelot venu les accueillir avant de se tourner vers Ariel et Rebekkah. Bonne chance et que Dieu vous aide.

* * *

L'évasion aurait pu passer inaperçue jusqu'à l'appel du soir, mais von Heißen n'en avait pas encore fini avec les Weizman. S'étant assuré que le père garderait à jamais le silence au sujet de la figurine, il avait tenu à ce que les enfants soient témoins du traitement qu'il réservait à leur mère, avant d'être à leur tour ajoutés à la liste des spécimens du Dr Richtoff. On ne les avait trouvés nulle part.

La sirène beuglait, lugubre, avertissant les gens du voisinage d'une évasion.

— Nous avons fouillé tout le camp, *Herr Kommandant*. Ils ont été vus pour la dernière fois en train de charger la camionnette de linge sale.

Brandt était nerveux.

— La compagnie de blanchissage ? demanda von Heißen.

— Leur chauffeur habituel était malade. Sa remplaçante, ainsi que la camionnette ont tous les deux disparu, mais le garde en poste à la porte jure qu'il a fouillé le véhicule avant de le laisser sortir. Ceci a été corroboré par les autres sentinelles.

— Cette évasion est un coup monté, sans doute par les Juifs. Qu'on arrête le patron de la blanchisserie !

— Dois-je informer Vienne ?

— Non ! Je m'en occuperai moi-même.

Préférant éviter qu'un blâme ne ternisse ses états de service, von Heiβen comptait sur ses contacts à la Gestapo pour récupérer les évadés, que ce soit à Vienne ou ailleurs.

— Voulez-vous annuler l'expérience avec la femme Weizman ? demanda Brandt. Le Doktor est prêt à commencer.

— Dites à Richtoff de continuer. Je le rejoins bientôt. Nous prendrons d'autres dispositions pour les deux bâtards… des dispositions très spéciales.

— *Jawohl, Herr Kommandant!*

Moins de deux minutes plus tard, von Heiβen était en ligne avec Adolf Eichmann à Vienne et lui transmettait le numéro d'immatriculation de la camionnette.

— *Kein Problem, mein Freund.* Les frontières sont fermées et, s'ils tentent de passer par les quais, nous les intercepterons.

— *Danke*, Adolf. J'apprécie, fit von Heiβen avant de raccrocher, certain du retour prochain des enfants Weizman à Mauthausen.

* * *

Ramona gisait nue sur un brancard en inox devant le caisson de pression. Attachée, incapable de bouger, elle tremblait de froid. Des bracelets noirs lui mordaient les chevilles et les poignets, une série de fils électriques reliaient son corps à une machine. Pourtant, elle avait moins peur pour elle-même que pour ses enfants.

— Dès que vous aurez enregistré sa température et sa pression sanguine, mettez-la dans le caisson, ordonna le Dr Richtoff à son assistant, un jeune étudiant en médecine.

— *Jawohl, Herr Doktor.*

Von Heiβen et Brandt se tenaient derrière la vitre d'observation. Tandis que deux infirmiers poussaient le brancard dans le compartiment d'acier, Brandt examinait Ramona. « Pour une femme d'une quarantaine d'années, elle est bien conservée », pensa-t-il. Le docteur les rejoignit.

— Combien de temps tiendra-t-elle, selon vous, docteur ? demanda-t-il.

Richtoff haussa les épaules.

— Difficile à dire. Elle semble en assez bon état mais, malheureusement nous avons très peu de données sur les femelles. Il faut donc attendre et voir.

Il brancha un petit microphone.

— Prêt ?

— *Ja, Herr Doktor*, répondit son assistant, d'une voix étrangement étouffée par l'interphone. Température : 37,8°. Pression artérielle : 160/115. Rythme cardiaque : 110.

— Donc, fit observer Richtoff, le sujet a une très légère fièvre, et sa pression et son pouls sont un peu élevés. Cela ne devrait pas durer. Nous verrons bien.

Il appuya sur un bouton, et une lumière rouge se mit à clignoter au-dessus de la porte du caisson. Les deux infirmiers et l'assistant le quittèrent, et l'un d'entre eux repoussa la trappe d'accès puis la verrouilla à l'aide d'un volant métallique.

— *Achtung! Achtung! Wir beginnen!*

Mustafa Gökoğlan, le capitaine turc du *Wilhelm Kohler*, un navire charbonnier, tira sur un cordon effiloché juste au-dessus de sa tête. Trois gémissements lugubres retentirent dans la brume enveloppant les quais. Gökoğlan, les mains sur son gouvernail, fit signe de larguer les amarres. Il avait hésité à prendre cette cargaison humaine, mais il comprenait le langage de l'argent. Maintenant que les vingt et un enfants juifs étaient entassés dans quatre cabines au pont inférieur, il était impatient de partir. Quant au reste de son chargement, il ne tenait pas trop non plus à ce que les autorités l'examinent. Il se pencha hors de la timonerie.

— En avant toute !

Le docker dénoua la lourde aussière de son bollard. Muni du gobelet cabossé qui ne le quittait jamais, Gökoğlan avala une gorgée de café brûlant et saisit la poignée en cuivre du transmetteur pour la positionner sur « en avant, lent ».

Trois ponts plus bas, le chef mécanicien du bateau, Hozan Barzani, un petit Kurde noueux, essuya ses sourcils sombres avec un chiffon graisseux et saisit une manette en argent. Il la poussa délicatement. Le vieux moteur Penn and Company à triple expansion émit toutes sortes de craquements bizarres. Barzani continua à ouvrir la vanne et la vapeur compressée passa dans le premier des trois cylindres, le plus petit, avant de se répandre dans le deuxième puis le troisième, chacun plus gros que le précédent afin de compenser la perte de pression progressive. Les bielles fatiguées protestèrent tandis que les énormes pistons se mettaient progressivement en branle.

— Fils de chienne ! jura Barzani en kurde.

Cela faisait des mois qu'il tentait de faire entendre raison à la tête de mule qui leur servait de capitaine. Non seulement les bielles étaient usées, mais les paliers qui maintenaient l'arbre de transmission en place avaient bien besoin d'une révision. L'huile de graissage fuyait, provoquant des surchauffes. Naviguer sur ce fleuve n'était pas sans danger, mais une fois qu'ils auraient quitté le delta du Danube, ils traverseraient la mer Noire pour entrer dans le détroit du Bosphore : quatorze milles nautiques de courants tortueux, où un épais brouillard pouvait réduire la visibilité à quelques dizaines de mètres et où les navires venant en sens inverse étaient cachés par les méandres. Par endroits, le passage était très étroit et, à proximité d'Istanbul, les ferries et les multiples petites embarcations ajouteraient encore à la difficulté. Comme si cela ne suffisait pas, ensuite il faudrait faire route vers la Palestine.

— Ton père est un bâtard ! gronda-t-il en levant le poing vers le plafond.

C'était de la folie.

Crachant des nuages de fumée noire, le *Wilhelm Kohler* quitta le quai. Gökoğlan savourait son café, ignorant aussi bien les insultes dont il était l'objet que les autres sirènes retentissant sur le Danube.

La cabine sombre et humide située à l'arrière du vapeur puait la pourriture et le gasoil. Quand le pont se mit à vibrer sous leurs pieds, Rebekkah fut prise de nausée. Elle saisit la main de son frère.

— J'ai peur, Ariel.

— Tout ira bien, Rebekkah… Je te le promets.

* * *

L'Hauptsturmführer Brandt contemplait le caisson. Le spécimen qu'il distinguait à travers un hublot dans la porte semblait pleurer mais, en dehors de cela, cette expérience se révélait plutôt ennuyeuse.

— Il ne se passe pas grand-chose, Doktor, fit le jeune capitaine SS, une note de déception dans la voix.

— Et il en sera ainsi pendant encore un moment. D'abord, nous avons réduit la température à zéro degré centigrade tout en stabilisant la pression à une atmosphère – la pression standard au niveau de la mer. Dans ces conditions, il faudrait encore un certain temps avant que le spécimen ne meure de froid. Mais, regardez ce cadran : en ce moment même, la pression est en train de baisser, pour simuler l'altitude.

Sur la jauge, une grosse aiguille rouge frémit et commença à revenir en arrière sur les graduations noires qui indiquaient les millimètres de mercure.

Quand elle passa sous le niveau 0, von Heiβen sourit, non qu'il ait déjà oublié l'évasion des deux gosses, mais il ne doutait pas que la Gestapo les ramènerait. Mais dommage qu'ils n'assistent pas à cette expérience sur leur mère.

Désorientée, hagarde, ne comprenant pas ce qu'on lui faisait, Ramona contemplait à travers ses larmes le givre qui se formait sur les gros tuyaux au-dessus d'elle. Incapable de maîtriser son corps, elle tremblait violemment sur le brancard métallique. Un étau lui broyait le crâne, et elle avait l'impression qu'on lui plantait une multitude d'aiguilles dans les membres. Dans ces conditions, la mort serait une délivrance, mais elle devait tenir. Sans leur père, les enfants avaient besoin d'elle. Une nouvelle douleur effroyable lui vrilla le cerveau. Elle avait de plus en plus de mal à respirer. Son cœur battait beaucoup trop vite. Elle serra les dents.

— 6 000 mètres, nota Richtoff. Elle est plus solide que je ne le pensais.

Brandt hocha la tête, les yeux fixés sur la jauge barométrique. L'expérience durait depuis près de vingt minutes, et l'aiguille rouge continuait à tomber. Les équivalences d'altitude étaient clairement indiquées : 6 000… 6 500… 6 750…

— L'aiguille tremble, déclara Brandt quand le simulateur indiqua 7 000 mètres.

— Bien plus solide que je ne le pensais, marmonna Richtoff. Le pouls est maintenant à 180. Fascinant comme le cœur peut fournir des efforts incroyables avant de céder. Regardez comment sa tête frétille. Et, malgré le froid, elle transpire.

Désespérément, Ramona cherchait de l'air tandis que de violents spasmes lui tordaient le corps.

— Mes enfants, mes enfants, ne cessait-elle de murmurer.

On aurait dit une incantation. Ce n'était qu'un râle.

— Elle a enfin perdu conscience, il me semble, fit remarquer Richtoff un peu plus tard. Son rythme respiratoire a brutalement chuté.

— Et il y a du givre sur la bouche, ajouta Brandt, visiblement excité.

Richtoff se tourna vers son assistant.

— Notez une cyanose importante.

Le sang étant privé d'oxygène, le visage de Ramona avait pris une coloration bleue.

— Ah, plus de respiration, observa Richtoff.

Cinq minutes plus tard, il se tourna vers von Heiβen.

— Elle est morte, mais quel spécimen remarquable. Près de 7 600 mètres… Jusqu'à présent, aucun n'avait tenu aussi longtemps à une telle altitude. Et encore moins une femelle. L'autopsie, je l'espère, nous fournira des données intéressantes.

— Bien. Si vous avez besoin de quoi que ce soit, faites-le savoir à Hans.

Von Heiβen retourna dans son bureau, où deux câbles l'attendaient. Le premier, d'Alberto Felici, indiquait que celui-ci devait se rendre brièvement à Istanbul pour le compte du Vatican. Le second, envoyé par Adolf Eichmann, l'informait que les enfants devaient se trouver à bord d'un vapeur en route vers le Bosphore et lui donnait autorité pour entrer en liaison directe avec l'attaché militaire allemand en poste à Istanbul.

Von Heiβen convoqua son adjoint. « Cette fois, il ne doit y avoir aucune erreur », se dit-il. Il y veillerait en personne.

— *Herr Kommandant?*

— Prenez les dispositions pour que j'embarque demain sur le premier vol pour Istanbul et envoyez ce câble au Vatican, ajouta-t-il en tendant à Brandt sa réponse à Felici, suggérant qu'ils se retrouvent au Pera Palace.

18

Le Wilhelm Kohler

Affamés, frigorifiés et traumatisés, Ariel et Rebekkah se serraient l'un contre l'autre sous la timonerie du *Wilhelm Kohler*. Plus loin, vers la poupe, certains des autres enfants avaient cherché refuge à l'abri du bastingage de tribord. Le pont rouillé sous leurs pieds vibrait au rythme des machines. *Fomp-fomp-fomp.* Des averses en provenance du sud, de la mer Noire, se succédaient mais cet air glacé et humide était de loin préférable aux émanations d'essence de la cabine. Tandis qu'Ariel s'assurait encore une fois que les cartes de son père se trouvaient bien dans sa poche, des cris éclatèrent sur le pont au-dessus d'eux.

— Ça fait trois mois que je vous dis que les paliers chauffent trop ! Vous voulez toujours la vitesse maximale, mais si vous continuez à cette allure, ils ne tiendront pas !

Les yeux sombres de Barzani brillaient de fureur. Il menait un combat aussi ancien que ce vieux tas de ferraille. Pour lui, cette surchauffe était annonciatrice de désastre. Pour le vieux Turc entêté, seul maître à bord, tout ralentissement signifiait une colère de l'armateur et la suppression des primes.

— Je suis le capitaine, et c'est moi qui donne les ordres. On reste à plein régime !

Son bleu de travail déboutonné jusqu'à la taille, de la sueur ruisselant sur son torse noueux, Barzani quitta le poste de pilotage.

— Ton père s'est accouplé avec une chienne, maugréa-t-il en redescendant dans la salle des machines.

Les pistons qui s'activaient, la vapeur qui sifflait et le rugissement du fourneau étaient assourdissants mais, tel un chef d'orchestre capable de repérer le moindre écart d'un de ses musiciens, le mécanicien détecta un infime cognement dans cette cacophonie. Il vérifia les jauges de vapeur au-dessus du fourneau avant de s'emparer de son vieux jerrycan d'huile. Il se dirigea vers l'immense arbre de transmission qui courait le long de la quille et toucha le premier chapeau de roulement. Il était chaud… brûlant, même. Il injecta la quantité nécessaire d'huile dans le réservoir. Quand il eut terminé, il leva le poing vers le plafond.

— *Pic!* Bâtard ! jura-t-il avant de se diriger vers le chapeau suivant.

* * *

Le *Wilhelm Kohler* atteignit l'entrée du Bosphore en fin d'après-midi. Le détroit, Mustafa Gökoğlan le savait, était un des plus dangereux du monde. Il fallait négocier seize caps en dix-sept milles nautiques, et le courant de surface qui se déversait de la mer Noire dans celle de Marmara ; mais, en raison de la différence de salinité entre les deux mers, un autre courant, plus profond, remontait en sens inverse, provoquant des zones de remous. Quand il ne tirait pas sur sa pipe, Gökoğlan sirotait son café mélangé de raki, le puissant alcool que les Turcs appelaient *aslant sütü*, le « lait de lionne ».

La pluie avait cessé, remplacée par un épais brouillard venu du sud, lui aussi. Gökoğlan tira sur le bout de cordon qui pendait du plafond rouillé. Trois petits jets de vapeur s'échappèrent de la cheminée du *Wilhelm Kohler* tandis que la corne de brume lançait ses plaintes lugubres… qui furent immédiatement absorbées par cette purée de pois. Se moquant des limitations de vitesse, Gökoğlan maintint l'allure vers le Kandilli, le célèbre éperon qui exigeait un changement de cap à 45 degrés. Ici, tous les navires se dirigeant vers le sud étaient aveugles au trafic venant à contresens. Le capitaine scrutait les ténèbres grandissantes, cherchant le promontoire sans se rendre compte qu'ils l'avaient déjà franchi. Le *Wilhelm Kohler* se trouvait dans la ligne du trafic remontant vers le nord.

Cinq hurlements de sirène, le signal de détresse international pour une collision imminente, crevèrent la brume. Un gros cargo russe surgit des volutes de brouillard.

Gökoğlan poussa un juron et poussa la manette de commande pour demander « arrière toute ».

Dans la salle des machines, Barzani bondit vers le levier idoine et arrêta le gros moteur dans un nuage de vapeur sifflante. De sinistres craquements retentirent dans les pistons. Sans perdre une seconde, il mit pleins gaz dans la direction opposée. Quelle que soit son opinion quant à son capitaine obtus et irascible, il obéissait à une loi fondamentale de la mer. Dans le vacarme de la salle des machines, le tintement frénétique du transmetteur d'ordres signifiait que le navire était en danger. Barzani regarda les bielles prendre petit à petit de la vitesse tandis que, dans la timonerie, Gökoğlan tournait à toute allure le gouvernail vers tribord. Au moment où les machines atteignaient leur cadence maximale, les chapeaux de roulement sollicités une fois de trop cédèrent. Le premier dans une explosion d'étincelles. Libéré de son support, l'arbre de transmission commença à se tordre violemment. Barzani se rua sur un levier, mais il arriva trop tard. L'arbre se brisa. Débarrassé de la charge de faire tourner l'hélice, le moteur atteignit des régimes pour lesquels il n'avait pas été conçu. Le palier du premier cylindre fut le suivant à lâcher, la bielle crevant la couronne de l'énorme piston, provoquant l'éclatement des deux autres cylindres et la désintégration du moteur dans un déluge de shrapnels. Un fragment de métal brûlant décapita Barzani, teintant de rouge la vapeur qui s'échappait de tous côtés.

Le cargo russe éperonna le *Wilhelm Kohler* par tribord. La coque rouillée céda aussitôt dans un vacarme prodigieux. Rebekkah fut assommée quand sa tête heurta violemment une poutrelle d'acier. Ariel saisit le corps inconscient de sa petite sœur d'une main tout en se cramponnant de l'autre à un poteau.

Le capitaine russe ordonna immédiatement de faire machine arrière toute et, lentement, progressivement, dans un bruit de métal déchiré, le cargo se libéra de l'étreinte du *Wilhelm Kohler*. Des tonnes d'eau glacée envahirent les cales, et le bateau donna une bande alarmante, la mer écumante se ruant partout.

— Lancez le canot de sauvetage ! rugit Gökoğlan.

L'un des matelots se débattit avec les cordes d'amarrage du canot tribord, sans résultat. Cela faisait des années que Mustafa Gökoğlan n'avait pas effectué d'exercice de mise à l'eau, et les poulies étaient rouillées. Le capitaine abandonna la timonerie pour sauter sur le pont dangereusement incliné.

— Vite ! cria-t-il en tirant à son tour sur les cordages, mais le petit canot de bois refusait toujours de descendre.

Le *Wilhelm Kohler* frémit et dépassa les quarante-cinq degrés d'inclinaison. Ariel et Rebekkah, ainsi que tous les autres enfants qui n'étaient pas pris au piège dans les ponts inférieurs, furent violemment projetés dans l'eau glacée.

Ariel refit surface en toussant et crachant, de l'eau de mer dans les narines et les poumons.

— Rebekkah ! Rebekkah ! hurla-t-il, cherchant désespérément sa sœur dans les eaux noires et huileuses.

19

Istanbul

Assis dans le fauteuil usé mais confortable, Alberto Felici se pencha vers l'archevêque Roncalli. Ils étaient installés dans le bureau de ce dernier à l'ambassade du Vatican sur Ölçek Sokak.

— Le cardinal secrétaire d'État éprouve de la sympathie pour *tous* les peuples qui sont opprimés, Votre Excellence ; mais vous devez comprendre qu'il y a plus en jeu ici que le sort des Juifs, insista-t-il.

— J'aimerais savoir ce qu'il y a de plus important que la vie d'enfants, répliqua froidement Roncalli. Hitler et le Troisième Reich sont une terrible menace pour la paix dans le monde.

— Une opinion qui n'engage que vous et que ne partage pas le cardinal Pacelli, Votre Excellence. Il pense que le communisme représente une menace plus grande encore pour la sainte Église. Et je me permets de vous rappeler que le Saint-Père étant gravement malade, le cardinal Pacelli pourrait très bien devenir notre prochain souverain pontife.

— Ce sera au conclave d'en juger. Mais ne trouvez-vous pas de mauvais goût, signor, de discuter du prochain pape avant même le décès de l'actuel ?

Plus le temps passait, moins Roncalli appréciait ce banquier devenu envoyé apostolique.

— Pour le moment, reprit-il, Istanbul reste l'un des principaux axes de fuite pour les Juifs. Les nazis les dépouillent de tous leurs biens, et il me faudrait davantage de fonds pour les aider. Plus important encore, Rome doit comprendre que les nazis sont en train de commettre des *meurtres de masse*. Au lieu d'envoyer des télégrammes de félicitations à Hitler, le cardinal Pacelli devrait inciter le Saint-Père à stigmatiser ces massacres dans les termes les plus forts. Si le Vatican ne condamne pas les génocides, quel espoir nous reste-t-il ?

— Vous ne semblez pas comprendre, Votre Excellence…

La protestation de Felici fut interrompue par la sonnerie stridente du téléphone.

— Angelo Roncalli, marmonna l'archevêque dans l'engin en Bakélite.

— Angelo, ici Mordecai Herschel. Il y a eu un terrible accident dans le Bosphore. Le *Wilhelm Kohler* a coulé après une collision avec un cargo russe.

— Oh non… Les enfants ?

— Aucune nouvelle pour l'instant. Je pars pour la passe de Kandilli. S'il y a des survivants, plus question de les emmener en Palestine désormais, mais il y a un autre vapeur qui part pour l'Amérique centrale demain soir. Je vous tiens informé.

— Je prierai pour eux, murmura Roncalli avant de raccrocher. J'ai bien peur de devoir partir, signor, annonça-t-il à Felici. Le *Wilhelm Kohler*, un navire ramenant des enfants juifs d'Autriche vient de couler dans le Bosphore.

* * *

L'Obersturmbannführer von Heiβen fit signe au serveur.

— Une autre bouteille de Château Latour.

Le restaurant du Pera Palace était une des meilleures tables d'Istanbul. Au formidable lustre en cristal, aux rideaux de velours, aux nappes soigneusement repassées et à l'argenterie s'ajoutait une cave de crus exceptionnels.

— Pensez-vous que le projet de banque vaticane deviendra réalité, Alberto ?

Felici acquiesça.

— Pacelli sera sans doute le prochain pape, et il est très désireux de voir sa création aboutir. C'est confidentiel, bien sûr, mais il m'a déjà demandé de faire partie du directoire.

— Excellente nouvelle, Alberto, fit von Heiβen en levant son verre. J'imagine qu'une telle banque bénéficiera de capitaux importants.

— Nous devrions pouvoir offrir des services largement comparables à ceux de nos concurrents à Zurich, répondit Felici, onctueux. Mais uniquement à certains de nos clients, bien entendu.

Von Heiβen sourit, songeant au contenu de la chambre forte du camp de Mauthausen.

— À propos, reprit Felici, j'étais avec l'archevêque Roncalli un peu plus tôt dans la soirée. Il y a apparemment eu une collision dans le Bosphore. L'un des bateaux, celui qui a coulé, transportait des enfants juifs en provenance de Vienne.

— Vraiment ? Ce détroit a toujours été dangereux, répondit von Heiβen, choisissant ses mots avec soin. Sait-on s'il y a des survivants ?

— Pas encore, mais Roncalli suit cette affaire de très près.

* * *

— Combien ont pu être sauvés ? demanda Roncalli à la mère supérieure dès qu'il arriva au monastère des Sœurs de Sion situé dans le vieux quartier de Pangalti.

— Trois seulement, Votre Excellence. Un petit garçon et deux filles plus âgées, répondit sœur Marta en le précédant dans un corridor menant à une infirmerie de fortune.

Roncalli poussa un profond soupir et se signa. Dix-huit jeunes âmes enlevées… Dans de tels moments, il s'interrogeait sur la présence de Dieu en ce monde.

— Le petit garçon se trouve sur le lit du fond, dit sœur Marta. Il s'appelle Ariel. Son père a été assassiné par les nazis, sa mère se trouve dans un camp de concentration, et il a perdu sa petite sœur dans le naufrage.

Ses yeux s'emplirent de larmes.

Roncalli prit la main d'Ariel. Que dire à ce garçon aussi jeune qui avait déjà tant souffert ?

— Je suis vraiment, vraiment désolé, déclara-t-il finalement. Je veux juste que tu saches que tu n'es pas seul.

Essuyant une larme, Ariel hocha faiblement la tête.

Une autre sœur entra dans la pièce et vint se placer respectueusement aux côtés de l'archevêque.

— Il y a un officier allemand à l'entrée, Votre Excellence, murmura-t-elle.

— J'arrive.

Ariel suivit Roncalli du regard quand celui-ci quitta la pièce. Cet homme lui inspirait confiance. Il vérifia de nouveau sous son oreiller et poussa un soupir de soulagement. Les cartes étaient toujours là.

Un officier SS dans un uniforme impeccable attendait à l'entrée du monastère.

— En quoi puis-je vous aider ? demanda Roncalli.

— Permettez-moi de me présenter : Obersturmbannführer Karl von Heißen, Votre Excellence. Je viens présenter les condoléances du gouvernement allemand et mes meilleurs vœux personnels aux survivants. C'est une terrible tragédie.

— C'est très délicat de votre part, Obersturmbannführer. Vous comprendrez cependant que les enfants sont toujours en état de choc. Ils ne sont pas en état de recevoir une visite. Peut-être pourriez-vous revenir, disons, après-demain… en début d'après-midi, par exemple ?

Von Heißen masqua son irritation.

— Mais, bien sûr, Votre Excellence… Après-demain.

Minuit était passé depuis longtemps. Roncalli et Mordecai Herschel avaient enfin conduit Ariel et les autres enfants à l'abri dans l'ambassade du Vatican.

Une chandelle brûlait vaillamment sur le bureau de Roncalli tandis que Herschel et lui travaillaient. Jamais, certificats de conversion au catholicisme ne furent élaborés avec autant de soin.

— Le *Belize Star* part demain soir pour le Honduras britannique et le Guatemala, annonça Herschel en se frottant les yeux. J'ai réservé trois couchettes, et nous avons un agent à Guatemala City qui accueillera les enfants. J'amènerai ces papiers dès ce matin aux services d'immigration pour obtenir des passeports turcs.

Roncalli sourit.

— Là d'où je viens, cela prendrait des semaines… *domani, domani*, toujours *domani*.

— Heureusement, nous ne sommes pas en Italie, Angelo, et je connais quelqu'un qui pourra accélérer les formalités. J'espère juste que ces gosses seront en état de voyager.

— Les enfants possèdent une remarquable résilience, Mordecai, mais j'avoue que le petit Ariel Weizman m'inquiète, dit Roncalli. Il a déjà enduré plus de souffrances que la plupart des gens n'en connaîtront en une vie entière.

* * *

L'archevêque Roncalli conduisait sa vieille Fiat le long des quais sur la rive sud de la Corne d'Or. Le macadam était encore humide d'une récente averse, et les rails des grues de chargement luisaient dans la maigre lueur qui tombait des hublots des navires amarrés.

— Le voilà, dit Herschel. Au bout du quai.

De la fumée sortait de l'unique cheminée du *Belize Star* alors que son équipage effectuait les derniers préparatifs de départ.

Roncalli immobilisa son véhicule devant la passerelle. Au moment où il tirait le frein à main, les deux puissants phares d'une Mercedes garée dans l'ombre trouèrent l'obscurité. Un officier SS en descendit, côté passager. Roncalli le reconnut sur-le-champ.

— Qu'est-ce donc qui vous amène sur les quais à une heure aussi tardive, Votre Excellence ?

Von Heiβen flanqua deux petits coups de cravache dans sa paume.

— Je pourrais vous retourner la question, Obersturmbannführer, répliqua Roncalli.

— J'espère que vous ne comptiez pas faire sortir ces individus du pays en cachette, dit von Heiβen en regardant par-dessus son épaule les trois enfants assis à l'arrière de la Fiat. Je crains que mon gouvernement n'ait de sérieuses réserves quant à la validité de leurs papiers et sur la façon dont ils sont arrivés à Istanbul.

La peur tordit le ventre d'Ariel. Ignorant encore la mort de sa mère, il regarda l'assassin de son père dans les yeux. Cet homme était le mal incarné.

— Le Reich n'a-t-il pas de préoccupations plus importantes que le sort de quelques enfants, Obersturmbannführer ?

— Qu'est-ce qui se passe ici ? On doit lever l'ancre ! s'exclama le robuste capitaine du *Belize Star* en dévalant la passerelle.

— Ces enfants juifs sont sous la responsabilité du gouvernement allemand, capitaine, dit von Heiβen. Si vous les prenez à bord, vous vous rendrez coupable d'enlèvement d'enfants. Je doute que vos employeurs apprécient de voir votre navire immobilisé à sa prochaine escale.

Roncalli s'avança.

— L'Obersturmbannführer se trompe, capitaine. Tous ces enfants sont catholiques et sous la tutelle des Sœurs de Sion ici à Istanbul.

Il sortit papiers officiels et passeports de son cartable.

Le capitaine y jeta un coup d'œil avant de hausser les épaules.

— S'il y a des doutes, je préfère ne pas m'en mêler, répondit-il en retournant vers son bateau.

Un sourire apparut sur le visage de von Heißen.

Mordecai Herschel s'interposa entre le marin et la passerelle.

— Ces papiers sont parfaitement en règle, capitaine, et la juridiction allemande ne s'applique pas ici en Turquie.

Il sortit une épaisse liasse de lires turques de sa poche. Les yeux du capitaine brillèrent. Son hésitation ne dura guère.

— Faites-les monter à bord, dit-il finalement. Nous larguons les amarres dans dix minutes.

Au moment où il posa le pied sur le pont rouillé du steamer, Ariel glissa une main dans sa poche, vérifiant pour la centième fois la présence des cartes si importantes aux yeux de son père.

20

Rome, 1944

— *Gloria in excelsis Deo. Et in terra, pax hominibus bonae voluntatis*...

Eugenio Pacelli, désormais devenu Pie XII, lisait le *Missale Romanum* tenu par un de ses secrétaires.

— Le major général William Joseph Donovan, pour faits d'armes, écrits et actes qui ont répandu la Foi, a sauvegardé et magnifié l'Église, annonça un autre des secrétaires du souverain pontife.

Il tendit au Saint-Père un coussin pourpre, au milieu duquel reposait l'étoile émaillée, or et blanc, de la grand-croix de l'ordre de Saint-Sylvestre. Une des plus prestigieuses récompenses apostoliques que moins d'une centaine d'hommes avaient reçue depuis sa création par le pape Grégoire XVI en 1841.

Le chef des services de renseignements de Franklin D. Roosevelt, le directeur de l'*Office of Strategic Services* – l'OSS qui ne tarderait pas à devenir la CIA –, s'avança. Le vieux général baissa la tête afin que Pie XII puisse placer la médaille autour de son cou.

— C'est un grand honneur, Votre Sainteté. Merci, dit-il en embrassant l'anneau papal.

— Le plaisir est nôtre. Et il est bien mérité.

Des applaudissements polis, auxquels se joignit bien volontiers Alberto Felici, retentirent. Cette récompense cimentait ce qui allait se révéler un mariage durable entre le Vatican et l'agence américaine. Felici sourit intérieurement. Les choses commençaient à se mettre en place. Le nouveau pape avait accepté ses recommandations, la toute nouvelle Banque du Vatican jouissait d'un avantage décisif sur tous les autres établissements financiers : elle était à l'abri de tout audit externe. Son propre statut de membre du conseil d'administration lui conférait un pouvoir sans précédent. Auquel s'ajoutaient les avantages de son poste d'officier de liaison entre le Saint-Siège et les services de Donovan. Autant de privilèges qu'il comptait bien mettre à profit au cours de la réunion qu'avait prévue le général dans ses bureaux romains un peu plus tard dans la journée.

* * *

— Le communisme est la plus grande menace à laquelle les États-Unis doivent faire face depuis l'arrivée d'Hitler au pouvoir ! gronda le général Donovan.

« Wild Bill », comme on le surnommait, n'était pas homme à faire des compromis. La guerre contre le Japon dans le Pacifique n'avait pas encore atteint sa terrible conclusion à Hiroshima et Nagasaki, mais celle contre l'Allemagne approchait de son terme et, déjà, une nouvelle crainte émergeait. Un rideau de fer était sur le point de tomber, qui séparerait l'Europe en deux camps ennemis. Dans la lutte contre le communisme qui s'annonçait, il était vital de récupérer le moindre avantage stratégique, la moindre information sensible. Il avait donc été décidé « d'exfiltrer » certains scientifiques allemands ainsi que bon nombre de hauts responsables des services d'espionnage nazis. Les équipes du général Donovan avaient préparé une liste ultra-confidentielle.

— Cette liste, que vous avez devant vous, est bien sûr provisoire, continua le général. Nous devons enrôler le moindre officier allemand détenant des renseignements sur les opérations, la logistique et les capacités industrielles soviétiques. Sans oublier, évidemment, leurs scientifiques.

— Mais sans inclure, n'est-ce pas, les membres du parti nazi ?

Donovan adressa un regard peu amène à l'officier de liaison du Département d'État.

— Écoute, mon gars, il n'y a pas un seul savant en Allemagne qui ne soit membre de ce putain de parti nazi. Je parle, entre autres, de Wernher von Braun, sans doute le meilleur spécialiste des fusées de la planète. Alors avant de jouer les pleureuses, vous autres les diplomates, vous feriez mieux de vous demander si vous préférez voir ces types travailler pour Staline ou pour l'Oncle Sam ! On pourra toujours nettoyer leurs dossiers… La difficulté, c'est de les faire sortir d'Allemagne.

— Une difficulté que nous pourrions vous aider à résoudre, proposa Felici. Le col du Brenner reste un point de passage privilégié, mais quelqu'un d'aussi connu que von Braun aura quelques difficultés à le franchir… à moins qu'il ne soit déguisé.

— Déguisé ? s'étonna le diplomate du Département d'État.

— Qui oserait mettre en doute la parole d'un prêtre, surtout s'il est porteur d'un passeport du Vatican ? J'ai ajouté un autre nom à votre liste, général, continua Felici en poussant la feuille de papier sur la table. Le Standartenführer von Heißen est l'un des plus proches confidents de Heinrich Himmler. Les renseignements qu'il est prêt à vous fournir devraient se révéler très utiles.

* * *

— La « commission » est de 50 %, Standartenführer. À prendre ou à laisser, annonça Felici à von Heißen. Mes renseignements sont sûrs, la 11e division blindée américaine a déjà traversé le Danube... Elle sera ici dans quelques jours.

— Il y a pour plus de 3 millions de Reichsmarks en or dans cette chambre forte, signor. 50 % est un montant exorbitant !

Felici haussa les épaules.

— Cent kilos d'or ne sont pas faciles à transporter. Même si vous parvenez à éviter les patrouilles américaines, vos chances de traverser la frontière italienne – et je ne parle même pas d'arriver en Amérique centrale – sans couverture diplomatique sont proches de zéro.

— Vous ne me laissez guère de choix, grommela von Heißen.

La radio sur son bureau, réglée pour suivre l'avancée des forces alliées, délivra un bulletin d'informations.

« Vous écoutez la BBC. À la une, aujourd'hui : la guerre en Europe devrait s'achever d'ici quelques jours. Après le suicide du chancelier allemand Adolf Hitler le 30 avril, le général Alfred Jodl, chef d'état-major du haut commandement des forces allemandes devrait proposer sa reddition sans condition au général Eisenhower dans son quartier général à Reims. Le Premier ministre anglais, Winston Churchill… »

On frappa à la porte.

— *Herein!*

L'officier Brandt, désormais Obersturmbannführer, apparut, pâle et visiblement secoué.

— Nous venons de recevoir un rapport à propos d'une unité blindée américaine, le 41e escadron de cavalerie de reconnaissance, qui s'approche de Mauthausen, Herr Kommandant. Elle pourrait être ici dans moins de vingt-quatre heures.

Von Heißen hocha la tête avec colère.

— La Wehrmacht a laissé tomber le *Vaterland*, Hans. Renvoyez les gardes, dites-leur de se mêler à la population. Les Juifs n'ont qu'à se débrouiller seuls. Et que mon chauffeur et mon ordonnance soient prêts à partir.

Il attendit que Brandt soit sorti avant de se tourner vers Felici.

— Et comment, au juste, comptez-vous me faire sortir d'ici, signor ?

Felici lui tendit un petit paquet.

— Je compte bien profiter du chaos qui régnera sur les routes. Cette soutane a été taillée à vos mesures. Si on vous interroge, vous faites partie du bureau allemand du secrétariat d'État du Vatican. Ces papiers confirment votre nouvelle identité, vous êtes désormais le père Bartolo Hernandez. Nous aurons besoin d'un petit camion pour l'or qui devra être mis dans des caisses scellées aux armes du Saint-Siège. D'ici, nous partirons pour Vienne où il sera temporairement stocké dans les caves de l'Imperial Hotel avant d'être expédié au siège de la Banque du Vatican à Rome. De manière générale, si on nous questionne, laissez-moi répondre. Maintenant, si vous le permettez, j'aimerais inspecter la chambre forte.

Von Heißen composa la combinaison et ouvrit la porte, révélant des piles et des piles de lingots d'or, tous marqués de l'aigle et de la croix gammée. Il ouvrit le tiroir contenant le pendentif de Levi.

— Ceci a été récupéré chez un Juif, dit-il.

Les gros diamants encerclant l'énorme rubis au centre de la croix étincelaient.

— Il sera à vous si vous me faites sortir d'Allemagne.

Felici eut du mal à contenir son excitation. Ce crucifix ne ressemblait à aucun autre et valait, sans le moindre doute, une petite fortune.

LIVRE II

21

La Maison Blanche, 2008

— Les Iraniens sont parvenus à enrichir plus de 1 800 kilogrammes d'uranium militaire, monsieur le Président, ce qui est plus qu'assez pour construire une bombe nucléaire capable de détruire Jérusalem ou Tel-Aviv.

Dans la salle de crise récemment rénovée de la Maison Blanche, le vice-président, Walter Montgomery, chauve et obèse, défia du regard tous ceux qui étaient réunis autour de la grande table en acajou verni. Le Conseil de sécurité nationale rassemblait quelques-uns des hommes et femmes les plus puissants des États-Unis : le secrétaire à la Défense, la secrétaire d'État, le conseiller à la Sécurité nationale, le chef d'état-major des forces armées et le directeur des Renseignements nationaux. Leurs plus proches conseillers étaient assis sur des sièges installés sous les écrans plats qui recouvraient les murs.

— J'ai demandé à la CIA de nous briefer sur la situation, conclut-il avec irritation en hochant la tête vers l'homme attendant au pupitre.

Récemment rentré d'une mission d'infiltration au cœur de la république islamique d'Iran, Curtis O'Connor n'était que trop conscient des risques si les

États-Unis décidaient d'ouvrir un troisième front au Moyen-Orient. Les talibans reprenaient du terrain en Afghanistan tandis qu'en Irak plus de 4 000 jeunes Américains avaient déjà trouvé la mort. Des dizaines de milliers d'autres étaient infirmes à vie.

— Nous avons lancé l'opération Sassanide il y a deux ans, après le refus du président Ahmadinejad de stopper son programme d'enrichissement d'uranium, commença-t-il. Sassanide inclut l'interception de conversations téléphoniques, courriers électroniques et transmissions de fax, ainsi que la surveillance par satellite de zones où nous pensons que les Iraniens construisent des installations nucléaires.

Les satellites espions KeyHole – ou « Trou de serrure » – étaient grands comme des cars scolaires et voyageaient à plus de 6 kilomètres par seconde. Orbitant jusqu'à 36 000 kilomètres au-dessus de la République islamique, ils fournissaient des images si précises que les plaques d'immatriculation des véhicules et les numéros de rues sur les bâtiments étaient clairement visibles. Les caméras sophistiquées opérant dans le spectre infrarouge pouvaient percer l'obscurité et les nuages. Mais aussi draconienne que soit cette surveillance, elle ne révélait pas tout.

— En dépit de tous nos efforts et d'une couverture permanente, nous ne disposons d'aucun système de détection des systèmes de bunkers et de tunnels iraniens, poursuivit O'Connor. Il est donc possible qu'ils construisent de nouvelles installations profondément enterrées. Aucune image satellite ne pourra nous dire ce qui se passe à l'intérieur d'un bâtiment. Jusqu'à présent, les Iraniens ont admis l'existence de deux sites nucléaires. Le premier est situé à Ispahan, au centre du pays…

Il se servit d'un pointeur laser pour montrer l'endroit sur la carte derrière lui.

— Sa fonction essentielle est de convertir du yellow-cake, un concentré de minerai, en hexafluore d'uranium. Le second site se trouve à Natanz.

Il désigna une zone au sud de Téhéran.

— En dépit du fait que nous dépendons toujours plus de la technologie, nous sommes néanmoins parvenus à conserver *quelques* agents sur le terrain, dit O'Connor avec un regard vers le secrétaire à la Défense, et nous sommes maintenant en mesure de maintenir une surveillance constante sur les deux sites. L'un de nos agents nous a confirmé que le complexe de Natanz possède des centrifugeuses à haute vélocité – jusqu'à 50 000 – qui sont utilisées pour convertir l'hexafluore d'Ispahan en uranium enrichi, d'usage militaire, donc. Plus inquiétant encore : un nouveau complexe qui est en construction sous une montagne à Fordo, près de l'ancienne cité de Qom.

Il montra une chaîne montagneuse au sud-ouest de Téhéran.

— Situé sur une base de la Garde islamique, il est géré par l'Organisation de l'énergie atomique iranienne. Rares sont ceux, y compris au sein de cette agence, qui sont au courant de son existence.

— Mais s'agit-il d'un site à vocation militaire ?

Le président Denver Harrison semblait fatigué et désorienté. Arrivant au terme de son second mandat, il avait considérablement vieilli. Curtis O'Connor le jugeait hors du coup depuis un bon moment déjà. Le vrai pouvoir au sein de cette administration était concentré entre les mains de l'irascible vice-président Montgomery.

— Notre agent à Qom le pense, monsieur le Président. Il a compté jusqu'à 3 000 centrifugeuses. C'est trop peu pour enrichir assez d'uranium pour une centrale…

— … Mais assez pour créer plusieurs bombes, intervint Montgomery. Le temps presse, monsieur le Président. Nous devons détruire ces trois sites, et le plus tôt sera le mieux.

— Les Israéliens sont en train d'étudier cette possibilité, ajouta la secrétaire d'État. Ahmadinejad, avec ses menaces de rayer leur pays de la carte, a mis leur patience à rude épreuve. Ils envisagent une frappe préventive.

Il n'en dit pas plus. Chacun dans cette pièce savait qu'Israël était une puissance nucléaire non déclarée, et il y avait déjà eu un précédent. En 1956, le président égyptien Gamal Nasser s'était emparé du canal de Suez, coulant des dizaines de navires occidentaux. Les Israéliens avaient alors agi sans l'imprimatur de leur grand et puissant allié américain. Ben Gourion avait ordonné à ses tanks de traverser la Bande de Gaza égyptienne, et les parachutistes d'Ariel Sharon avaient lancé un raid en plein cœur du Sinaï, surprenant les forces de Nasser à quelques kilomètres du canal. Israël prendrait-il le risque d'agir à nouveau de façon unilatérale ? La question tacite pesait lourdement autour de la table.

— Les Iraniens ont-ils les capacités d'attaquer Israël ? demanda le Président à O'Connor.

— Pas encore, mais ils ne vont pas tarder à tester une nouvelle version de leur missile Sejil-2.

O'Connor fit apparaître une photographie du dernier missile sol-sol Sejil-2 sur son site de lancement au pied d'une montagne au sud-ouest de Téhéran.

— Le Sejil-2 devrait être capable de charger une tête nucléaire et sera propulsé par des fusées à combustible solide semblables à celles qui équipaient nos propres Minuteman 1. Même si, pour nous, il s'agit d'une technologie assez datée, elle représente un bond en avant significatif pour les Iraniens. Elle offrira à leurs missiles une portée de plus de 2 000 kilomètres.

O'Connor manipula sa télécommande, faisant apparaître une carte du Moyen-Orient et de l'Europe de l'Est sur un autre écran.

— Les Iraniens pourraient non seulement raser Tel-Aviv et Jérusalem mais aussi atteindre toutes nos bases dans la région. S'ils lancent leurs missiles depuis l'ouest du pays, des villes comme Istanbul et Athènes seraient aussi à leur portée.

— Une raison de plus pour agir avant qu'ils ne le fassent, déclara le vice-président.

O'Connor secoua la tête.

— Toutes nos analyses indiquent qu'une frappe contre l'Iran serait un désastre, monsieur le Président. D'abord, en représailles, les Iraniens fermeront sûrement le détroit d'Ormuz par où transite 80 % du pétrole mondial.

Montgomery semblait au bord de l'apoplexie, mais O'Connor enchaîna :

— Monsieur le Président, le complexe de Fordo est enfoui si profondément sous la montagne qu'il est à l'abri de nos plus puissantes bombes anti-bunkers. La plupart de nos analystes estiment que plutôt que d'attaquer ce pays, la meilleure stratégie serait d'établir un dialogue avec l'élite gouvernante et avec la Syrie. Le vrai pouvoir en Iran n'est pas aux mains d'Ahmadinejad, mais dans celles du Guide suprême, l'ayatollah Khomeiny. Si les États-Unis adoptaient une politique plus équilibrée envers les territoires occupés et accroissaient la pression sur Israël pour faire cesser l'implantation des colonies et atteindre une solution négociée avec les Palestiniens, nous sommes convaincus que les Iraniens s'assoiraient autour de la table.

— Ça suffit, O'Connor, gronda le vice-président. Vous outrepassez vos compétences et vous ignorez visiblement tout de nos expériences menées en Alaska.

Devant la perplexité affichée par le Président, Montgomery expliqua :

— Tomographie sismique, monsieur le Président. Des fréquences radio extrêmement basses qui permettent de localiser avec précision des installations souterraines. Selon des résultats prometteurs, si la puissance est accrue jusqu'à des niveaux suffisants, leurs tunnels et installations souterraines pourraient même être détruits.

* * *

— Appelez-moi Wiley sur-le-champ ! ordonna Montgomery à sa secrétaire dès qu'il fut de retour dans son bureau.

Le directeur adjoint des opérations de la CIA, Howard J. Wiley, était le deuxième homme le plus puissant de l'agence et surtout le responsable de toutes les missions sous couverture dans le monde. Il en savait souvent plus que son patron. Son poste avait autrefois été occupé par des hommes aussi influents que George Bush Sr. et William J. Casey.

— Pour qui se prend ce petit connard d'O'Connor ? fit Montgomery dès que Wiley fut sur la ligne sécurisée.

— Je viens d'être informé, monsieur le vice-président. Je vous assure qu'il sera réprimandé.

— Réprimandé ? Vous rigolez, j'espère. Dégagez-moi ce connard à coups de pied dans le cul ! Si on les écoutait, ses petits copains et lui, on tarderait pas à inviter Ahmadinejad et ses mollahs à se taper un barbecue sur les pelouses de la Maison Blanche ! À défaut, virez-le de Washington ! Il s'entend un peu trop bien avec ces merdeux du Département d'État. Envoyez-le chez Mugabe et ses gangsters. Ou mieux encore, expédiez-le en Alaska. La dernière fois que j'y suis allé, il faisait moins – 40° C. Qu'il aille négocier avec les ours blancs, si ça l'amuse.

— C'est comme si c'était fait, monsieur le vice-président, répondit Wiley, mais il gâchait sa salive : l'autre avait déjà raccroché.

22

Gakona, Alaska

De mémoire d'homme, on n'avait jamais vu un tel blizzard. Des vents glacés fouettaient la Copper River Valley à plus de 100 kilomètres-heure. O'Connor jeta un regard à l'écran de la caméra de surveillance et frissonna malgré lui. Le mercure était descendu à – 50° C. « L'Alaska n'est pas l'endroit rêvé pour passer son 42e anniversaire », se dit-il, morose, tandis qu'une nouvelle rafale ébranlait le centre de contrôle de HAARP.

HAARP était l'acronyme de *High Frequency Active Auroral Research Program*, un projet scientifique apparemment inoffensif mené dans une base située dans un désert glacé près de Gakona à 320 kilomètres au nord-est d'Anchorage, mais O'Connor s'interrogeait déjà sur la véritable nature de ces expériences. Dehors, la neige s'empilait autour des 180 antennes dressées sur près de 15 hectares. Chacune faisait plus de 20 mètres de haut et évoquait de façon assez frappante les Hills Hoists, ces séchoirs à linge si répandus dans les jardins et les arrière-cours des maisons australiennes. Ensemble, elles étaient capables de produire la puissance inouïe de 3,6 milliards de watts.

— C'est une sacrée tempête qui est en train de nous tomber dessus.

Le Dr Tyler Jackson, scientifique en chef de la CIA pour HAARP, franchit la porte en baissant la tête et pénétra dans la salle de contrôle, chassant la neige de son visage anguleux et de sa barbe blanche. À 64 ans, il était proche de la retraite et, comme O'Connor, n'était pas toujours en accord avec la ligne du parti telle qu'elle était définie à Langley.

— Et ce n'est pas la seule, répondit O'Connor. Les Iraniens viennent juste d'effectuer un second tir de leur missile Sejil-2.

Depuis son arrivée, quinze jours plus tôt, une vraie camaraderie s'était développée entre les deux hommes. Tous deux possédaient une solide formation scientifique, tous deux bénéficiaient des plus hautes accréditations et tous deux servaient leur pays dans ce coin perdu de l'Alaska.

— Regardez ça.

O'Connor repassa les images satellite montrant un puissant missile de 26 tonnes s'élevant majestueusement dans la nuit perse depuis sa base de lancement à Semnan, non loin de Téhéran.

— Ils ont fait un sacré chemin en très peu de temps, fit remarquer Jackson. Leur prochaine étape sera un engin à étages… ce qui mettra Rome et Londres à leur portée.

O'Connor hocha la tête.

— Et c'est sans doute pour bientôt, si on repense à leur premier lancement spatial – on voyait nettement des morceaux de la fusée qui retombaient sur le pas de tir – et pourtant, moins d'un an après, ils parvenaient à placer leur premier satellite sur une orbite stable.

— Vous pensez que quelqu'un leur file un coup de main ? Depuis que je suis ici, je ne suis plus trop dans le coup.

— J'en suis certain. J'ai vu les rapports d'un de nos agents là-bas. D'abord, il leur fallait de l'acier *maraging* pour la coque du missile. Il s'agit d'un alliage essentiel très résistant et à faible teneur en carbone dont le commerce est strictement réglementé au niveau international. Pourtant, les Iraniens sont parvenus à s'en procurer, ce qui implique que quelqu'un le leur a vendu. Les barreaux d'alliage de tungstène et de cuivre dont ils avaient besoin pour les vannes de contrôle de leur propulseur solide sont aussi interdits à la vente. Et ils en ont eu… sans doute grâce à la Chine.

Un silence, puis :

— S'ils parviennent à résoudre les problèmes que pose la fabrication d'un bouclier antichaleur *et* à développer une tête nucléaire, l'équilibre des pouvoirs dans le monde sera radicalement changé.

— Vous pensez qu'ils en sont proches ?

— Oui. Tout indique qu'ils construisent une nouvelle usine d'enrichissement d'uranium près de Qom. Mais celle-ci est si profondément enfouie sous terre qu'il est impossible de l'atteindre, en tout cas avec des bombes ordinaires. Le Pentagone est en train de développer ce qu'il appelle des « munitions à forte capacité de pénétration » qui contiennent des milliers de kilogrammes d'explosif. Elles seront larguées par des bombardiers furtifs, mais même cela ne suffira peut-être pas avec des installations blindées enterrées à de telles profondeurs.

— Ça explique la pression que nous subissons ici pour accélérer nos expériences, déclara Jackson d'un air lugubre. Et, de vous à moi, c'est de la pure folie.

— Comment ça ?

— Cette technologie n'a jamais été testée, ce qui est déjà une raison suffisante pour faire preuve de prudence.

— J'imagine que notre cher vice-président n'est pas un adepte de la prudence ?

— Exactement. Pas plus que certains gros pontes du Pentagone. Avez-vous entendu parler de l'opération Ether ?

— Oui, mais j'ignore les détails.

— Elle est en trois phases. La première implique une décharge de 3 milliards de watts dans l'ionosphère, pour tenter de dévier un missile de sa course ; la dernière vise à développer des moyens de contrôler la météo, ce que les militaires tentent de faire depuis le Vietnam. Mais aussi risquées que soient ces expériences, c'est la deuxième phase qui m'inquiète le plus.

Jackson brancha une petite clé USB sur l'ordinateur d'O'Connor et afficha une présentation PowerPoint, intitulée *Top Secret*.

— Au cours de celle-ci, nous sommes censés générer des vagues de fréquences extrêmement basses, des ELF – *extremely low frequencies* – dirigées vers le cœur de la Terre, un peu comme l'industrie minière se sert de la tomographie sismique pour rechercher des gisements de pétrole ou de gaz naturel.

— Mais dans l'industrie, on utilise des puissances de l'ordre de 30 à 40 watts seulement, n'est-ce pas ?

— Précisément. À des niveaux supérieurs, nous devrions pouvoir radiographier le sol afin d'obtenir une imagerie d'éventuelles galeries souterraines, mais le Pentagone veut savoir si, en générant des puissances extrêmes, nous pourrions détruire de telles installations. Évidemment, les complexes nucléaires iraniens figurent en tête de sa liste.

O'Connor émit un petit sifflement.

— Sommes-nous sérieusement en train d'envisager de bombarder le noyau de la Terre avec trois milliards de watts ?

— Certaines personnes très influentes à Washington y sont bien décidées, et j'ai bien peur que le directeur ne soit qu'un pantin entre leurs mains. Avez-vous entendu parler de l'oscillation de Chandler ?

O'Connor acquiesça. En 1891, un astronome américain, Seth Carlo Chandler, avait découvert que l'axe de rotation de la Terre « oscillait » selon une amplitude pouvant aller jusqu'à une quinzaine de mètres.

— Eh bien, continua Jackson, un sismologue indien réputé a remarqué certaines données en provenance de l'IERS, le Service international de la rotation terrestre et des systèmes de référence. Au cours des trois mois qui ont précédé les tremblement de terre et tsunami dévastateurs de 2004, l'oscillation de Chandler s'est accrue de façon significative. Nous avons habituellement à peu près un séisme par an d'une magnitude supérieure à 7 sur l'échelle de Richter – ce que nous appelons un « grand tremblement de terre » –, mais en 2004, nous en avons eu un dans la faille de Macquarie, au large de la Nouvelle-Zélande, le 23 décembre, d'une amplitude de 8,1. Trois jours plus tard à peine, nous en avons eu un autre plus important encore, aux alentours de 9, si mes souvenirs sont bons… qui a déclenché le tsunami qui a tué des centaines de milliers de personnes en Asie. Il est clair que la fréquence de ces séismes s'accroît. L'oscillation de Chandler est contenue par la distribution de la masse dans la couche externe en fusion du noyau, ainsi que par celles de la croûte terrestre et des océans…

— Mais si nous commençons à bombarder le noyau avec des milliards de watts d'énergie électromagnétique…

— Nous pourrions provoquer une oscillation encore plus forte. C'est de la pure folie, mais certains militaires refusent de l'entendre.

— Tout comme certains politiciens. Existe-t-il d'autres données établissant un lien entre l'oscillation et la fréquence des séismes ?

— En 1967, deux scientifiques canadiens ont avancé la théorie de Mansinha-Smylie reliant les oscillations de la Terre aux grands tremblements de terre, mais ils ont été assez largement ignorés par le reste de la communauté. En attendant, la situation empire.

Jackson se tourna vers un des ordinateurs du centre, sur lequel il fit apparaître une extraordinaire photographie prise par le télescope Hubble. La navette spatiale *Discovery* l'avait mis sur orbite en 1990. Plus grand qu'un semi-remorque, le télescope tournait autour de la Terre en 97 minutes.

— À son altitude de 360 kilomètres, Hubble échappe aux distorsions provoquées par l'atmosphère, ce qui nous permet d'obtenir des clichés très précis de certains objets très distants dans l'univers. Voici la galaxie NGC 1300 qui, à l'échelle des choses, n'est pas si éloignée, ni très grande. Elle se trouve à environ 69 millions d'années-lumière de nous et fait 88 000 années-lumière de diamètre.

O'Connor contempla la superbe image d'une galaxie en spirale, une sorte d'énorme roue de feux d'artifice rouge et bleu dans la constellation d'Éridan.

— 88 000 années-lumière de diamètre… ça fait quand même un sacré terrain de foot.

Jackson sourit.

— Pas tant que cela quand on pense à la taille de l'univers. Il y a entre 200 et 400 milliards d'étoiles rien que dans notre Voie lactée. Multipliez ces chiffres par les quelque 200 milliards de galaxies dans le cosmos et vous découvrirez que les distances ou les nombres deviennent des concepts assez difficiles à appréhender. Avec des trillions de planètes là-haut, il est absurde d'imaginer que la Terre soit la seule où la vie serait apparue… Bref, j'ai choisi NGC 1300, car cette galaxie ressemble à la nôtre et que son centre est parfaitement visible : un trou noir d'une énergie gravitationnelle et électromagnétique inimaginable.

— Il semble plat… presque comme un disque.

— Précisément. Vous le savez aussi bien que moi : les trous noirs sont si puissants qu'ils aplatissent tout autour d'eux. Rien, pas même la lumière, ne peut s'échapper, d'où le terme de « noir », et c'est cette puissance qui maintient les étoiles des galaxies et leurs systèmes solaires en orbite. Quoi qu'il en soit, toutes les 26 000 années, notre système solaire passe sur le même plan que le trou noir au milieu de la Voie lactée. Imaginez ce trou noir comme le centre d'une assiette, notre système solaire se trouve alors sur les bords relevés de cette assiette.

Jackson s'interrompit, mesurant l'impact de ce qu'il allait dire.

— Ce nouveau cycle de 26 000 ans se reproduira en 2012, dit-il, moment auquel nous serons exactement à l'opposé du trou noir.

— Cela pourrait expliquer certains dérèglements que nous observons ?

— Oui. Et nous sommes en train de jouer avec l'équilibre de la planète au moment où son orbite est le plus instable. Pour couronner le tout, le champ magnétique terrestre est à son plus bas niveau jamais enregistré. Les pôles magnétiques effectuent de petits bonds dans l'Arctique et l'Antarctique de 30 kilomètres par an, environ. Si on ajoute à cela les dernières données relevées par la NASA sur les taches solaires, qui atteignent des niveaux d'activité sans précédent, disons que l'avenir de la Terre paraît… incertain. Pour le moins.

— J'ai vu les relevés de magnétométrie, acquiesça O'Connor, déjà affolé par les conséquences des expériences envisagées à Gakona.

— Et les taches solaires continuent de croître, ajouta Jackson en affichant une image d'explosions massives à la surface du Soleil. La NASA estime qu'elles atteindront elles aussi un pic en 2012, des niveaux que nous n'avons encore jamais connus. Il se pourrait bien que les Indiens hopis et les Mayas aient levé un vrai lièvre cosmique.

— Vous pensez que tout ce charabia mystique aurait une véritable valeur scientifique ?

— Peut-être bien. Nous *pensons* être une civilisation assez avancée, mais en 850 de notre ère, les Mayas ont prédit qu'à 11 h 11 le vendredi 21 décembre 2012 notre planète serait parfaitement alignée avec le trou noir au centre de la Voie lactée. L'astronomie moderne a maintenant confirmé qu'ils avaient raison, que leurs prévisions étaient exactes à la seconde près. Si les Mayas ont pu atteindre une telle exactitude, 800 ans avant que Galilée ne monte le premier télescope, peut-être ferions-nous bien de prendre le temps de porter un peu plus attention à ce qu'ils tentaient de nous dire.

23

Washington

Walter Montgomery avait invité plusieurs hauts gradés de la CIA à une réception mondaine sur la pelouse de sa résidence officielle, un manoir imposant du XIXe siècle qui dominait Massachusetts Avenue. Il avait aussi demandé au directeur adjoint Wiley d'arriver un peu plus tôt.

Les deux hommes s'installèrent dans la bibliothèque au premier étage. Les meubles en bois blanc, le papier peint beige clair et les fauteuils assortis donnaient à la pièce un très paisible charme Nouvelle-Angleterre, où ces deux-là ne semblaient nullement à leur place.

— J'espère que ce connard d'O'Connor apprécie les délices de Gakona, déclara le vice-président en montrant un siège à Wiley.

— C'est notre Sibérie à nous, monsieur le vice-président. Il y restera jusqu'à ce que je lui trouve quelque chose de plus permanent.

— Bien. Vous avez vu les dernières élucubrations de cette salope de Weizman ?

Le vice-président jeta un exemplaire de *The Mayan Archaeologist* sur l'élégante table basse. En couverture, une photographie montrait le Dr Aleta Weizman debout devant la pyramide du Monde Perdu à Tikal. Le titre annonçait :

Weizman dénonce le rôle de la CIA dans le génocide guatémaltèque
Accusations contre la School of the Americas

Wiley savait ce que cachait ce titre et, bien plus que le vice-président, il avait d'excellentes raisons de faire en sorte que la vérité n'éclate jamais. Devait-il révéler à Montgomery l'existence des journaux intimes que l'agent de la CIA en poste à San Pedro pendant tant d'années – et, accessoirement, ex-commandant en chef du camp de Mauthausen – avait tenus ? Des journaux qui se promenaient maintenant dans la nature…

— Je n'ai pas besoin de vous rappeler, Howard, que les élections sont proches, tonna Montgomery, et que nous pataugeons toujours dans la merde de chameau en Irak et en Afghanistan. Une campagne de presse contre nos services de renseignements à propos de tortures et de prisons secrètes serait très mal venue. Je ne veux pas qu'on vienne me casser les couilles avec le Guatemala, le Mexique ou le Venezuela. C'est Nixon qui a trouvé le mot juste à propos de l'Amérique centrale : « Personne n'en a rien à foutre. »

— Je suis bien d'accord, monsieur le vice-président. Ce coin est un nid d'embrouilles.

— Réduisez-moi cette emmerdeuse au silence. Trouvez qui contrôle les permis de fouilles archéologiques et envoyez-leur une donation de la part de la nation reconnaissante à condition que Weizman soit virée. De toute façon, quiconque prétend que ce n'est pas Christophe Colomb qui a découvert l'Amérique ne mérite pas d'être archéologue. Mettez-la sous surveillance. Et s'il lui prend seulement l'idée de révéler nos opérations au Guatemala, au Paraguay ou ailleurs, débarrassez-vous d'elle. Faites en sorte que ces petits cons de journalistes ne s'intéressent pas à la CIA.

— Comptez sur moi, monsieur le vice-président. Quand j'en aurai fini avec Weizman, et O'Connor pour faire bonne mesure, les chiffres de l'AP seront encore meilleurs.

Wiley et Montgomery avaient grandement apprécié un récent sondage de l'Associated Press selon lequel 12 % des Américains n'avaient jamais entendu parler de la CIA ou bien étaient incapables de dire à quoi elle servait.

Quand le directeur adjoint quitta la résidence un peu plus tard, un plan se dessinait déjà dans son esprit. Pour cela, il allait devoir rappeler O'Connor de Gakona, ce qui était fort dommage… mais le problème Weizman serait résolu de façon permanente.

24

Quartier général de la CIA, Langley, Virginie

À la différence de son prédécesseur, Howard Wiley fermait toujours la porte de son bureau. Ignorant les protestations de sa secrétaire, O'Connor frappa et entra. La première chose qu'il remarqua, ce fut le mobilier neuf. Il avait toujours eu de bonnes relations avec le titulaire précédent du poste, Tom McNamara, un homme avisé qui, plutôt que de lancer les États-Unis dans une nouvelle guerre au Proche-Orient, avait recommandé des négociations avec les Iraniens et les Syriens. Les vieux fauteuils en cuir craquelé qu'il avait tant tenu à conserver avaient disparu. De même que la formule d'accueil qu'il ne manquait jamais de lui lancer : « Entrez, mon vieux. Installez-vous. »

— Vous en avez mis du temps. Asseyez-vous, ordonna Wiley en indiquant une petite chaise inconfortable sans lever les yeux d'un dossier à la couverture écarlate.

O'Connor dissimula un sourire. Les procédés de ce type destinés à mettre un subordonné mal à l'aise révélaient surtout le manque d'assurance de ceux qui les employaient. Il regarda autour de lui. Les lampes et les peintures à l'huile représentant la guerre de

Sécession avaient sûrement été conseillées par un décorateur, la touche « personnelle » étant apportée par la multitude de clichés montrant Wiley en compagnie de divers hauts personnages : Wiley serrant la main de George H. W. Bush ou bien celle du vice-président devant la School of the Americas, mais ce furent les photographies encadrées posées sur une table qui retinrent son attention. Sur la première, on le voyait en compagnie du pape Jean-Paul II et d'un archevêque dont O'Connor ne tarderait pas à faire la connaissance : Salvatore Felici.

À la différence du prélat, le personnage sur la deuxième photo était, lui, parfaitement identifiable. Devant le Mayflower Hotel à Washington, J. Edgar Hoover se tenait auprès d'un très jeune Wiley. Le directeur historique du FBI le considérait avec un sourire bienveillant, ce qui amena O'Connor à s'interroger. Howard Wiley, il le savait, ne s'était jamais marié. Il avait commencé sa carrière au FBI, où son ascension fulgurante avait suscité pas mal de commentaires et de ragots. En moins de six mois, le jeune agent qui avait tout juste du poil au menton et aucune expérience de terrain s'était retrouvé membre de la garde rapprochée de Hoover au quartier général.

— J'ai une nouvelle mission pour vous, annonça enfin Wiley.

— Et moi qui commençais à peine à m'habituer à l'Alaska !

Le directeur adjoint lui lança un regard noir. Dans la communauté du renseignement, on l'appelait « la Fouine ». Peut-être en raison du nez interminable qui prolongeait son visage. Ses cheveux tiraient sur le rouge carotte, et la coiffure implacable qui les dressait en brosse lui faisait gagner le centimètre nécessaire grâce auquel il dépassait le mètre soixante. O'Connor se demanda si son arrogance n'était pas due à une sorte de complexe de Napoléon ou alors à la fréquentation si tôt dans sa carrière de J. Edgar Hoover, à moins que ce ne soit tout simplement l'expression du gène de la connerie. Probablement un mélange des trois, conclut-il.

— Notre dossier sur le Dr Aleta Weizman, annonça Wiley en poussant la maigre chemise rouge dans sa direction, une archéologue employée par ce gouvernement de pacotille au Guatemala. Déterrer des ossements ne lui suffit pas. Elle a aussi une très grande gueule.

— J'aurais pensé qu'avec Ben Laden, les talibans et le reste, nous avions des problèmes plus importants à régler. Franchement, Howard, une archéologue ?

Le visage de Wiley prit la même teinte que sa chevelure.

— C'est moi qui décide de ce qui est important, O'Connor, explosa-t-il en écrasant son poing sur la table. Trouvez tout ce qu'il y a à savoir sur cette Weizman et réduisez-la au silence !

— N'est-ce pas un peu excessif ? D'accord, elle a fait la une de *The Mayan Archaeologist*, mais ce truc doit se vendre à 25 exemplaires dans le monde. Franchement, ça intéresse qui ?

Les veines du directeur étaient nettement visibles sur ses tempes.

— Vous êtes au bord du gouffre, O'Connor. Le vice-président n'a pas du tout apprécié votre suggestion de négocier avec les terroristes. Je vous conseille donc de me laisser m'occuper des analyses et de vous contenter d'obéir aux ordres !

Voilà qui confirmait les soupçons d'O'Connor. Cet « ordre » venait tout droit du sommet, et la Fouine observait à la lettre le manuel de la firme en matière d'assassinat. *Ne jamais rien mettre par écrit.*

— Weizman doit participer à une causerie le mois prochain à Vienne, continua Wiley, toujours furieux. Vous irez en tant que particulier s'intéressant aux Mayas. Vous feriez bien de commencer à étudier le sujet.

Là-dessus, il se dressa de toute sa faible hauteur, indiquant ainsi que l'entretien était terminé. Encore une fois, O'Connor réprima un sourire. Wiley semblait plus petit debout qu'assis.

* * *

Il quitta néanmoins le bureau de son supérieur en proie à un doute désagréable. Son instinct, une sorte de sixième sens acquis au cours d'innombrables missions sur le terrain, l'avertissait que cette affaire était plus compliquée qu'il n'y paraissait. Wiley lui cachait quelque chose. Cela faisait très longtemps que la CIA et la Maison Blanche se mêlaient des affaires intérieures du Guatemala, et cette implication avait souvent été sanguinaire. Le Dr Weizman aurait-elle eu vent d'une opération quelconque en Amérique centrale ? Il se rendit aux archives.

Debout devant la fenêtre de son bureau, Wiley bouillait de colère. Le vice-président avait raison : O'Connor n'était pas fiable. Il valait mieux prévoir un plan de secours. Revenant à son bureau pour ouvrir sa boîte de réception de courriels, pleine comme toujours, il cliqua sur un message en provenance de Salvatore Felici, désormais cardinal au Vatican.

Bonjour, mon ami et félicitations pour votre nouveau poste… amplement mérité !

Le Saint-Père me demande de vous transmettre ses remerciements pour votre exposé de la semaine dernière sur le Moyen-Orient. Il était très enrichissant et soyez assuré que le cardinal secrétaire d'État fera tout ce qui est en son pouvoir pour soutenir les efforts de votre président dans cette région troublée.

Par ailleurs, nous sommes inquiets de la situation en Amérique centrale et des menaces qui pèsent dans cette région du monde sur la sainte Église. La vague de soutien en faveur de la théologie de la libération nous afflige. Le pape Jean-Paul II était, sans la moindre équivoque, opposé à ce mouvement, et notre politique demeure la même avec le nouveau souverain pontife. Je dirais même que notre désapprobation est plus ferme que jamais.

Vous trouverez ci-joint un article d'une archéologue guatémaltèque, le Dr Weizman. Vous devez vous souvenir que nous avions déjà eu affaire à son père à Guatemala City. La fille représente un danger encore plus grand. Non seulement, elle critique ouvertement la CIA et le Vatican, mais certaines de mes sources m'indiquent qu'elle enquête sur le sort de sa famille. Ce n'est qu'un petit feu pour le moment, mais il doit être circonscrit très rapidement avant de devenir incontrôlable et de menacer nos intérêts communs.

Agacé, Wiley émit un petit bruit de langue. Les mails entre le bureau du cardinal et le sien étaient cryptés pour la transmission, mais ils ne l'étaient pas à la source, et Felici avait enfreint une règle très explicite. L'opération qu'ils envisageaient ne devait *jamais* être mentionnée par écrit.

Il serait nécessaire de discuter de ces problèmes en tête à tête. Quand pourriez-vous venir à Rome ? Le compte rendu habituel de votre antenne locale pourrait se concentrer sur la région qui nous occupe et, si son agenda le permet, nous organiserions une audience privée avec le Saint-Père.

Je viens de recevoir quelques caisses d'un vin extraordinaire de la part d'amis de Bordeaux, nous pourrions donc débattre de ces affaires autour d'une ou deux excellentes bouteilles.

Bien à vous dans la Foi,

Salvatore Felici

Howard Wiley fit pivoter sa chaise pour contempler le Potomac. La mission qu'il avait confiée à O'Connor n'avait absolument rien d'officiel et, si jamais un malencontreux accident devait lui arriver, cela ne ferait pas une ligne dans les journaux. Mais, pour cela, il avait besoin de certains contacts de Felici, des contacts fort peu recommandables. Depuis que le pape Pie XII avait offert la grand-croix de l'ordre de Saint-Sylvestre à « Wild Bill » Donovan et, à vrai dire, depuis la Seconde Guerre mondiale, les liens entre la CIA et le Vatican n'avaient cessé de se renforcer. En 1978, Rosalyn, l'épouse du président Carter, avait au cours d'une audience privée avec Jean-Paul II délivré une lettre de la part de Washington formalisant ces rapports. La lettre Carter approuvait les « briefings » réguliers de la CIA au bénéfice du souverain pontife et de ses cardinaux les plus proches. À présent, si le besoin s'en faisait sentir, aussi bien le directeur de l'agence que Wiley pouvaient joindre Sa Sainteté sur sa ligne personnelle, l'extension 3101 du Vatican. Mais, de façon générale, le directeur adjoint traitait avec le cardinal Felici.

Dont le message était arrivé à point nommé. L'antenne de la CIA à Rome était toute proche du Vatican, et rien n'était plus facile que d'organiser une réunion spéciale sur la menace grandissante contre l'Église catholique en Amérique centrale.

25

Vienne

La conférence ne démarrait pas avant 8 h 30, mais O'Connor fut en position dès 7 heures, installé dans un café d'où il pouvait observer l'entrée de l'immeuble d'Aleta dans le quartier Stephansdom.

Trois quarts d'heure plus tard, le Dr Weizman apparut, vêtue d'un costume noir et de bottines à talons aiguilles. Il la suivit à distance prudente pour la voir s'engouffrer dans la station de métro Schwarzenplatz. Satisfait, il revint sur ses pas. La double porte en bois de l'immeuble était épaisse mais ne représentait pas un obstacle majeur. Il jeta un coup d'œil de part et d'autre de la ruelle. Les trois piétons qui s'y trouvaient lui tournaient tous le dos. Il fit facilement jouer le loquet de fer forgé avec la lame de son couteau. Il entra et referma derrière lui pour se retrouver dans une cour intérieure déserte avec plusieurs cages d'escalier, toutes protégées par une porte blindée.

Sous un interphone, l'étiquette de l'appartement numéro 4 indiquait simplement « Weizman ». Comme la plupart des portes de sécurité, celles-ci servaient davantage à rassurer les résidents qu'à réellement les défendre contre une effraction. À l'aide d'un crochet et d'un « serpent », un outil à tête diamant, il ne lui fallut que quelques secondes pour forcer la serrure à goupilles.

Arrivé au deuxième étage, il recommença l'opération avec celle de l'appartement. Après une première tentative infructueuse, il dut changer de serpent pour en choisir un plus fin. Tout en travaillant, il eut une pensée fugitive pour le vieux cambrioleur recruté par la CIA afin d'enseigner à ses agents l'art délicat du crochetage. Au sud-est de Richmond, en Virginie, sur Rochambeau Drive, se trouvait le camp Peary, une des bases d'entraînement ultra-secrètes de l'agence où O'Connor avait passé de nombreuses heures à acquérir et développer les talents équivoques qu'exigeait son métier. Sentant enfin la dernière goupille céder, il appliqua la torsion nécessaire à l'aide du crochet.

De nouveau, il referma la porte derrière lui. Un petit couloir menait au salon d'angle qui donnait à la fois sur la Sterngasse et la Judengasse. Sur sa gauche, un autre corridor longeant la cuisine conduisait aux chambres et à la salle de bains. Une douce moquette en laine blanche, et des rideaux de velours noir et or complétaient le mobilier de style Louis XV. Les murs disparaissaient derrière des bibliothèques en acajou. O'Connor en examina brièvement le contenu. Il constata sans surprise que la plupart des ouvrages étaient voués à l'archéologie et plus particulièrement aux Mayas. Il vit ceux du légendaire Alfred Maudslay qui, à la fin du XIXe siècle, avait fait entrer cette ancienne civilisation dans le champ de la recherche moderne, ainsi que *L'Arithmétique maya* et *L'Année solaire des Mayas*, de J.E.S. Thompson. Figuraient là aussi des œuvres d'Isaac Newton, d'Albert Einstein, d'Erwin Schrödinger et de Max Planck, les livres de ces trois derniers dédicacés à la main à l'attention de « Levi ». O'Connor songea à ses mois de souffrance au Trinity College, à Dublin, face aux équations de mécanique quantique de Schrödinger. À l'évidence, Levi Weizman avait été l'ami de certains des plus grands scientifiques que le monde avait jamais connus.

L'appartement, spacieux, comprenait trois autres pièces, dont l'une encore remplie de livres du sol au plafond. O'Connor essaya la porte du grand coffre-fort qui s'y trouvait, mais elle était verrouillée. Il lui faudrait du temps pour la forcer. Il préféra y renoncer pour concentrer son attention sur la plus grande des chambres à coucher. Il la fouilla minutieusement sans rien trouver qui puisse justifier l'intérêt de Washington. Une chemise portant les mots *Bad Arolsen* traînait sur la table de nuit. En 2006, le gouvernement allemand avait finalement accepté d'ouvrir les archives nazies sur les dix-sept millions de personnes emprisonnées, torturées et assassinées par le Troisième Reich. Elles étaient abritées dans une petite ville du centre de l'Allemagne : Bad Arolsen. Sous le dossier, il vit deux autres ouvrages, *Le Popol Vuh*, le livre sacré des anciens Mayas quichés, une des plus puissantes tribus résidant dans les montagnes guatémaltèques, et *Le Code caché des Mayas*, de Mgr Matthias Jennings.

Dans la salle de bains, il fouilla l'armoire à pharmacie. Parmi les produits de toilette d'Aleta, il trouva un flacon de Sarafem, à moitié rempli de pilules rouge-rose. Pourquoi s'était-elle vu prescrire de la fluoxétine, plus connue sous le nom de Prozac ou bien de Sarafem pour les femmes ? Aleta souffrait-elle d'une forme aggravée de syndrome prémenstruel ? Ou tout simplement de dépression ? La deuxième hypothèse était sans doute la plus probable, mais maintenant que les locataires du 1600 Pennsylvania Avenue voulaient sa peau, ses problèmes médicaux ne tarderaient pas à être résolus de façon définitive.

Il examina les pilules de plus près, les comparant avec l'assortiment de diverses couleurs, formes et tailles qu'il transportait toujours dans sa mallette. Il en choisit une identique à celles du flacon du Dr Weizman, une pilule que les gars des labos de Langley avaient baptisée la « roulette chimique ». Elle contenait une dose massive de morphine, l'équivalent de 200 milligrammes d'héroïne, largement suffisante pour tuer un grand drogué ayant développé une forte résistance à ces substances. L'autopsie révélerait la présence de stupéfiants dans le sang, mais en l'absence de mobile et de toute autre pilule empoisonnée dans le flacon, la police conclurait sans doute à une overdose. Fin de l'affaire.

Mais soudain, il hésita, repensant à sa conversation avec Wiley à Langley. « Trouvez tout ce qu'il y a à savoir sur cette Weizman et réduisez-la au silence ! » Encore une fois, se posait une question à laquelle il n'avait toujours pas de réponse : Pourquoi ? Sans compter la menace voilée dont il avait fait l'objet : « Vous êtes au bord du gouffre, O'Connor. » Et puis, à vrai dire, il n'avait pas encore trouvé grand-chose sur le compte d'Aleta Weizman.

Alors, pour la première fois dans sa longue carrière, Curtis O'Connor résolut de désobéir à un ordre direct concernant une menace présentant un « danger clair et immédiat », un ordre que seul le président avait l'autorité d'approuver. O'Connor doutait que celui-ci ait la moindre idée de ce que tramaient son vice-président, Wiley et quelques-uns de leurs acolytes au Pentagone. Il rangea la « roulette chimique » dans sa mallette. La CIA n'était plus l'agence qu'il avait rejointe près de vingt ans auparavant et, tant qu'il ne saurait pas pourquoi, précisément, Washington voulait la mort de cette femme, il ferait cavalier seul.

26

Le Vatican, Rome

Le préfet de la congrégation de la Doctrine de la Foi, le cardinal Salvatore Felici, travaillait dans son opulent bureau du Palazzo della Sacra Inquisizione, un bâtiment intimidant gris et ocre qui portait toujours le nom autrefois tant redouté de la sainte Inquisition. Alberto, son père, avait été un proche conseiller du pape Pie XII. À son tour, le fils s'était mis au service de l'Église catholique romaine.

Grand et solidement bâti, il soignait son apparence. Sa chevelure noire mouchetée de gris était coiffée en arrière sous sa calotte écarlate, le zuchetto réservé au collège des cardinaux. Derrière son long nez aquilin, ses yeux gris perçants étaient profondément enfoncés. Rien ne semblait pouvoir leur échapper. Un nouvel accès de colère le saisit tandis qu'il parcourait encore une fois l'article de cette archéologue, le Dr Weizman, qui lui avait été transmis par le nonce apostolique de Guatemala City. Stylo rouge en main, il relut le texte, tout en essayant de déchiffrer les glyphes complexes sur le schéma qu'elle y avait joint.

À la différence de notre conception linéaire, les Mayas, comme le montre notre diagramme, mesuraient le temps par cycles plus ou moins longs, ce qui leur permettait de prédire avec exactitude d'importants événements récurrents. Les deux calendriers – le long et le court – s'imbriquent comme un engrenage. La grande roue, le *Haab*, basée sur les cycles de la Terre, présente 18 mois de 20 jours auxquels est ajouté un 19e mois plus court de 5 jours, ce qui donne donc une année de 365 jours. La petite roue, le *Tzolk'in* sacré, obéissait aux cycles de l'amas d'étoiles des Pléiades dans la constellation du Taureau, si visible la nuit depuis notre planète. Le 21 décembre 2012 verra une conjonction extrêmement rare des deux roues, un phénomène qui ne se produit que tous les 26 000 ans.

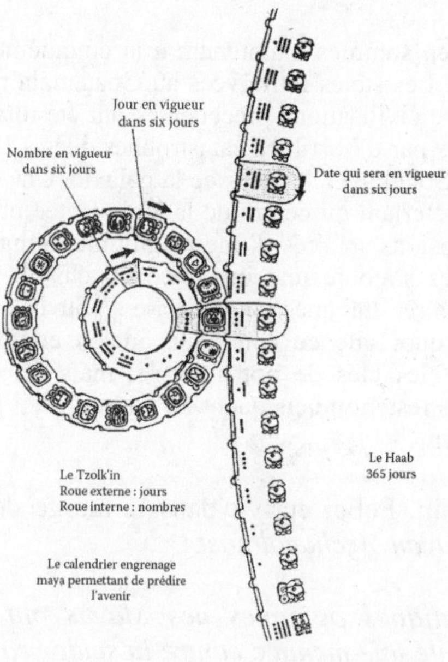

Le calendrier engrenage maya permettant de prédire l'avenir

Selon le calendrier maya, nous approchons de la fin des temps, une fin des temps dictée par le mouvement des planètes. Le grand cycle de 26 000 ans, ou pour être tout à fait exact : 25 625, consiste en cinq phases plus courtes de 5 125 années chacune. Les Mayas ont découvert que notre Soleil, qu'ils appelaient *Kinich-Ahau*, se retrouve aligné avec le centre de la galaxie au terme de chacun de ces cycles.

Les preuves de l'exactitude des prévisions mayas ne manquent pas. Plus de mille ans avant qu'elle ne se produise, ils ont annoncé l'éclipse solaire du 11 août 1999 avec une précision de l'ordre de la seconde – à 11:03:07 selon le Temps universel coordonné –, une éclipse qui a été la mieux observée de toute l'histoire de l'humanité.

Nous en sommes maintenant à la cinquième phase du soleil. Les stèles retrouvées au Guatemala révèlent que quatre civilisations précédentes ont été totalement annihilées par d'horribles catastrophes dues à l'alignement du Soleil avec le cœur de la galaxie. Une énergie intense déferlant du centre de la Voie lactée provoque des explosions solaires d'une magnitude inimaginable auxquelles s'ajoute une inversion du champ magnétique solaire. La question se pose : pouvons-nous y changer quoi que ce soit ? Un ancien codex maya révélerait les clés de notre survie, mais les anciens des tribus restent muets quant à l'endroit où il pourrait se trouver.

À la main, Felici écrivit dans la marge de l'article de *The Mayan Archaeologist* :

Les pratiques païennes des Mayas ont toujours représenté une menace contre la seule vraie foi. On a eu raison de brûler leurs bibliothèques. Si le Codex maya existe, il est impératif de le récupérer pour le transférer aux archives secrètes – Weizman doit être surveillée.

Il reposa le magazine et leva les yeux vers le portrait placé bien en évidence au milieu de sa bibliothèque, celui de Tomás de Torquemada, un homme qui était pour lui une constante source d'inspiration. Le Grand Inquisiteur d'Espagne avait été un ardent défenseur de la foi.

Il quitta son bureau, ses chaussures en cuir délicat s'enfonçant dans le tapis écarlate qu'il avait fait placer contre le mur où était accroché le *saint Jérôme* de Léonard de Vinci, prêté par la pinacothèque du Vatican. Jérôme était son saint préféré. En 393 de notre ère, il avait dénoncé la volupté et ses ravages. Felici estimait lui aussi que, sinon dans un but procréateur, les couples mariés devaient s'abstenir de tout rapport sexuel. Il écarta le tableau pour composer la combinaison de son coffre mural. Il en sortit un dossier écarlate rehaussé d'or et portant son sceau personnel. La chemise contenait les documents de la CIA sur le Dr Weizman que Howard Wiley lui avait envoyés la semaine précédente par la valise diplomatique, ainsi que les rapports réguliers du nonce apostolique à Guatemala City qui s'alarmait de l'avènement de tant de gouvernements de gauche en Amérique latine, tous, à des degrés divers, hostiles à Rome.

Plongé dans ses pensées, Felici se tourna au-delà des fenêtres vers la colonnade du Bernin qui ornait depuis plus de trois cents ans la Piazza San Pietro. Le Palazzo della Sacra Inquisizione, adjacent à la Porta

Cavallegeri, une des anciennes portes percées dans les murs d'enceinte de la cité vaticane, avait été construit en 1571 par le pape Pie V pour abriter la Suprême Congrégation sacrée de l'Inquisition romaine et universelle. Au XVIe siècle, la sainte Église faisait plus que tolérer l'usage de la torture. Ceux qui, après des sévices abominables, refusaient encore de se réconcilier avec la « seule vraie foi » étaient condamnés au bûcher. Une politique impitoyable qui avait fait de cette institution l'une des plus redoutées en Europe. L'organisme qui avait succédé à l'Inquisition s'était vu accorder un titre plus anodin – la congrégation de la Doctrine de la Foi – mais, installé dans ce même palais, il était lui aussi chargé d'enquêter sur les hérésies. Comme Aleta le mentionnait quelque part dans son article, le cardinal Joseph Ratzinger avait dirigé cette inquisition moderne pendant près de vingt-quatre ans, y gagnant le surnom de « rottweiller de Dieu », avant d'être élu pape et de prendre le nom de Benoît XVI en 2005. Un plan de carrière que le cardinal Salvatore Felici comptait bien reproduire. À 62 ans, il était encore jeune. Il faisait un *papabile*, un candidat à la papauté, tout à fait crédible. À condition que son passé ne refasse jamais surface.

Soudain nerveux, il joua avec son crucifix. La chaîne en or massif était attachée à l'un des trente-trois boutons de sa soutane, chacun symbolisant une année de la vie du Christ. La croix elle-même, assez inhabituelle, était ornée d'un énorme rubis cerclé par douze gros diamants et avait été acquise par son père pendant la guerre. Un coup frappé à la porte le tira de ses réflexions. Son secrétaire particulier, le père Cordona, entra.

— Votre Éminence, le chambellan de Sa Sainteté est allé accueillir la délégation de la CIA. Ils devraient arriver à l'Arc des cloches dans vingt minutes avant d'être conduits dans la bibliothèque privée de Sa Sainteté.

Felici connaissait la procédure par cœur, mais il exigeait toujours d'être mis au courant du moindre détail de chaque visite.

— Qui d'autre sera présent ?

— Le cardinal secrétaire d'État, bien sûr, et Sa Sainteté a demandé que les préfets de la congrégation pour les Évêques, de la congrégation pour le Clergé et de la congrégation pour l'Éducation catholique assistent à la réunion, eux aussi.

Agacé, Felici fit claquer sa langue. S'il s'attachait à maintenir de bonnes relations avec ses collègues cardinaux, il avait peu de considération pour eux et se méfiait tout particulièrement du puissant et ambitieux secrétaire d'État.

— Mon dîner ?

— Le signor Wiley vous rejoindra à 20 heures dans votre salle à manger privée. Le menu et la liste des vins sont dans votre corbeille. Y aura-t-il autre chose, Votre Éminence ?

— Non.

Habitué à l'irascibilité de son supérieur, le père Cordona se retira.

27

Muséum d'histoire naturelle, Vienne

Le *Wiener Naturhistorisches Museum* possède une des plus riches collections d'histoire naturelle au monde. Profitant de la pause succédant aux présentations du matin, Aleta Weizman s'y promena parmi quelques mammouths, dinosaures, ptérodactyles et autres rares fossiles d'un temps révolu. En revenant vers la salle de conférences, elle passa par le grand hall d'accueil, où trônait un immense élan empaillé. Dans un coin, un lion, crocs apparents, semblait le défier. Elle gravit les marches menant à la mezzanine. Quand elle prit place parmi les premiers rangs, elle constata que Matthias Jennings se trouvait déjà sur l'estrade et ne fut pas surprise par le fort contingent des médias cantonné au fond de la salle : partout où il passait, le prêtre jésuite suscitait la controverse. C'était un « bon client », comme disent les journalistes. Par contre, elle ne vit pas Curtis O'Connor se glisser sur un siège au dernier rang, près du mur de côté, un excellent poste d'observation.

— Mesdames et messieurs, j'ai le grand plaisir de vous présenter Mgr Matthias Jennings même si, pour la plupart d'entre vous, il n'a nul besoin de présentation.

Le président de la Société mayaniste européenne gloussa de sa propre plaisanterie éculée tandis que Jennings inclinait doctement la tête.

« Un connard prétentieux », jugea O'Connor, en guettant la réaction d'Aleta, mais elle resta impassible. Il observa le reste du public, remarquant le jeune homme basané à l'allure sportive qui arrivait en retard et se faufilait au dernier rang. Il ne semblait guère à sa place dans une telle assemblée. O'Connor récupéra dans sa poche l'appareil miniature à haute résolution que lui avaient fourni les techniciens de l'agence et le prit discrètement en photo.

— Merci, monsieur le président, répondit Jennings en s'installant au pupitre. En tant que membre de cette société, c'est un honneur de pouvoir vous mettre au courant des derniers résultats de mes recherches.

Son nœud papillon jaune tranchait sur sa chemise rouge fraise. Cet étrange accoutrement ornait un corps qui ne l'était pas moins. Grand, gras, le visage rougeaud, Mgr Jennings coiffait ses maigres cheveux roux avec une raie quasiment au niveau de l'oreille, ramenant quelques longues mèches grasses et éparses sur son crâne lisse. Il portait d'épaisses lunettes à monture noire au bout d'un nez volumineux. Sous les sourcils broussailleux, ses yeux bleus et mouillés en permanence ne tenaient pas en place.

— Ces derniers temps, les médias se font souvent l'écho de spéculations alarmistes à propos d'un cataclysme en 2012, commença-t-il en regardant l'assistance par-dessus ses gros verres. On nous dit qu'un bouleversement du champ magnétique terrestre s'accompagnerait d'une intense activité solaire et d'un changement des pôles et que tout ceci aurait été prétendument prédit par les anciens Mayas. Je vous le dis, ceux qui répandent ces balivernes ne savent rien de la vraie nature des Mayas. Ces gens-là n'étaient pas des êtres éduqués et sages vivant en communion avec la nature, mais formaient une peuplade ignorante et sanguinaire, une des pires que l'humanité ait jamais connue et auprès de laquelle Attila et ses Huns font figure d'enfants de chœur. J'ai passé ma vie à étudier cette civilisation primitive et, ces dernières années, j'ai pu avoir accès à de nouveaux hiéroglyphes sidérants, découverts dans une tombe récemment mise au jour à Tikal.

Il déclencha une présentation PowerPoint et une série d'images apparurent sur un écran.

— Ces stèles – des monuments de pierre sur lesquels ils gravaient leurs messages à l'aide de glyphes – montrent quelle était leur vie quotidienne dans tous ses sordides détails. La Stèle 1, que vous voyez ici, dépeint le viol en masse de jeunes garçons et de jeunes filles. Une pratique très commune chez les Mayas. La Stèle 2, qui a été découverte en pleine jungle au nord-est de Tikal, affiche leur mépris absolu pour la vie humaine. Ils n'hésitaient pas à arracher le cœur encore battant des poitrines de leurs prisonniers afin d'en faire don à leurs dieux païens.

Tandis que la conférence se poursuivait, O'Connor remarqua qu'Aleta ne quittait pas le prêtre jésuite des yeux. Parfois, elle secouait la tête, les lèvres crispées. Mais était-ce la sauvagerie des Mayas qui provoquait sa colère ou bien l'interprétation qu'en donnait Jennings ? O'Connor poussa un soupir de soulagement quand celui-ci arriva enfin au terme de sa péroraison.

Le maître de cérémonie invita le public à poser ses questions.

— Je note avec intérêt votre description des Mayas comme un peuple ignorant et assoiffé de sang, Monseigneur.

La voix s'exprimait avec autorité.

— Nul ne nie que les sacrifices faisaient partie de leurs rituels, mais il me semble qu'ils ont surtout eu lieu à la fin de l'époque postclassique, sans doute sous l'influence des Aztèques et des Toltèques. Ils étaient le plus souvent associés à la guerre, et si nous comparons l'attirance que les Mayas éprouvaient pour le combat avec notre propension à déverser un déluge de bombes pour un oui ou pour un non, je dirais qu'ils étaient beaucoup moins assoiffés de sang que nous le sommes.

O'Connor sourit. Aleta s'exprimait dans un anglais parfait, teinté d'un délicieux accent espagnol. L'éminent jésuite semblait furieux.

— De plus, plutôt que de recourir au conflit armé comme nous avons tendance à le faire, les Mayas cherchaient souvent à régler leurs différends grâce à leur jeu de balle sacré. Quant à leurs divinités pour lesquelles vous faites preuve du plus grand mépris, il me semble que nombre de nos guerres ont été provoquées par des désaccords religieux : terrorisme et fondamentalisme islamistes ; catholiques et protestants en Irlande du Nord ; sans oublier l'affirmation du président des États-Unis selon laquelle c'est Dieu lui-même qui lui aurait dicté l'invasion de l'Afghanistan et de l'Irak. Et on pourrait remonter ainsi jusqu'aux croisades… Loin d'être le peuple ignorant que vous décrivez, les Mayas ont réalisé d'immenses avancées en matière d'astronomie et d'architecture, tout en étant dotés d'une réelle et profonde spiritualité. Pour eux, une force supérieure était en permanence à l'œuvre dans chaque infime composante du monde naturel.

O'Connor sentait l'excitation de la meute de journalistes. Plusieurs d'entre eux riaient ouvertement. L'arrogant prêtre jésuite avait trouvé à qui parler.

— Qui est-ce ? demanda un reporter.

— Le Dr Aleta Weizman, répondit le correspondant du *Times*. Elle est guatémaltèque, mais son grand-père était un grand archéologue viennois. Elle a repris le flambeau et ne devrait pas tarder à être aussi célèbre que lui.

— Je suis surpris, Dr Weizman, que vous fassiez preuve d'une approche aussi peu scientifique. Mais, à votre décharge et, contrairement à des chercheurs de ma stature, vous n'avez pas bénéficié d'un accès exhaustif à ces artefacts.

O'Connor ne perdait rien de cet échange. Pour la plupart, Aleta Weizman n'était peut-être qu'une illustre inconnue, mais il était évident que Jennings et certains journalistes savaient à qui ils avaient affaire.

— Pourquoi tant de surprise, Monseigneur ? intervint l'homme du *Times*. Niez-vous la capacité des Mayas à cartographier le mouvement des planètes ? Et suggérez-vous que nous devrions ignorer l'alignement de ces mêmes planètes en 2012 ?

— Ces élucubrations sont parfaitement grotesques. Je prédis sans l'ombre d'un doute que le 21 décembre 2012 aura autant d'effet que le fameux bug de l'an 2000 dont vous autres, gens des médias, n'avez cessé de nous rebattre les oreilles.

— Vous-même avez admis que les Mayas avaient prévu qu'un déplacement des pôles géographiques ou magnétiques serait associé à une activité solaire accrue, fit le correspondant de la *Gazette* de Montréal. Certains scientifiques, y compris à la NASA, ont confirmé un pic important de l'activité des taches solaires en 2012, et les preuves existent que nous faisons déjà face à des tempêtes solaires de plus en plus violentes. Il y a deux ans, l'une d'entre elles a eu raison de tout le système de distribution électrique au Québec. Les communications radio longue portée et les satellites de navigation GPS ont été affectés, de nombreux avions ont dû être déroutés. Si une ancienne civilisation détenait un savoir qui nous échappc sur ce qui pourrait se produire en 2012, ne pensez-vous pas que nous devrions au moins tenter de la comprendre ?

— Un accroissement de l'activité des taches solaires n'a rien de nouveau, déclara Jennings avec irritation.

— Cela fait des années que des rumeurs font état d'un codex maya disparu…

La jeune envoyée de *Women's World* saisit l'opportunité de détourner la conversation vers un sujet qui passionnerait davantage ses lectrices.

— … Un codex qui pourrait nous aider face à cette éventuelle catastrophe ou qui pourrait permettre à certains d'entre nous d'y survivre. Apportez-vous le moindre crédit à ces rumeurs ?

— Le soi-disant Codex maya n'est rien d'autre qu'une invention des médias, répliqua Jennings. Malheureusement, la plupart des textes des anciens Mayas ont été brûlés lors de l'invasion espagnole. Les rares qui ont survécu : les codex de Dresde, de Madrid et de Paris – ainsi nommés car ils sont conservés dans ces villes – ainsi que le fragment du codex Grolier ont été rédigés sur du *huun*, le papier qu'ils produisaient à partir d'écorce de *Ficus continifolia* ou *Ficus padifolia*, le plus grand des figuiers étrangleurs.

La jeune femme de *Women's World* regarda son photographe et se mit à loucher en tirant la langue.

— Le *huun*, poursuivit Jennings, étant bien plus résistant que le papyrus égyptien, j'ai eu le rare privilège de pouvoir étudier tous ces originaux en l'état. Des quatre, le codex de Dresde est celui qui nous éclaire le mieux sur ces brutes assoiffées de sang qui n'hésitaient pas à sacrifier leurs propres enfants en les jetant dans les *cenotes*, ces dolines et ces gouffres si nombreux dans la péninsule du Yucatán où coulent tant de rivières souterraines. Si ces codex ont sans nul doute aidé à comprendre la sauvagerie des Mayas, aucun d'entre eux ne contient la moindre référence à un cataclysme futur… quel qu'il soit, conclut-il, définitif.

Aleta secoua la tête. La science moderne avait confirmé le rare alignement planétaire prédit par les Mayas, et Jennings ne pouvait ignorer les éléments qui plaidaient en faveur de l'existence du codex disparu. Pourtant, il continuait à prétendre qu'il s'agissait d'une fiction créée par un journaliste en mal de copie. Qui protégeait-il ? Le Vatican ? Le codex contenait-il des éléments qui menaçaient l'Église ?

En se levant à la fin de la conférence, elle eut la surprise de découvrir le Dr José Arana qui semblait l'attendre à la sortie de la salle. Il la dévisageait. Elle le rejoignit, lui tendant la main.

— Aleta Weizman, Dr Arana, dit-elle. Nous nous sommes rencontrés une ou deux fois quand j'étais enfant, à San Marcos. Je suis heureuse de vous revoir.

— Ainsi… vous êtes enfin venue, répondit-il à voix basse en la prenant par le bras. Vous courez un grave danger.

28

Le Vatican, Rome

Un peu plus tôt, le pape Benoît XVI avait émergé de sa chambre à coucher au troisième étage du Palais apostolique sur la Piazza San Pietro. Ses deux secrétaires particuliers l'attendaient dans le couloir et, ensemble, les trois hommes se dirigèrent rapidement vers la porte de bronze de la chapelle privée. À la différence de son prédécesseur, Jean-Paul II, qui accueillait souvent des invités à la première messe du matin, Benoît XVI préférait communier en la seule présence de ses assistants. Rejetant la nouvelle liturgie en vigueur depuis Vatican II, il commençait ses journées avec le missel romain de 1962 rédigé en latin.

— *In nomine Patris, et Filii, et Spiritus Sancti...*

La chapelle, avec son sol et ses murs de marbre, était froide mais le Saint-Père ne semblait pas le remarquer. Une douce lumière tombait des vitraux réalisés par Luigi Filocamo dépeignant la résurrection du Christ, se mêlant à celle des trois cierges brûlant derrière le grand crucifix.

— *Gloria in excelsis Deo. Et in terra pax hominibus bonae voluntatis...* « Gloire à Dieu au plus haut des cieux. Et paix sur terre aux hommes de bonne volonté... »

Pas très loin de là, sœur Ingrid et les autres nonnes de la maison papale s'assuraient que tout était prêt pour le petit déjeuner du souverain pontife : le café et les fruits servis dans la salle à manger adjacente à sa chambre. La table en noisetier sculpté pouvait accueillir dix personnes mais, ce matin, seuls trois couverts étaient dressés et sœur Ingrid avait déjà veillé à ce que les principaux journaux nationaux soient disposés sur une des deux dessertes.

* * *

L'esprit occupé par la réunion qui l'attendait, Salvatore Felici ignora le salut du garde suisse quand il pénétra dans le palais apostolique. Il s'engagea dans l'ascenseur qui allait l'amener dans la bibliothèque privée du pape.

Le projecteur électronique de la CIA avait quelque chose d'incongru devant *La résurrection du Christ* du Pérugin accrochée sur un des murs et les étagères du XVIe siècle contenant la collection complète de toutes les encycliques papales ainsi que toutes les œuvres des Pères de l'Église. Une vieille bible était ouverte sur un lutrin, et la *Madonna* de Romano semblait veiller sur toutes les personnes présentes. Trois fenêtres donnaient sur la Piazza San Pietro. Le cardinal secrétaire d'État et les cardinaux préfets pour les congrégations des Évêques, du Clergé et de l'Éducation catholique étaient déjà présents, soutanes ourlées de rouge, crucifix en or sur leurs écharpes écarlates et arborant tous leur *zuchetto*. Felici salua poliment l'assemblée d'un signe de tête avant de se tourner vers Howard Wiley.

— Howard, ravi de vous revoir. J'espère que le vol n'a pas été trop pénible.

— Même avec un jet de la CIA, il faut passer par les aéroports, Salvatore, répondit Wiley avec un sourire machinal. Vous connaissez mon chef de station, Richard Snider ?

— Bien sûr. Richard, fit Felici en tendant une main osseuse tandis que l'un des secrétaires particuliers du pape pénétrait dans la bibliothèque pour annoncer l'arrivée de Sa Sainteté.

Quelques secondes plus tard, le souverain pontife apparut, flanqué de son autre secrétaire.

— Très Saint-Père, puis-je vous présenter signor Howard Wiley, directeur adjoint de la CIA. Et, bien sûr, vous connaissez son chef de station, signor Richard Snider.

— Bienvenue au Vatican, répondit le pape avec un large sourire, tendant sa bague à Wiley pour qu'il l'embrasse.

Son anglais était teinté d'un lourd accent bavarois.

— Je vous suis reconnaissant pour cette réunion, signor Wiley. La situation en Amérique centrale n'est peut-être pas aussi stable que nous le voudrions ? demanda-t-il en prenant un siège.

— Assurément non, ce qui n'est pas sans provoquer quelques inquiétudes, annonça Wiley en faisant apparaître une carte sur l'écran. De récentes élections au Nicaragua, au Brésil, en Équateur et au Venezuela ont fait basculer ces pays à gauche, Votre Sainteté. Les États-Unis surveillent ces changements avec attention. Comme vous le savez, un ancien évêque catholique, le père Fernando Lugo a été élu président du Paraguay. Très influencé par la théologie de la libération, c'est le premier ecclésiastique qui parvient à une telle charge. Il est aussi le premier président du Paraguay depuis 1946 à ne pas être issu des rangs du parti conservateur Colorado. Aucun parti au monde n'avait aussi longtemps détenu les rênes du pouvoir de façon continue.

Felici guettait la réaction du pape. Depuis l'élection de Lugo, les conjectures allaient bon train. Ayant refusé sa démission, le pape allait-il défroquer l'homme qui était maintenant connu à travers tout le Paraguay comme le « prêtre des pauvres » ? Le souverain pontife restait indéchiffrable.

— Lugo ne compte pas s'installer au palais présidentiel, enchaîna Wiley, et il a récemment déclaré que le Paraguay n'accepterait plus l'intervention dans ses affaires intérieures de quelque pays que ce soit, aussi important soit-il. Ce genre de rhétorique nous inquiète, car elle met en question la viabilité de notre base militaire dans ce pays. Établie en 2005, elle se trouve à Mariscal Estigarribia, à 200 kilomètres de la frontière bolivienne.

— Y maintenez-vous une présence ? s'enquit le pape.

— Oui. Après que le Paraguay nous a garanti l'abandon de toute poursuite aussi bien au niveau local que devant la Cour criminelle internationale, nous y avons déployé cinq cents hommes et du matériel. Cette base peut accueillir jusqu'à 16 000 hommes. Avec les énormes réserves de gaz dont disposent des pays comme la Bolivie, Votre Sainteté, il est important pour les États-Unis de maintenir une présence dans les Andes. Nous possédons une base avancée à Manta sur la côte équatoriale, mais depuis l'élection de

Rafael Correa dans ce pays, celle-ci aussi peut être remise en cause.

— Peut-être, Votre Sainteté, est-il temps de faire preuve de plus de sévérité à l'égard de l'évêque Lugo et d'envisager son excommunication ? suggéra Felici.

— L'excommunication serait une mesure très grave, Votre Sainteté, intervint le cardinal secrétaire d'État. Cela fait plusieurs siècles que l'Église n'a pas pris une sanction aussi drastique. Même s'il a été influencé par la théologie de la libération, nous en prendre à l'évêque Lugo, alors qu'il a la réputation de porter la voix des pauvres et des paysans, pourrait affaiblir notre position.

— L'apaisement n'a servi à rien avec Hitler, Votre Sainteté, et il ne servira à rien avec Lugo, rétorqua le cardinal Felici avec un regard noir en direction du chef de la diplomatie du Vatican.

Celui-ci haussa un sourcil. Chacun dans cette pièce connaissait la sordide complicité du Vatican avec les nazis pendant la Seconde Guerre mondiale. L'argument de Felici était pour le moins cynique, mais le vieux diplomate ne broncha pas.

— Ce sont des éléments que nous considérerons, déclara le souverain pontife.

L'utilisation du « nous » d'autorité indiquait que nul ne le forcerait à prendre une décision précipitée.

— Nourrissez-vous des inquiétudes semblables pour d'autres pays de cette région, monsieur Wiley ? s'enquit-il.

— Malheureusement oui, et si je peux me permettre, Votre Sainteté, l'Église elle non plus n'est pas à l'abri de certains dangers. Hugo Chávez, au Venezuela, par exemple, n'est pas uniquement un opposant virulent à la politique américaine et à nos efforts pour apporter la démocratie dans cette partie du monde, il est aussi un farouche adversaire de l'Église catholique.

— Tout en se proclamant lui-même catholique et en affirmant que le Christ est le plus grand socialiste de tous les temps ! s'exclama Felici.

Wiley hocha la tête.

— Il y a quelques années, les *chavistas*, ses supporters, ont occupé l'archevêché de Caracas, chassant l'évêque Jesús González de Zárate. Il est heureux que le cardinal Velasco n'ait pas été présent à ce moment-là.

Le souverain pontifc acquicsça.

— Oui. Ils prétendaient, de façon erronée, que nous avions soutenu le coup d'État de 2002 contre le président Chávez.

Felici et Wiley échangèrent un regard.

— S'ajoutant à cela, reprit ce dernier, presque tous les gouvernements de la région sont de gauche. Evo Morales en Bolivie, Michelle Bachelet au Chili, Tabaré Vásquez en Uruguay, Lula da Silva au Brésil et le sandiniste, Daniel Ortega, au Nicaragua. Les parlements de ces pays se préparent à légaliser l'avortement ainsi que la pilule du lendemain, et ils pourraient très bien suivre l'exemple du Premier ministre espagnol et autoriser le mariage homosexuel. Au cours de la première année de mise en vigueur de cette loi, 4 500 couples gays et lesbiens se sont mariés en Espagne et sont maintenant libres d'élever des enfants comme n'importe quel couple normal. Ce mal pourrait se propager, comme nous l'avons vu en Californie, ajouta Wiley.

— Un triste jour pour l'Église d'Espagne et des États-Unis, fit observer le pape.

Howard Wiley reprit son exposé, braquant son pointeur laser sur la carte pour souligner les menaces que chacun de ces pays faisait peser sur l'influence des États-Unis et de l'Église catholique. Felici ne manquait pas une occasion de manifester son approbation mais, en présence du cardinal secrétaire d'État, il réservait d'autres commentaires pour son futur dîner privé avec le directeur adjoint de la CIA.

29

Muséum d'histoire naturelle, Vienne

Installée dans le café Nautilus situé à l'intérieur du musée, Aleta tripotait sa tasse avec nervosité.

— Je savais que vous finiriez par venir, dit le Dr José Arana.

La voix douce mais impérieuse, il était petit et trapu comme beaucoup de Guatémaltèques. Ses cheveux de jais parsemés de fils gris étaient tirés en queue-de-cheval et il portait autour du cou une superbe tablette de jade sur laquelle était gravé le signe du jaguar. Une profonde sagacité se dégageait de son regard et de son visage taillé à coups de serpe.

— Comment… comment pouviez-vous le savoir, Dr Arana ? demanda-t-elle, encore en état de choc.

Il eut un sourire énigmatique.

— Appelez-moi José, je vous en prie. Mon père, Roberto, était le chaman de San Marcos. Il m'a transmis les connaissances des anciens. Il m'a aussi dit qu'un jour vous rechercheriez mon aide.

— Je ne comprends pas…

— Patience, ma chère. Tout finira par être révélé. Pour l'instant, il vous faut surtout comprendre que vous avez un rôle essentiel à jouer. Comme vous le savez, les anciens Mayas ont laissé aux générations présentes un avertissement.

— Oui. J'ai trouvé quelques notes y faisant référence dans les papiers de mon grand-père, et les médias ont parlé d'un codex, mais je me demandais s'il ne s'agissait pas de pures spéculations… si le codex existait réellement.

— Il existe, répliqua calmement Arana, et le temps presse. Le solstice d'hiver sera bientôt là.

Le pouls d'Aleta s'accélérait. Une intégrité évidente et indubitable émanait de cet homme.

— Vous savez où il se trouve ?

Il acquiesça avant d'annoncer :

— Votre grand-père a bien failli le découvrir peu avant sa mort tragique.

— Je ne comprends pas, José. Si vous savez où il est, pourquoi ne pas dévoiler son contenu au monde ?

— Si seulement c'était aussi simple. Malheureusement, la plupart rejetteront la sagesse des anciens Mayas et nous traiteront de charlatans. En un temps où l'on recherche le bonheur à travers les biens matériels, nous méprisons une civilisation qui pouvait, sans l'aide d'un télescope, prédire les mouvements des planètes avec une précision digne de nos instruments les plus modernes. Les signes avant-coureurs de notre destruction sont déjà perceptibles.

Aleta vit une grande tristesse dans ses yeux.

— Au cours de cette dernière année, continua Arana, des morceaux de glace grands comme deux fois Londres ont disparu de l'Arctique et de l'Antarctique. La Terre ne cesse de nous envoyer des signaux : tremblements de terre de plus en plus fréquents, éruptions volcaniques, incendies, tsunamis et cyclones, tornades et inondations. Pourtant, la plupart des leaders du monde ne prennent pas le réchauffement climatique au sérieux. Pire encore, certains pays mènent dans le plus grand secret des expériences qui finiront par mettre en danger la planète entière.

— Vous pensez donc que personne ne vous croira ?

— Les peuples obéissent à l'instinct de meute, Aleta. Quand les politiciens et les médias sont sceptiques, le public les imite. Si j'annonçais la découverte du codex, la presse traiterait cela comme une curiosité, et beaucoup prétendraient qu'il s'agit d'une escroquerie.

— Je ne comprends toujours pas mon rôle dans tout ceci.

— Comme moi, vous êtes née sous le signe de *Balam-Ix*, le jaguar, un esprit qui possède un profond amour de la Terre Mère. L'énergie du jaguar, l'esprit dominant de la jungle, est féminine, Aleta. Les anciens étaient tout à fait conscients de cela et ils ont caché le codex de façon à ce qu'il ne soit découvert que par quelqu'un qui aura compris à quel point la Terre est menacée, qui aura compris les conséquences réelles de l'alignement des planètes en décembre 2012. Ce n'est pas par accident que vous avez suivi les traces de votre grand-père. Une archéologue aura bien plus de crédibilité qu'un chaman maya et l'avertissement que contient le codex sera considéré avec davantage d'attention par les médias et le public. Mais, enchaîna-t-il avec force, comme mon père en avait prévenu votre grand-père, le Codex maya est farouchement protégé. Nombreux sont les chasseurs de trésors qui ont payé leur avidité de leur vie, car les anciens voulaient qu'il ne soit révélé que par quelqu'un possédant l'équilibre spirituel nécessaire.

Après ces derniers mots, il la contempla longuement comme s'il cherchait dans ses yeux les traces de cet équilibre.

— Vous parlez de moi ? s'exclama-t-elle d'une voix étranglée.

— Encore une fois, notre rencontre n'est pas le fruit du hasard, Aleta, mais c'est à vous qu'il revient d'accepter ou non ce défi.

— Si j'accepte, dit-elle lentement tandis qu'elle commençait à saisir le sens de ses paroles, m'aiderez-vous ?

— Je peux être votre mentor, Aleta, mais, encore une fois, cela dépend de vous. Si je deviens votre guide, il faudra vous purifier, reconstruire votre équilibre intérieur.

— Je ne suis pas sûre de comprendre.

— Vous ne dormez pas bien.

C'était une affirmation, pas une question. Encore une fois, elle sentit la force qui émanait de cet homme si doux.

— Non, admit-elle. Depuis un moment déjà.

— Je vois le malheur dans vos yeux.

— Est-ce si évident ?

— Pas pour un observateur distrait. Extérieurement, vous faites preuve d'une énergie intense, mais vos yeux disent autre chose, Aleta. Je vois des anneaux très bruns autour de l'iris, ce qui est un signe de stress et de profonde dépression.

Debout derrière un présentoir dans l'un des couloirs du musée menant au café Nautilus, Curtis O'Connor observait la conversation entre Aleta Weizman et l'homme à la queue-de-cheval. Il n'était pas surpris de constater que le jeune homme basané qui s'était installé au fond de la salle pendant la conférence de Jennings se trouvait là lui aussi, faisant semblant de lire l'*Österreich Journal*. O'Connor utilisa à nouveau son appareil haute résolution.

— Ces cercles bruns… ont-ils un rapport avec le fait que l'iris est directement connecté au cerveau ?

— Exactement, répondit le Dr Arana. Aux premiers stades de développement du fœtus, les yeux font partie du cerveau. Après la séparation, les nerfs de l'iris restent reliés à l'hypothalamus. En fait, les yeux reflètent l'état de tous nos organes et on peut déceler un problème, comme le cancer, bien avant que les symptômes n'apparaissent dans le corps lui-même. C'est aussi ainsi qu'il est possible de détecter la dépression. Si vous voulez réussir à trouver et à déchiffrer le Codex maya, cette partie de votre esprit doit être purifiée.

— Tout à l'heure, vous avez dit que je courais un grave danger…

— Parce que vous avez entamé une quête pour démasquer les assassins de votre famille, en particulier ceux de votre père et de votre grand-père. Celui-ci était sur le point de découvrir le Codex maya quand il a été tué par les nazis.

Un chagrin qu'elle ne connaissait que trop s'empara à nouveau d'Aleta.

— « Sur le point » ? C'est-à-dire ?

— Mon père l'a rencontré à de nombreuses reprises lors de ses visites au lac Atitlán et à Tikal. Votre grand-père avait retrouvé deux des trois figurines nécessaires à la découverte du codex. Il avait commencé à déchiffrer les hiéroglyphes qui l'auraient conduit à la troisième figurine et au codex lui-même, mais il a été assassiné avant d'avoir accompli sa tâche.

Aleta se tassa dans sa chaise.

— Mon grand-père avait pris des notes, dit-elle avec difficulté, dans lesquelles il mentionnait les trois figurines… mais je ne les ai jamais vues.

— Je suis sûr qu'il a fait en sorte qu'elles demeurent en sécurité. Ces choses obéissent à un plan qui nous échappe, un plan divin, Aleta. Tout comme nous voyons les puissants signes d'avertissement qui se multiplient dans le monde naturel, les deux figurines que votre grand-père a trouvées, la dernière restante et le codex lui-même resteront cachés jusqu'à ce que leur découverte soit devenue nécessaire – et ce moment approche. En raison de votre quête pour découvrir ceux qui ont détruit votre famille, vous avez éveillé l'attention de la CIA et du Vatican. Deux hommes très puissants sont déterminés à vous faire échouer et tous deux veulent, pour des raisons différentes, récupérer le codex afin de le cacher au public.

Arana s'interrompit pour lui permettre d'assimiler ce qu'il venait de lui révéler.

— Il y a aussi deux autres hommes qui s'affronteront à mort, reprit-il. Vous en viendrez à placer votre vie entre les mains de l'un d'entre eux. Si vous décidez de continuer, vous devrez revenir sur les rives du lac Atitlán pour vous préparer à votre mission sacrée.

30

Imperial hotel, Vienne

O'Connor rentra dîner à l'Imperial Hotel avant de se retirer dans sa chambre. Il récupéra son ordinateur portable dans le coffre de la penderie, tapa une série de codes pour se connecter à l'immense base de données stockée dans les superordinateurs Cray de la CIA à Langley et attendit que sa demande traverse un certain nombre de protocoles de cryptage et de décryptage.

Quand son accès fut approuvé, il chargea les photos qu'il avait prises dans la journée. En quelques secondes, le profil d'Antonio Sodano apparut, accompagné de plusieurs photographies de surveillance fournies par la *Guardia di Finanza*, la police financière et des douanes italienne.

ANTONIO SODANO – rapport préliminaire. Né à Corleone, Sicile, le 14 août 1987. Membre en pleine ascension de la Cosa Nostra et tueur à gages présumé malgré sa jeunesse. Arrêté en 2006 pour le meurtre d'un membre éminent d'une famille mafieuse à Palerme en raison d'un différend à propos de sommes obtenues par extorsion. Procès avorté pour manque de preuves.

Déménagement à Rome en 2007. Possède des liens avec la loge maçonnique, Propaganda Tre, avatar de la tristement célèbre Propaganda Due, ou Loge P2, soupçonnée de complicité avec les Brigades Rouges dans l'assassinat du président du Conseil italien Aldo Moro. Sodano est aussi en contact avec la Banque du Vatican (voir photos jointes). Actuellement sous enquête et surveillance de la *Guardia di Finanzia* pour trafic de stupéfiants présumé.

O'Connor passa rapidement en revue le reste du rapport avant de s'arrêter sur les clichés de surveillance. On y voyait Sodano sur un quai de Naples, à l'aéroport international de Rome et à La Pergola, un des meilleurs restaurants de la capitale italienne, où il dînait en compagnie d'un autre individu qui, malgré le rendu granuleux, parut vaguement familier à O'Connor. Pour l'avoir déjà fréquenté, il connaissait bien cet établissement, situé Via Cadlolo 101 dans le grand hôtel Rome Cavalieri, avec une vue panoramique sur la Ville Éternelle depuis sa plus haute colline. La cave comptait plus de cinquante mille bouteilles.

Se concentrant sur le visage, O'Connor fit le vide dans son esprit et, soudain, il sut où il avait déjà vu cet homme. Le costume civil l'avait égaré, car ce personnage attablé en compagnie d'un jeune voyou n'était autre que l'archevêque qui accompagnait le pape Jean-Paul II et Wiley sur cette autre photo placée en évidence dans le bureau de ce dernier.

Ne *jamais* rien noter sur papier et ne *jamais* se faire photographier. Les deux commandements suprêmes.

Avec une excitation croissante, il chercha sur Google le site officiel du Vatican. Wiley ne fréquentait que des gens qui pouvaient lui être utiles en terme de pouvoir ou d'influence. Le cliché dans son bureau datait d'une vingtaine d'années. Il y avait toutes les chances que l'archevêque soit désormais cardinal.

Gagné. Il figurait dans l'annuaire des cardinaux que le Vatican fournissait obligeamment aux fidèles et aux curieux. Selon sa biographie, Salvatore Felici avait été nonce apostolique au Guatemala au début des années quatre-vingt-dix. Non seulement il était devenu cardinal, mais il était enregistré dans la section des cardinaux évêques, le sommet de la hiérarchie vaticane. O'Connor compara l'austère portrait officiel avec la photo de surveillance prise par la *Guardia di Finanza*. Qu'est-ce qu'un brave homme comme le cardinal préfet de la congrégation pour la Doctrine de la Foi fabriquait avec un gangster comme Sodano ? Et quelle relation entretenaient Wiley et Felici ?

O'Connor revint à sa page de connexion et composa le code d'accès de Wiley. Au cours d'une mission précédente, il s'était lié d'amitié avec un brillant jeune hacker que la CIA avait sagement embauché et installé à Langley. Au cours de sa courte vie, Corey Barrino, alias « Byte Blaster » sur les forums, était parvenu à s'infiltrer dans les réseaux très fermés du Pentagone et de la NASA. Un soir, il avait sondé les entrailles de la firme elle-même, laissant un petit message de salutation au directeur de l'agence sur son compte crypté personnel. Le trou dans le mur fait par le presse-papiers du patron de la CIA était toujours visible dans son bureau.

« Wiley a dû changer ses codes d'accès », se dit O'Connor, frustré de voir *accès refusé* s'afficher sur l'écran. Peut-être avait-il ajouté un « salt » à la DES, l'algorithme standard de données de cryptage. Grâce à Corey, il savait qu'il s'agissait d'une chaîne de deux caractères placée à l'un des deux bouts d'un mot de passe – des caractères pouvant être choisis parmi les deux casses des lettres de l'alphabet ou parmi les chiffres de 0 à 9 auxquels il fallait ajouter le point et le slash – ce qui offrait un choix de soixante-quatre signes différents permettant 4 096 différentes combinaisons possibles. Même si Barrino lui avait fourni l'accès aux superordinateurs de Langley, il lui faudrait du temps pour casser le code de Wiley et, à en juger d'après le tour pris par cette mission, c'était justement ce dont risquait de manquer Aleta Weizman.

Obéissant à une intuition, il lança un des logiciels les plus simples de Barrino. Simple mais néanmoins d'une efficacité dévastatrice. Le hacker l'avait basé sur ces programmes de *phishing* – ou « hameçonnage » – utilisés pour récupérer des milliers d'adresses mail. Les gangs criminels se servaient d'un système similaire pour inciter les gens à révéler leurs numéros de compte bancaire en se faisant passer pour des techniciens d'une banque quelconque. Ce petit trafic coûtait aux internautes américains peu avertis la bagatelle de trois milliards de dollars par an. Pour quelqu'un comme Corey Barrino, cela aurait été un jeu d'enfant, de récupérer l'adresse mail personnelle du cardinal. Se servant de son adresse officielle sur les serveurs du Vatican, O'Connor tapa cinq combinaisons de mail possibles pour Felici et lança le programme.

Celui-ci aurait « freezé » la plupart des réseaux, mais les Cray installés dans les sous-sols de Langley étaient capables d'effectuer 400 000 millions de calculs à la seconde. Il en fallut moins de dix pour obtenir confirmation de l'adresse et du mot de passe de Felici. Felici@vatican.va ; mot de passe : « pendentifmauthausen ». Voilà qui était assez inhabituel et pour le moins étrange, songea O'Connor, tandis que *Bienvenue, Votre Éminence* apparaissait sur l'écran. Il fouina dans la boîte de réception sans trouver le moindre message de la CIA. Rapidement, il passa aux courriers envoyés. Le cardinal n'avait visiblement pas envisagé que quelqu'un puisse avoir accès à son système. O'Connor ouvrit un mail expédié à l'adresse personnelle de Wiley qui révélait tout un fil de courriels précédents.

Il les lut tous, poussant quelques jurons et se maudissant d'avoir envisagé d'obéir aux ordres du directeur adjoint. Si la CIA exigeait la loyauté, celle-ci ne fonctionnait que dans un sens : vers le haut. Il lut le courriel initial du cardinal Felici avec une colère croissante. Mais ce fut la dernière partie de la réponse de Wiley qui le mit vraiment hors de lui.

Je compte me rendre à Rome le 24 et je serais ravi de vous briefer en personne sur la situation en Amérique centrale. Nous pourrons peut-être discuter du Codex maya dont parle cette Weizman dans son article. Pour des raisons que je vous expliquerai, ce codex représente une menace. Si cette femme se lance à sa recherche, il sera important de le récupérer avant elle. Le problème Weizman est en voie de résolution, mais deux précautions valent mieux qu'une. Je crois savoir que Sodano est de retour à Rome. Si vous pouviez me fournir ses coordonnées, cela m'aiderait à régler du même coup un autre problème, interne celui-ci.

O'Connor respira un bon coup. Soudain, sa mission était devenue d'ordre personnel. Il n'avait pas le moindre doute sur ce qu'était ou plutôt *qui* était ce « problème interne ». Tout sentiment résiduel de loyauté l'abandonna, remplacé par le constat qu'il n'avait plus aucun avenir dans la firme. Un constat difficile à accepter. Pire encore, tant que Wiley demeurerait directeur adjoint, les hommes et les femmes les plus intègres de l'agence qui chaque jour risquaient leur vie étaient en danger. Abraham Lincoln avait aboli l'esclavage. Thomas Jefferson avait participé à la rédaction de la Déclaration d'Indépendance et s'était fait le champion de la séparation de l'Église et de l'État. Theodore Roosevelt avait été le premier à reconnaître la nécessité de préserver les ressources naturelles. À présent, la débâcle en Irak avait terni la réputation des États-Unis mais, pire encore, le pays perdait tous ses repères. Bénéficiant de la protection du vice-président, Wiley représentait un formidable danger. Il fallait l'arrêter, trouver un moyen de le traduire en justice. Mais, en attendant ce jour, O'Connor n'avait qu'une alternative : fuir.

Il fit rapidement une copie de la correspondance et enferma de nouveau le portable dans le coffre. Il quitta l'hôtel pour se diriger vers la plus proche station d'U-Bahn. Cette séance de piratage informatique lui avait pris plus longtemps que prévu, et il n'avait pas le temps de s'offrir une agréable balade en tramway.

En grimpant dans le wagon à moitié vide, il passa en revue ses occupants avant de reprendre le cours de ses pensées. Il se souvint de la colère du directeur adjoint quand il avait émis des réserves quant à l'assassinat de Weizman. Son e-mail à Felici avait été envoyé juste après leur entrevue, ce qui pouvait expliquer son erreur : citer le nom de Sodano. Il était bien sûr évident que le truand italien avait reçu la même mission que lui, ce qui constituait une autre infraction cardinale à tous les protocoles de l'agence. En enquêtant sur le meurtre de ses parents, Aleta Weizman avait sans le savoir levé un très gros lièvre. Que mijotaient Wiley et le cardinal Felici au Guatemala, au point qu'ils étaient prêts à la faire assassiner ? Et qu'était ce mystérieux Codex maya qui intéressait tant à la fois la CIA et le Vatican ? Il n'y avait qu'une seule façon de le savoir : le récupérer avant eux… Et pour cela, il avait besoin d'Aleta. En vie.

O'Connor regarda sa montre : 22 heures.

Pourvu qu'il ne soit pas déjà trop tard.

31

Le Vatican, Rome

Le cardinal Salvatore Felici était connu pour posséder une des meilleures caves de Rome. Les invitations dans sa salle à manger privée au Palazzo della Sacra Inquisizione étaient très convoitées mais rarement accordées : le visiteur devait être susceptible d'influer sur le cours de certains événements d'une façon favorable à Felici. Une qualité que possédait Howard Wiley. Les deux hommes s'installèrent autour de la table en chêne. Le cardinal fit signe à la jolie jeune nonne qui attendait près de la desserte Louis XIV. La nomination de sœur Bridget à son service personnel avait provoqué quelques haussements de sourcils au Vatican.

— Château-latour 1961, Howard, annonça-t-il en s'emparant d'une carafe en cristal.

Sa maîtrise de l'anglais était impressionnante, teinté d'un accent oxfordien qui contrastait avec l'américain plus fruste de Wiley.

— On dit que les pauillac 1961 sont comparables aux grands crus de bordeaux des années 1928 et 1929.

Le cardinal Felici leva son verre en cristal Waterford vers le lustre, laissant la lumière jouer avec la robe du *grand vin**[1].

— Oui, même s'il est surprenant que Pauillac ait si peu de *châteaux** dans la liste des *premiers crus**, répondit Wiley. De mémoire, les deux autres sont château-lafite-rothschild et château-mouton-rothschild.

Il huma le bouquet du latour.

— Épicé. Une nuance de réglisse et de cuir.

Howard Wiley savait apprécier les meilleures choses de la vie et, comme son mentor, Edgar J. Hoover, le directeur adjoint de la CIA, ne se privait pas d'utiliser les fonds publics pour se les offrir. Sa cave, bien que moins grandiose que celle de Felici, était elle aussi très bien fournie.

— J'ai lu le dossier de cette Weizman, Howard. Elle devient un problème. Si elle continue à fouiner pour savoir ce qui est arrivé à sa famille…

Il n'acheva pas sa phrase, attendant que sœur Bridget ait fini de servir le premier plat : escalopes de veau et ail en chemise.

— … cela pourrait devenir gênant, conclut-il quand elle eut disparu.

— Je suis d'accord, Salvatore. Et je m'en occupe. Les gens comme elle ont des risques d'accidents bien supérieurs à la moyenne. Ceci étant, il n'est pas inutile de prévoir un plan de secours. Le contact que vous m'avez fourni a déjà été briefé.

Wiley restait toujours fidèle au principe qui guidait toutes les agences de renseignements à travers le monde : une stricte séparation des tâches. Il avait, en

1. Toutes les expressions marquées d'un astérisque sont en français dans le texte. (*Toutes les notes sont du traducteur*.)

personne, donné ses instructions à Sodano. Ni son chef de station à Vienne, ni Felici ne savaient que le truand sicilien avait aussi reçu l'ordre d'éliminer O'Connor. La mort de ce dernier à Vienne devant être mise en scène de façon à faire croire, là aussi, à un malheureux accident.

— Ravi d'avoir pu vous aider, Howard, dit Felici en remplissant de nouveau leurs verres. Puis-je souligner que le moindre faux pas nous causerait un tort immense ?

Lui aussi gardait ses petits secrets. Notamment, sa crainte que Weizman n'enquête sur son compte. Les liens entre le Vatican, la CIA et les escadrons de la mort au Guatemala pouvaient toujours être niés, mais si cette femme parvenait à découvrir ce qui s'était passé à Mauthausen et les rapports que son père entretenait avec les nazis... Il était farouchement décidé à ce que cela n'arrive jamais.

— Que pensez-vous de ses affirmations à propos du Codex maya ? s'enquit Wiley.

— En quoi un vieux codex intéresserait-il la CIA, Howard ? fit remarquer Felici, un mince sourire aux lèvres.

Ils étaient comme deux escrimeurs, *en garde** face à face, chacun prêt à parer et riposter.

— En premier lieu, si un tel codex venait à être révélé par une archéologue comme Weizman, on peut compter sur les journalistes pour faire très vite le parallèle avec Howard Carter et la découverte de la tombe de Toutankhamon, ce qui ne nous arrangerait ni l'un ni l'autre, Salvatore. Vous ne tenez pas plus que moi à ce que cette femme devienne une célébrité mondiale.

— Raison de plus pour s'occuper d'elle sans commettre la moindre erreur.

— Bien sûr, répliqua Wiley, masquant son irritation. Mais si ce qu'on dit à propos du contenu de ce codex se révèle exact, il sera difficile d'empêcher une panique générale. D'après les scientifiques, on dispose déjà de données démontrant le mouvement des pôles et les changements du champ magnétique terrestre. Pour le moment, et heureusement, la presse ne s'y intéresse pas ou peu. Pour Washington, ce codex – s'il existe – ne peut être qu'un ramassis de divagations, mais si Weizman venait apporter sa caution scientifique en reliant les prédictions mayas à des découvertes très récentes, les médias se déchaîneront. Imaginez qu'on commence à raconter que les principales places financières du monde vont se retrouver submergées sous 1 000 mètres d'eau. Je vois d'ici la panique chez les investisseurs. Ils voudront se rabattre sur l'or. Les gens se précipiteront dans les banques récupérer leur argent, les Bourses s'effondreront, et la crise sera bien pire que la panique actuelle. Pire encore que celle de 1929.

Plongé dans ses pensées, Felici acquiesça. Pour sa part, il songeait davantage aux dangers que ce codex faisait courir à la sainte Église.

— Le Président, reprit Wiley, pense que toute similarité entre le contenu de ce codex et nos données scientifiques actuelles ne serait que pure coïncidence, mais il partage l'avis selon lequel il vaut mieux protéger le public.

— Votre président a raison. Les Mayas étaient des sauvages qui adoraient des dieux païens, et il est fort dommage que tous leurs codex n'aient pas brûlé. Mais je suis d'accord : la peur nourrit la peur. Et quand on parle des marchés financiers, la panique des investisseurs est un phénomène qui défie toute logique.

— Si ce codex venait à tomber entre de mauvaises mains, Salvatore, c'est toute l'économie mondiale qui serait menacée.

— Je suis d'accord. Si ce Codex maya existe, il faudra le dissimuler au public, en tout cas jusqu'après 2012… et peut-être même au-delà, dit Felici, toujours plus inquiet des répercussions sur la doctrine catholique que sur les marchés financiers.

Il réfléchissait à un autre avertissement, plus récent, délivré par la Sainte Vierge lors de son apparition à Fatima. Pouvait-il exister un lien entre son troisième secret et le Codex maya ? Jean-Paul II avait publié une « traduction » de ce troisième secret en juin 2000, mais Felici savait que le texte authentique était toujours caché dans les archives secrètes du Vatican.

— Il serait bon que nous travaillions en proche collaboration sur cette affaire, Howard, conclut-il.

— Il y a un autre problème, enchaîna Wiley avec prudence. Quand vous et moi, nous trouvions au Guatemala, un de nos agents était en poste à San Pedro.

— Oui… Le père Hernandez.

— Il tenait un journal intime… très détaillé…

Felici sentit un frisson remonter le long de sa colonne vertébrale, mais son visage resta impassible.

— Vraiment ? Je croyais qu'il avait pris sa retraite depuis des années. Il doit approcher des 90 ans, non ?

— Il les a même dépassés, mais il garde l'esprit vif pour son âge. Il y a trois ans, il a su réagir très vite en apprenant que certains le traquaient. Il a disparu…

ainsi que ses journaux intimes. Nous pensons qu'il se cache au Pérou.

— Savons-nous ce qu'il y a dans ces journaux ?

— Pas exactement. Mais j'ai tendance à penser qu'il a rassemblé une somme d'informations considérable sur le codex disparu.

— Donc, si nous trouvons ces journaux, nous trouvons le codex ?

— Possible. Ils risquent aussi de contenir des détails sur nos opérations au Guatemala, ainsi que sur la façon dont Hernandez a fui l'Allemagne. Et la CIA n'est pas la seule sur sa trace… À vrai dire, le Mossad nous précède.

Felici devint livide.

— Il serait très, très malheureux que ces journaux tombent aux mains des Israéliens ou de quiconque, Howard. Je vais demander au nonce apostolique à Guatemala City de surveiller tout cela de très près. Nous pouvons aussi avoir confiance dans notre ambassadeur à Lima. Je vais lancer quelques enquêtes du côté péruvien.

32

Vienne

Aleta alluma le feu dans la cheminée et se servit un verre de vin. Elle était maintenant décidée à retrouver les figurines et le codex quoi qu'il en coûte, mais d'abord elle ferait le voyage de neuf heures en train vers Bad Arolsen. De là, elle irait à Mauthausen sur le Danube, non loin de Linz, visiter le camp de concentration où son grand-père avait été vu en vie pour la dernière fois. Elle n'y apprendrait sans doute pas grand-chose, mais elle tenait à voir cet endroit de ses yeux.

Elle ouvrit la chemise qu'elle avait laissée sur sa table de nuit. Les six baraquements utilisés par la Waffen-SS, la troupe d'élite de Himmler stationnée à Bad Arolsen pendant la guerre, contenaient à présent des archives immenses, des rayonnages et des rayonnages de documents qui, mis bout à bout, se seraient étalés sur 26 kilomètres. Le système d'indexation à lui seul occupait trois pièces, fournissant des liens vers des dossiers médicaux, des listes de transport, des formulaires d'enregistrement et une myriade de papiers administratifs. Les archives étaient en cours d'informatisation afin d'être consultables en ligne mais, là encore, Aleta tenait à les consulter en personne.

Ici se trouvait la liste de Schindler, contenant les noms de plus de 1 000 prisonniers juifs sauvés par Oskar Schindler, ou alors le dossier « Frank, Anneliese M. », celui de la petite Anne Frank. Mais, plus important à ses yeux, y étaient aussi conservés les *Totenbuchen*, les « livres des morts », du camp de Mauthausen. Elle frémit malgré elle à l'idée d'y trouver le nom de son grand-père. Les *Totenbuchen* avaient été méticuleusement tenus à la main par les nazis et parmi tous les sinistres événements qui y étaient répertoriés, l'un était particulièrement effroyable. Sur ordre de l'Obersturmbannführer von Heiβen, toutes les deux minutes pendant une heure et demie, un prisonnier avait été abattu d'une balle dans la nuque en guise de cadeau d'anniversaire à Hitler. Son grand-père avait-il servi d'offrande au Führer ?

Dans la bibliothèque, se trouvait une vieille photo encadrée de ses grands-parents, Levi et Ramona, avec son père, Ariel, alors âgé d'une dizaine d'années et sa jeune sœur, Rebekkah. Elle avait été prise en 1937 alors que le rouleau compresseur nazi était déjà en marche, mais ils formaient encore une famille heureuse et souriante debout sur le pont d'un bateau de croisière sur le Danube. En arrière-plan, les célèbres vignes en étages de Wachau montaient à l'assaut des montagnes au-dessus du village de Joching. Le sourire de son père enfant était déjà espiègle.

Aleta essuya une larme tandis que les souvenirs déferlaient : elle se revoyait assise sur ses épaules pendant qu'il courait sur les plages du lac Atitlán ou alors pagayant ensemble dans un canoë pour rejoindre un point de pêche secret. Elle savait maintenant qu'il n'avait rien de secret, et elle soupçonnait que bon nombre de poissons qu'elle avait pris là-bas avaient été accrochés au bout de sa ligne par son père pendant qu'elle avait les yeux tournés. Il avait toujours su insuffler un sentiment de mystère et de magie dans sa vie. Maintenant, comme son grand-père, il était parti. Épuisée et à bout de nerfs, elle se rendit dans la salle de bains et ouvrit le flacon de Sarafem. Grâce à cette pilule, et avec un peu de chance, elle trouverait le sommeil mais elle savait déjà que l'antidépresseur ne pourrait rien contre la léthargie et la sensation d'inutilité qui l'accablaient en permanence.

Trois étages plus bas, Antonio Sodano pénétra rapidement dans la cour. À l'aide d'outils remarquablement semblables à ceux d'O'Connor, il crocheta la première porte au pied des escaliers. Une fois à l'intérieur, il enfila une cagoule et grimpa silencieusement les marches.

33

Le Vatican, Rome

Le cardinal Felici examina le dernier fichier envoyé par le nonce apostolique à Guatemala City. Une série de photos montrait Mgr Jennings émergeant d'un bar louche dans La Linea, un ghetto dans les faubourgs de la ville contrôlé par les gangs. Les deux garçons qui le flanquaient ne semblaient pas avoir plus de 12 ans. Sur un autre cliché, Jennings, toujours avec les garçons, prenait une chambre dans un « motel » encore plus sinistre, fabriqué à partir de parois métalliques prélevées sur des containers. Felici referma le fichier et réfléchit. Jusqu'à présent, les fonds de la Banque du Vatican qui finançait les recherches archéologiques de Jennings avaient suffi à s'assurer de sa loyauté, mais cela risquait de changer. Il savait aussi qu'un appel à sa foi serait problématique. Les tendances sexuelles du prêtre jésuite lui étaient connues depuis longtemps, mais ces photographies étaient les premières preuves concrètes qu'il obtenait. Le nonce apostolique avait fait du bon travail.

Son secrétaire particulier frappa à la porte.

— Mgr Jennings est là, Votre Éminence.

— Faites-le entrer, dit Felici en consultant sa Rolex en or. Et que ma voiture soit prête à 23 heures.

— Certainement, Votre Éminence.

Le père Cordona s'écarta pour laisser passer Mgr Jennings avant de refermer la double porte derrière lui. S'il s'interrogeait sur les raisons pour lesquelles le cardinal Felici avait régulièrement besoin de sa voiture à une heure avancée de la nuit, ou pourquoi il avait acheté un appartement dans la Via del Governo Vecchio, un quartier branché sur la rive nord du Tibre, il n'en laissait jamais rien paraître.

— *Benvenuto a Roma.*

Le cardinal tendit une main osseuse.

— *Grazie*, Votre Éminence.

— J'espère que votre vol a été agréable ?

— Autant qu'un vol peut l'être depuis le 11-Septembre.

— Oui… bien sûr. Bon, je ne vous retiendrai pas très longtemps, mais un problème vient de surgir. Avez-vous déjà croisé une certaine Aleta Weizman ? demanda le cardinal en ajustant sa soutane tandis qu'il prenait place sur un des fauteuils en velours bleu marine de son bureau.

— Malheureusement, oui. Elle s'est même cru obligée de faire une intervention très désobligeante lors de ma conférence à Vienne.

— A-t-elle mentionné un codex disparu ?

— Elle non, mais une journaliste s'en est chargée, répondit Jennings en lorgnant de façon éloquente vers la desserte à alcools. Une jeune bimbo d'un magazine féminin, je me demande bien ce qu'elle fabriquait là. Comme la plupart de ses collègues, elle n'a pas montré le moindre intérêt pour mes dernières recherches.

— Selon vous, Weizman croit-elle à son existence ? fit Felici, ignorant les regards du prêtre vers son whisky.

— Quand je me trouvais à Guatemala City, Votre Éminence, j'ai découvert qu'elle s'était récemment rendue au *Museo Nacional de Arqueología y Etnología*. Rien d'anormal à cela ; après tout, c'est son métier. Mais un ami qui travaille là-bas m'a dit qu'elle avait paru particulièrement excitée après avoir passé un moment dans une réserve.

— Et savons-nous la cause de cette excitation ?

Mgr Jennings secoua la tête.

— Je ferai une enquête lors de mon prochain passage au musée.

Agité, Felici tripotait son crucifix.

— Plus nous approchons de 2012, plus l'intérêt autour des Mayas et de leur codex va grandir.

— C'est inévitable. De mon côté, et conformément à vos instructions, je continue à clamer haut et fort qu'il ne se passera rien.

— Et vous faites bien, si vous tenez à votre financement, lui rappela Felici.

Jennings haussa les épaules.

— Les médias adorent ce genre d'histoire…

— Ce qui signifie que nous devons redoubler d'efforts pour récupérer le codex avant quiconque.

— Plus facile à dire qu'à faire. Même parmi les Mayas, ceux qui pourraient détenir des renseignements sur ce codex se comptent sur les doigts d'une main et ce sont tous des « anciens », comme ils se nomment.

— Un cercle très fermé, donc.

— Précisément.

— L'argent est un langage universel. Combien faudrait-il ?

— Il y a encore quelques personnes en ce monde qui refusent de se laisser acheter, Votre Éminence.

Felici masqua son irritation.

— Savez-vous qui sont ces anciens ?

Jennings secoua la tête.

— Pas vraiment, sinon que le plus respecté d'entre eux est un chaman, le Dr José Arana, qui – coïncidence – assistait lui aussi à ma conférence.

Felici se leva et gagna les fenêtres qui offraient une vue spectaculaire sur la colonnade du Bernin. Il contempla la place Saint-Pierre déserte à cette heure, les mains serrées sous sa soutane. Hors les murs du Vatican, la circulation était typiquement romaine : intense et bruyante, digne de la grande histoire d'amour que les Italiens entretenaient avec leurs voitures, leurs scooters et leurs klaxons.

— Pour le bien de la sainte Église, dit finalement Felici, nous devons retrouver le Codex maya et le ranger aux archives secrètes.

— Imaginons que nous le trouvions et qu'il contienne un terrible avertissement ? Les preuves scientifiques confirmant les prédictions des anciens Mayas sont de plus en plus nombreuses. Ne devrions-nous pas alerter le monde ? Permettre au plus grand nombre possible d'en réchapper, par exemple en s'installant en altitude ?

— Mon inquiétude, et ce devrait être aussi la vôtre, rétorqua Felici, glacial, est qu'il contienne des éléments qui menaceraient la seule vraie foi. Notre responsabilité, Monseigneur, est envers la sainte Église.

Jennings haussa les épaules. La sainte Église était le cadet de ses soucis. Et l'avertissement, aussi terrible soit-il, ne le troublait pas davantage, à vrai dire. Il avait étudié les cartes établies par certains scientifiques qui avaient étudié les conséquences catastrophiques d'un déplacement des pôles géographiques. Se basant sur leurs projections, il avait fait l'acquisition d'une propriété dans l'une des rares régions du monde qui seraient en sécurité en décembre 2012. Mais la possibilité de mettre la main sur le codex le fascinait et il s'était déjà attelé à la tâche, en évitant jusqu'à présent d'en parler à Felici.

— La découverte du Codex maya ferait sensation dans le monde de l'archéologie, dit-il. Elle serait du même ordre que celle des manuscrits de la mer Morte, de la pierre de Rosette, de l'armée de Terracotta et du tombeau de Toutankhamon. Celui qui révélera cette prophétie sera immortalisé dans les annales de l'histoire.

— Et ?

— Si on le retrouve pour le cacher à nouveau dans les archives secrètes, non seulement ce sera une grosse perte pour l'archéologie, mais nous n'aurons pas respecté notre devoir de révéler l'avertissement des Mayas au monde, ajouta-t-il, un peu hautain.

— Laissez-moi vous rappeler, Monseigneur, que les fonds pour vos expéditions archéologiques sont assez considérables. Et qu'ils dépendent entièrement de votre coopération.

— La Banque du Vatican n'est pas la seule source de financement possible, Votre Éminence.

Jennings avait déjà sondé de riches sponsors. Il aurait été plus prudent de se taire, mais la prudence n'avait jamais été son fort.

— J'avais espéré ne pas en arriver là, dit Felici en allant récupérer le dossier sur son bureau.

Il tendit les photos à Jennings et observa sa réaction avec un délice certain.

Celui-ci était livide, sans voix. En état de choc.

— Heureusement pour vous, Monseigneur, il est primordial de préserver l'image de notre sainte Église, et vous nous êtes bien plus utile au sein de celle-ci qu'en dehors, dit le cardinal en reprenant au prêtre hébété les clichés accablants. Maintenant que nous avons résolu ce petit problème, il y a une autre question qui requiert la plus grande confidentialité.

Jennings hocha la tête.

— À la fin de la Seconde Guerre mondiale, afin de lutter contre le communisme, le gouvernement des États-Unis et le Vatican ont collaboré pour faire s'échapper d'Allemagne un certain nombre d'individus, scientifiques et autres, possédant des informations vitales. Parmi eux, figurait un officier SS, Karl von Heißen. En échange de sa coopération, il s'est vu offrir une nouvelle identité en tant que prêtre catholique de la paroisse de San Pedro.

— Comme Adolf Eichmann, répondit Jennings.

— Eichmann est mort, mais von Heißen, lui, est bien vivant, ou du moins nous le croyons. Vous avez dû le rencontrer : le père Hernandez ?

— Oui, je me souviens de lui. Vous dites que c'était un Allemand ?

— Il a suivi une formation intensive dans une excellente école espagnole. En tant que père Hernandez, il s'est montré très utile dans la lutte contre le communisme et jusqu'à présent sa véritable identité était restée préservée. Malheureusement, comme vous, il s'est montré imprudent. Nous avons récemment découvert qu'il tenait des journaux intimes très détaillés.

— Des journaux qui pourraient être embarrassants pour le gouvernement américain et pour le Vatican ?

Jennings sentait l'opportunité de regagner un peu de terrain.

— Ils pourraient aussi contenir des informations cruciales sur la localisation actuelle du Codex maya, rétorqua Felici, glacial. Quoi qu'il en soit, il nous faut ces journaux.

— Où se trouve von Heiβen ?

— Il vivait à San Pedro, mais après avoir reçu des nouvelles alarmantes concernant le Mossad, il a fui précipitamment, peut-être au Pérou.

— Donc, cette piste ne mène nulle part.

— Peut-être. Néanmoins, nous voulons que vous meniez une enquête très discrète. Nous vous avons préparé une couverture : vous êtes muté dans cette même paroisse de San Pedro au bord du lac Atitlán qui n'a plus de prêtre depuis un certain temps déjà. Votre priorité demeure cependant le Codex maya. Vous partez dès demain pour le Guatemala, le père Cordona vous remettra vos documents de voyage. S'il se révèle nécessaire de prendre contact, le nonce apostolique à Guatemala City dispose de moyens de communication sécurisés, mais même lui ignore le but réel de votre retour là-bas. Pendant ce temps, Monseigneur, ces photographies resteront en sécurité dans mon coffre, fit Felici en les feuilletant négligemment. J'espère que vous ne me donnerez aucune raison de les utiliser.

34

Vienne

Travaillant dans le plus grand silence, Antonio Sodano forçait la serrure de l'appartement d'Aleta. Il rencontra le même problème qu'O'Connor et dut changer d'instrument avant de pouvoir faire sauter la dernière goupille. Il entrouvrit le battant. De la lumière provenait sur sa gauche, accompagnée d'un bruit de robinet. Il s'avança dans le couloir et risqua un coup d'œil dans la salle de bains. Une femme s'y lavait les dents. Elle correspondait à la photo qu'on lui avait fournie. Grande et bien roulée. Ses seins gonflaient sa chemise de nuit. Il battit en retraite en se disant que, cette fois, il allait bien se marrer.

Aleta éteignit la lumière.

Il s'aplatit contre le mur. Elle traversa le couloir en direction de la chambre à coucher sans regarder dans sa direction. En deux pas, il fut sur elle, la bâillonnant d'une main tout en lui tirant violemment les cheveux en arrière.

Elle poussa un hurlement étouffé avant de le mordre de toutes ses forces.

— Salope !

Il la jeta à terre, avant de la traîner par les cheveux dans la chambre, la forçant à se relever avant de la clouer au mur. Elle écarquilla les yeux de terreur en sentant la lame contre sa gorge.

Les deux portes, celle donnant sur la rue et celle se trouvant au pied de l'escalier, étaient entrouvertes. Craignant le pire, O'Connor dégaina son Glock 21 et grimpa les marches deux par deux. La porte de l'appartement était entrebâillée elle aussi. Il s'arrêta en entendant les voix à l'intérieur.

— Ça calme, hein ? ricana Sodano en glissant sa main libre entre les cuisses d'Aleta.

Elle lui cracha au visage.

— Salope, tu vas le regretter.

Il pressa la lame de son couteau contre sa gorge avant de lui malaxer les seins.

O'Connor s'avança silencieusement dans le couloir jusqu'au seuil de la chambre. Il croisa le regard d'Aleta. Sa brève réaction de surprise suffit à Sodano qui réagit sur-le-champ. Il la força à pivoter pour se protéger derrière elle, le poignard en travers de sa gorge.

— Lâche ton arme, O'Connor, ou elle y passe. Tout de suite !

À contrecœur, celui-ci laissa tomber son Glock à terre. Sodano connaissait son nom, ce qui confirmait qu'Aleta n'était pas la seule à figurer sur son contrat.

— Maintenant, recule.

Sodano poussa Aleta en avant. Elle trébucha sur la descente de lit. Par pur réflexe, il tenta de la retenir. O'Connor saisit l'occasion. Sa jambe droite se détendit en un éclair, fouettant Sodano au visage. Celui-ci gémit de douleur et lâcha Aleta. Son poignard frappa dans le vide. Passant sous sa garde, O'Connor le plaqua. Petit mais très lourd, le Sicilien résista à la charge. Un corps à corps frénétique s'engagea. Ils titubèrent hors de la chambre jusqu'au salon. Un coup de genou de Sodano toucha O'Connor à la cuisse, juste avant qu'ils ne s'écrasent contre la cheminée dans un geyser d'étincelles et de braises. Plus vif, O'Connor frappa du coude à la gorge avant de se laisser aller en arrière, entraînant Sodano dans sa chute tout en parvenant à se placer derrière lui. Couché sur le dos, il réussit à glisser son bras droit autour de son cou, la main gauche en pression sur l'arrière du crâne. L'étranglement classique des forces spéciales. La peur apparut dans les yeux exorbités de Sodano qui savait déjà qu'il n'avait aucune chance d'échapper à cette prise. O'Connor continua à serrer très longtemps après qu'il eut perdu connaissance, jusqu'à ce qu'il soit certain de sa mort. Puis il le fit rouler sur le côté. Tandis qu'il reprenait son souffle, il découvrit Aleta debout devant lui, visiblement sidérée, tenant le couteau du truand entre ses deux mains tremblantes.

— Je suis de votre côté. Vous pouvez poser ça, dit-il, haletant.

— Vous l'avez tenu longtemps… murmura-t-elle, visiblement choquée.

— C'est long, de tuer un homme. Vous pouvez poser ce couteau, répéta-t-il.

— Pas avant que vous ne m'ayez dit qui vous êtes et ce que vous foutez chez moi !

— Je m'appelle Curtis O'Connor et, aussi étrange que cela puisse paraître, je suis venu vous protéger.

Soudain, Aleta repensa aux paroles du chaman… *deux hommes s'affronteront à mort. Vous en viendrez à placer votre vie entre les mains de l'un d'entre eux.*

— Qui êtes-vous ? demanda-t-elle à nouveau.

— C'est une longue histoire…

— Essayez la version courte !

— Je suis de la CIA. Elle veut se débarrasser de vous. Vous avez réussi à vous mettre à dos des gens très, très puissants.

— Si vous êtes de la CIA et si la CIA veut m'éliminer, comment se fait-il que vous soyez là pour me protéger ? Et qui est-il ?

Elle désignait le cadavre avec le couteau.

— Antonio Sodano, un tueur professionnel. Mais pourquoi ne pas poser cette arme et me laisser vous raconter toute l'histoire autour d'un café ?

— Je vais appeler la police !

— Très mauvaise idée.

— Pourquoi ça ? On vient de tenter de m'assassiner !

— Réfléchissez, dit-il calmement. Si vous appelez les flics, vous convoquez du même coup tous les journalistes de Vienne. Vous ne pourrez plus faire un pas sans être suivie par une caméra. Les médias ne vous lâcheront pas. Imaginez les gros titres : une archéologue menacée par la mafia. Ils voudront savoir pourquoi une organisation criminelle s'intéresse à vous.

— Ce qui me protégera des enfoirés dans votre genre !

— Et moi qui espérais un peu de gratitude, fit-il avec un petit sourire.

Aleta ne réagit pas. Elle avait envie de pleurer.

— Et cette curiosité ne vous apportera aucune protection, reprit-il. Si cette affaire devient publique, ceux qui veulent vous éliminer redoubleront d'efforts. Ils sont déterminés, et l'argent n'est pas un problème pour eux, Aleta, croyez-moi. Il va falloir me faire confiance sur ce coup. La priorité, c'est de se débarrasser du corps.

Encore une fois, les mots du chaman résonnèrent en elle : *placer votre vie entre ses mains*.

— Bon, admettons qu'on se débarrasse du corps, comme vous dites, mais quand la police le retrouvera, elle se mettra à ma recherche, non ? Et ensuite ?

— Pas si le corps est retrouvé dans un lieu qui n'a aucun rapport avec vous. Quand passent les poubelles ici ?

— Le matin.

— Je ne serai pas long. Attendez-moi.

La Sterngasse était déserte. « Avec un peu de chance, elle le restera », pensa-t-il en remontant rapidement la ruelle vers plusieurs grosses poubelles déjà sorties à côté d'une librairie. Il en choisit une qu'il ramena vers l'immeuble, la charge étouffant le bruit des roues en caoutchouc sur les pavés. De retour dans la cour, il transféra les ordures dans la poubelle d'Aleta avant de monter la benne vide dans son appartement. La jeune femme était assise à la table de la cuisine.

— Ça va ? demanda-t-il.

— J'ai connu pire.

— Je n'aime pas quand une femme dit ça.

Elle lui jeta un regard noir.

— Donc, votre plan, c'est de le balancer à la poubelle, c'est ça ?

— Écoutez, je sais que ça ne doit pas être facile pour vous mais, comme je vous l'ai dit, il va falloir me faire confiance. Parce que ce n'est pas terminé… loin de là. Parfois, les méthodes les plus simples sont les meilleures. Avec un peu de chance, elle sera soulevée et déchargée dans le camion par un bras mécanique sans que personne ne voie ce qu'il y a dedans. Le corps sera compacté avec le reste des ordures et ne sera peut-être jamais retrouvé. Au pire, s'il est découvert, la police identifiera Sodano, conclura à un règlement de comptes et supprimera un nom sur sa liste des criminels recherchés. Elle ne débarquera pas ici… En tout cas, pas tout de suite et, de toute manière, nous ne serons plus là à l'attendre.

— Nous ?

— Nous. Parce que, que ça vous plaise ou pas, vous et moi sommes embarqués ensemble dans cette histoire. Si vous voulez bien préparer le café, je vous expliquerai tout à mon retour.

O'Connor fouilla Sodano. Il laissa son portefeuille et son passeport dans sa veste, mais récupéra son téléphone portable.

— Vous comptez le revendre ?

— C'est une idée, mais j'espère plutôt nous faire gagner un peu de temps. Ils doivent être en train de tracer cette carte SIM.

Il souleva le corps à la manière d'un pompier et le plaça tête en bas dans la benne. Sodano était massif mais de petite taille. Il n'eut pas trop de mal à tasser ses jambes à l'intérieur. Il referma le couvercle et voulut tirer l'engin, mais une des roues se coinça tandis que retentissait un craquement. O'Connor la libéra, non sans mal.

— Je crains d'avoir abîmé votre parquet, dit-il en soulevant le tapis devant la cheminée.

Une lame s'était descellée. Il l'écarta pour découvrir un espace aménagé sous les lattes dans lequel reposait une vieille malle en fer. Elle faisait environ un mètre de long sur trente centimètres de large.

Aleta, oubliant son animosité, l'aida à l'extraire de sa cachette.

— Votre grand-père devait tenir à ce que ceci ne tombe pas entre de mauvaises mains.

— Je pense savoir pourquoi, dit-elle, les doigts tremblants tandis qu'elle soulevait le couvercle.

Celui-ci craqua, révélant un carnet de notes jauni et deux paquets, chacun enveloppé dans du velours rouge. Elle ouvrit le premier, faisant apparaître une sculpture de jade. Son cœur rata un battement.

— Mon Dieu ! Les figurines ! murmura-t-elle, fascinée.

O'Connor la regarda déballer la seconde statuette si délicatement sculptée.

— Elles sont si importantes ?

Aleta ne répondit pas, tournant et retournant l'objet pour mieux l'examiner. Puis elle regarda O'Connor droit dans les yeux, l'esprit en ébullition. Devait-elle, comme le chaman l'avait suggéré, remettre sa vie entre ses mains ? Après tout, il l'avait sauvée, mais elle restait méfiante. Très méfiante.

— Donnez-moi une raison de vous faire confiance, dit-elle.

— Dans mon métier, on apprend à ne jamais faire confiance à personne.

— Vous avez dit qu'on voulait m'éliminer. Comment le savez-vous ?

— Parce qu'on m'a envoyé vous tuer.

— Quoi ? fit-elle, éberluée. Et pourquoi avez-vous changé d'avis ?

— Ça aussi, c'est une longue histoire, mais je vais vous donner la version courte, dit-il avec un sourire avant de raconter brièvement les événements qui l'avaient conduit à intercepter Sodano, expliquant le rôle de Wiley et Felici. Écoutez, dit-il finalement. Nous pouvons passer le reste de la nuit à nous disputer ou nous pouvons conclure une trêve. Je ne vous demande pas de m'aimer, juste de me croire… au moins jusqu'à ce que je vous aie tirée de cette situation.

Elle lui adressa un regard glacial.

O'Connor sortit le Glock qu'il avait récupéré dans la chambre et le lui tendit.

— Tenez. Prenez.

— Pour quoi faire ?

— Prenez, insista-t-il. Il est chargé.

Il avait dit cette dernière phrase en écartant légèrement le canon dirigé vers lui.

Aleta le dévisagea.

— Bien, maintenant, reprit-il, vous avez le choix : vous pouvez me coller une balle dans la tête et appeler la police. Ou alors, nous signons cette trêve et nous filons d'ici.

— Ce soir ?

Elle lui tendit l'arme.

— Non. Demain. D'abord, il faut que je m'occupe de notre copain ici présent, et nous avons tous les deux besoin de sommeil. Vous avez une chambre d'amis ? Je vous ramènerais bien à mon hôtel mais, après tout, ce n'est que notre premier rendez-vous.

— Je regrette déjà de vous avoir rendu cette arme, *monsieur* O'Connor.

* * *

— Avez-vous déjà entendu parler du Codex maya ? demanda Aleta en posant la cafetière sur la table de la cuisine.

— J'ai assisté à la conférence de Mgr Jennings, reconnut O'Connor.

Elle secoua la tête.

— Pourquoi cela ne m'étonne-t-il pas ? En vous faisant passer pour un archéologue, j'imagine ?

— J'ai un peu potassé le sujet mais, après tout, c'était ouvert au public.

— Vous avez donc entendu cette journaliste l'interroger à propos du codex ?

— Et sa réponse comme quoi c'était une invention des médias. C'est vrai ?

— Le codex existe.

— Comment pouvez-vous en être aussi sûre ?

— À votre tour de me croire.

Elle lui parla brièvement du travail de son grand-père et des avertissements du Dr Arana.

— Donc, vous pensez que ces figurines vont vous y conduire ? demanda-t-il quand elle eut terminé.

— Eh bien, je ne peux pas en être certaine. Et quoi qu'il en soit, il m'en manque encore une. Les anciens Mayas ont pris des dispositions pour s'assurer que le codex reste caché jusqu'au moment propice.

— Et ce José Arana pense que ce moment est venu ?

— Oui. La découverte de ces deux figurines n'est peut-être pas un accident. Si vous les regardez attentivement, vous verrez que chacune d'elles a la forme d'un arbre, l'arbre de vie sacré des Mayas. C'est un symbole très puissant qui représente la création sur laquelle pèse en ce moment même une extraordinaire menace. L'une des statuettes porte un jaguar mâle à sa base qui figure le principe masculin. Le neutre est symbolisé par celle ornée de deux jaguars, un mâle et une femelle. La troisième sera sans aucun doute décorée d'une femelle… le féminin perdu.

— Le jaguar… Un des grands félins de la jungle guatémaltèque et, si je me rappelle bien, un animal sacré pour les Mayas.

Pour la première fois depuis qu'O'Connor avait surgi dans sa vie, Aleta esquissa un sourire.

— Vous avez donc bien appris quelque chose en potassant, comme vous dites.

— Pas assez, malheureusement.

— Ne vous le reprochez pas. Mon grand-père a passé sa vie à les étudier et il n'a fait que gratter la surface. Nous nous croyons la civilisation la plus évoluée de l'histoire, alors qu'il nous reste encore tant à découvrir sur celles qui nous ont précédés. Je suis persuadée que nous finirons par nous rendre compte que les Mayas, comme les Incas ou les Égyptiens, étaient bien plus avancés que des historiens imbus d'eux-mêmes comme Jennings ne l'imaginent.

— Vous avez probablement raison, acquiesça O'Connor. Sinon pourquoi le contenu de ce codex inquiéterait à ce point à la fois mon gouvernement et le Vatican ? Ils sont prêts à tout pour le récupérer, donc cette trêve entre vous et moi va devoir durer, au moins jusqu'à ce que vous ayez retrouvé le codex.

— Pourquoi, selon vous, tiennent-ils tant à l'avoir ? Et pourquoi voulez-vous m'aider ?

— Je n'ai aucune certitude mais j'ai l'impression qu'ils veulent le dissimuler au grand public, dit-il, évitant de répondre à sa deuxième question.

— Même s'il contient un avertissement ?

— Ils sont prêts à courir ce risque. D'ailleurs, ce ne serait pas la première fois que cela arriverait.

Aleta réfléchissait.

— J'ignore les intentions de votre gouvernement, mais je pense connaître celles du Vatican, dit-elle finalement. Il a repoussé la publication des manuscrits de la mer Morte pendant plus de trente ans, car leur contenu menaçait l'unicité du message de Jésus. Le Codex maya pourrait représenter une menace bien plus grande encore.

— Comment cela ?

— J'ai lu certaines des notes de mon grand-père. Selon lui, outre cet avertissement quant à un cataclysme, le codex pourrait avoir un lien avec les secrets révélés par la Vierge Marie à Fatima. Le Vatican, ajouta-t-elle, s'est toujours senti menacé par la spiritualité maya, monsieur O'Connor.

— Vous pourriez peut-être laisser tomber le *monsieur* ?

— Écoutez, j'apprécie *vraiment* ce que vous avez fait ce soir… Mais je n'ai pas l'habitude de voir des gens débarquer chez moi avec des flingues et des couteaux. Il va me falloir un peu de temps avant de pouvoir vous accorder ma confiance… si jamais j'y arrive. Par ailleurs, si ce que vous dites est vrai, si vous avez vraiment désobéi à votre patron en choisissant de me protéger, il va sans doute vous en vouloir aussi.

— Ce qui est *sans doute* un euphémisme. Et une raison de plus pour quitter Vienne au plus vite et foncer au Guatemala.

Elle secoua la tête.

— Pas avant que je n'aie découvert ce qui est arrivé à mon grand-père. Demain, je prends le train pour Bad Arolsen où sont conservées les archives consacrées aux victimes de l'Holocauste. Elles ont enfin été ouvertes au public.

— Oui, je me souviens d'avoir lu quelque chose là-dessus. Vous espérez retrouver la trace de vos grands-parents ? demanda-t-il avec douceur.

— Et de mon père et de sa sœur, même s'ils sont tous les deux parvenus à s'enfuir.

C'était au tour d'O'Connor de réfléchir à toute allure.

— Gardez à l'esprit que dès que Wiley apprendra ce qui s'est passé ici, nous deviendrons ses Ben Laden. Combien de temps comptez-vous rester à Bad Arolsen ?

— Un jour… Deux, tout au plus. J'ai déjà envoyé ma requête. Ils auront déjà préparé les documents qui m'intéressent. Notamment sur Mauthausen.

— Et j'imagine que vous voudrez vous rendre aussi là-bas. Donc, en comptant les déplacements, cela signifie cinq jours supplémentaires. J'ai connu pire, ajouta-t-il avec un sourire, mais pas souvent. Bon, on ferait bien de se reposer un peu.

* * *

O'Connor contrôla la Ringstrasse avant de pousser la poignée en cuivre du café Schwarzenberg.

Ils trouvèrent un box libre dans un coin tranquille de cet établissement datant du XVIIIe siècle situé en face de l'Imperial Hotel. La salle n'était qu'à moitié pleine. Il examina chaque personne présente sans remarquer quoi que ce soit d'inhabituel. C'étaient pour l'essentiel des hommes et femmes d'affaires, le nez plongé dans leur journal, qui dégustaient un croissant accompagné d'un mokka ou d'un schwarzer. Il était encore un peu tôt pour les touristes.

— *Kaffee, Kipferl, Marmelade und ein weichgekochtes Ei, bitte,* commanda O'Connor.

Le costume et le nœud papillon noirs du serveur s'harmonisaient avec l'ambiance générale : lustres, tapisseries, boiseries et chaises à dossier de cuir.

— *Und eine Zeitung, Herr?*

— *Die* New York Times*, bitte.*

— *Und Sie, Frau?*

— *Ich werde* Die Welt*, und die Wiener Frühstück nehmen, danke*, répondit Aleta, demandant le quotidien allemand et le même petit déjeuner viennois qu'O'Connor.

Quand le serveur leur apporta leurs journaux, O'Connor le remercia en tendant la baguette de bois à laquelle était fixé *Die Welt* à Aleta.

— Et moi qui espérais me rendre utile avec mon allemand impeccable, dit-il.

— Vous ne vous débrouillez pas trop mal. Combien de langues parlez-vous ?

— L'allemand, le français et l'italien. Et je me débrouille, comme vous dites, en espagnol, russe et chinois.

— Impressionnant. J'imagine que le russe est dû à la guerre froide. Mais le chinois ?

— J'ai travaillé à la sécurité des Jeux de Pékin, dit-il sans plus de commentaire. *Danke schön*, fit-il à l'adresse du serveur déjà de retour avec les cafés.

— Alors, comment procédons-nous ? Vous devez sans doute repasser à votre hôtel ?

— Le train part à 10 h 40, et mon hôtel se trouve juste en face, dit O'Connor en montrant la vitrine voilée par des rideaux.

— L'Imperial ? Vous vivez dans le luxe.

Il haussa les épaules, l'air faussement modeste.

— Il faut bien que certains se sacrifient.

Son regard croisa soudain celui d'un homme, grand et mince en pardessus noir, debout devant un kiosque à journaux de l'autre côté de la rue et qui se replongea aussitôt dans la lecture de son quotidien.

— Ne vous retournez pas, mais il y a un grand type en noir de l'autre côté de la rue qui s'intéresse à nous. Après mon départ, attendez qu'il me suive et prenez un taxi pour la Westbahnhof. Je vais le balader un peu et tenter de le semer avant de vous y rejoindre.

Aleta suivit O'Connor des yeux quand il quitta le café. Dès qu'il fut dans la rue, l'inconnu en pardessus lui emboîta le pas.

35

Quartier général de la CIA, Langley, Virginie

Howard Wiley lança le briefing général pour la première visite du nouveau président au quartier général de la CIA. De son point de vue, les élections avaient été un désastre : le nouveau locataire de la Maison Blanche préférait les négociations à l'usage de la force. Un langage qu'il n'avait jamais compris.

— En résumé, monsieur le Président, l'Amérique doit faire face à de nombreux défis à travers le monde. Les réseaux terroristes sont largement disséminés et toujours plus nombreux. La prolifération nucléaire est plus que jamais inquiétante. Nous savons que la Corée du Nord a eu accès à du combustible retraité et à de l'uranium enrichi pour son réacteur à Yongbyon, et des missiles balistiques incroyablement sophistiqués sont désormais disponibles chez les gros trafiquants d'armes. La prudence s'impose aussi vis-à-vis de l'Iran, prévint-il. Téhéran n'abandonnera pas l'enrichissement d'uranium et, à moins que nous n'agissions contre eux, dans très peu d'années la menace d'Ahmadinejad de rayer Israël de la carte deviendra réalité.

Il s'arrêta pour jauger la réaction du Président, mais le nouveau chef du monde libre resta indéchiffrable.

— En dépit de la crise économique, la Chine continue à moderniser son armée, et ceci aussi constitue une menace, non seulement pour l'équilibre des forces dans le détroit de Taiwan, mais pour nos propres troupes stationnées dans la région. Enfin, le Premier ministre Poutine, même s'il est censé être le subordonné du président Dimitri Medvedev, est de fait le maître du Kremlin et cherchera probablement à se faire réélire à la fin du mandat de Medvedev. Il ne fait aucun doute que Poutine vise à rétablir l'ancienne position dominante de son pays en Europe. Nous pouvons nous attendre à ce que la Russie continue à observer une ligne très dure vis-à-vis de la Tchétchénie, de l'Ukraine et de la Géorgie, ne serait-ce que pour s'assurer d'un contrôle encore plus grand sur les réserves énergétiques considérables dans cette région du monde.

— J'ai reçu un compte rendu de votre alter ego au DNI sur nos opérations avec HAARP en Alaska, dit le Président.

Wiley ravala sa colère. Le *Directorate of National Intelligence* avait été mis en place suite à l'échec du FBI à détecter l'entraînement au pilotage des terroristes du 11-Septembre en Floride, en Arizona et en Californie. À ses yeux, en raison de l'incompétence du FBI, la CIA avait perdu sa prééminence en tant que première agence de renseignements du pays au profit d'une bande d'amateurs qui se faisaient mousser auprès des politiciens de Washington. Ces types se croyaient dans le secret des dieux, parce qu'ils avaient appris l'existence d'un ou deux projets confidentiels. Aux yeux de Wiley, ils formaient une engeance particulièrement méprisable, tout comme ceux qui voulaient négocier avec l'ennemi, à l'image de ce président fraîchement élu, et devaient à tout prix être maintenus à l'écart. Pour autant que Wiley soit concerné, HAARP était un sujet beaucoup trop sensible pour qu'on en discute au cours d'une telle réunion d'information, et il se demandait ce qu'on avait bien pu raconter au Président.

— Quel crédit accordez-vous à la rumeur que les Russes sont capables de contrôler la météo ? demandait ce dernier.

— Nous disposons de preuves irréfutables qui vont dans ce sens. Ils conduisent en ce moment même des expériences visant à influer sur la direction des ouragans, monsieur le Président, ainsi qu'à accroître leur intensité. Ils cherchent aussi à déclencher des tremblements de terre.

— Et nos propres recherches ?

— Elles remontent à la guerre du Vietnam. Le projet Popeye visait à changer le temps au-dessus du Nord-Vietnam en chargeant les nuages d'iodure d'argent et de glace sèche, du dioxyde de carbone solide. À l'époque, nous avions rencontré un succès mitigé, obligeant parfois Hô Chi Minh et ses hommes à patauger dans la boue, mais les Russes s'acharnent là-dessus depuis bien plus longtemps que nous. En 1962, nous nous sommes rendu compte qu'ils bombardaient notre ambassade à Moscou de radiations électromagnétiques. Dans les années soixante-dix, nous avons découvert un prolongement de cette expérience : le Pivert russe. Une série de signaux électromagnétiques s'échelonnant entre 3 et 30 mégahertz.

— Le Pivert ?

— Les Russes envoyaient le signal au rythme de 10 ou 12 pulsations par seconde – des radioamateurs un peu partout dans le monde l'ont alors baptisé le Pivert russe –, et il était si puissant qu'il était capable de perturber les communications ici même aux États-Unis. Nous avons des raisons de croire, monsieur le Président, que le Pivert était l'ancêtre de la version russe de HAARP.

— Et HAARP peut changer le temps ? Je croyais qu'il existait un traité des Nations unies interdisant ce genre d'expérience ?

— La résolution 3172, votée à l'ONU en décembre 1976, répliqua Wiley avec un sourire condescendant : il avait anticipé cette question. Elle interdit les expériences visant à manipuler le temps dans un but militaire. Mais, bien sûr, monsieur le Président, rien ne nous empêche de procéder à des expérimentations à visée pacifique.

Wiley retourna dans son bureau, satisfait que le président des États-Unis ignore tout des moyens de guerre météorologique et de l'opération Ether. Les présidents allaient et venaient, mais le vrai pouvoir était ici, au sein de l'agence, et il était bien décidé à ce que cela demeure ainsi. Son euphorie, toutefois, ne dura guère. Un courriel venant de Vienne était marqué pour son attention immédiate :

O'Connor repéré avec sa cible au café Schwarzenberg tôt ce matin. Incertitude sur le fait que cela fasse partie du plan visant à l'éliminer. O'Connor entré ensuite dans l'Imperial Hotel sans en ressortir. Pourtant, le signal de son téléphone portable s'éloigne lentement et de façon inexplicable de l'hôtel. Tentative pour envoyer un autre agent au café Schwarzenberg pour reprendre surveillance Weizman. Téléphone de Sodano tracé pour la dernière fois au voisinage de Bratislava, suivant le Danube vers Budapest. Demande nouvelles instructions.

— Merde !

Le poing de Wiley s'abattit sur son bureau. Que foutait Sodano à Bratislava et pourquoi allait-il à Budapest ? Le truand avait exigé 100 000 dollars, et Wiley n'avait pas marchandé, il n'était pas en position de le faire. Mais si cette petite merde avait décidé de se barrer avec le fric, il allait le regretter. Il tapa sa réponse avec colère :

Au chef de station à Vienne : « Tentative » ne suffit pas. Surveillance doit être rétablie à tout prix. Aéroports, gares et postes-frontières. Noms de code assignés à O'Connor et Weizman : Toutankhamon et Néfertiti. Antenne de Berlin en alerte maximum et pouvant fournir assistance. Exige rétablissement du contact AU PLUS TÔT.

Wiley avait délibérément choisi ces noms de code. Toutankhamon et Néfertiti étaient tous les deux morts jeunes et d'une façon qui restait inexpliquée à ce jour. Il comptait bien que l'histoire se répète. Il convoqua Larry Davis, son chef de cabinet.

— Nous avons un problème. Je veux une réunion en salle d'opérations immédiatement, ordonna-t-il, et préparez les infos sur le Codex maya. Je serai là dans trois minutes.

36

Westbanhof, Vienne

Curtis O'Connor examina le hall caverneux de la gare internationale de Vienne où se pressait une foule très dense, tandis que les annonces en allemand et en anglais rebondissaient sur les murs de marbre. Ne remarquant rien d'inquiétant, Aleta et lui se joignirent à la file devant un guichet.

— *Zwei Karten zu Bad Arolsen, Business-Class, bitte.*

— *Hinfahrt oder Hin-und Rückfahrt ?*

— *Hinfahrt, bitte.*

— *480 euros, bitte.*

— *Danke schön.*

— Il y a un café en haut, dit O'Connor après avoir payé les billets.

— Le train part dans 20 minutes. Pourquoi ne pas s'y installer ?

Il sourit.

— Toujours faire comme si nous étions suivis. Nous monterons au dernier moment, même si cette précaution ne servira probablement pas à grand-chose. Et mettez ça dans votre sac, ajouta-t-il en lui tendant un nouveau portable. À partir de maintenant, dites-vous que tout ce qui passe par votre téléphone est enregistré, et cela inclut aussi les textos.

— Et le vôtre ?

— À l'heure où nous parlons, il est enveloppé dans du papier bulle et devrait être en train de quitter l'Imperial Hotel via les toilettes et les égouts. Avec un peu de chance, cela les égarera un moment.

Une quinzaine de minutes plus tard, ils empruntèrent l'escalator pour descendre au niveau des quais. Un homme grand et mince en pardessus noir pénétra dans la gare.

* * *

Le train prenait lentement de la vitesse pour se diriger vers Linz, capitalc dc l'Obcrösterreich, la ville où Hitler avait fréquenté le même lycée que le philosophe Ludwig Wittgenstein et située à moins de 25 kilomètres de Mauthausen. Les champs et les forêts au loin étaient recouverts d'un manteau de neige fraîche. Le soleil avait bien du mal à percer les nuages.

— Vous aimez vivre dans le luxe, n'est-ce pas ? fit Aleta en s'enfonçant dans un des quatre fauteuils en cuir.

Ils étaient les seuls occupants du compartiment de première classe. Curieusement, O'Connor avait tenu à réserver celui qui se trouvait le plus proche des toilettes.

— Surtout quand c'est la CIA qui paie. Dans à peu près trois heures, nous traverserons la frontière allemande près de Passau. De là, il faudra encore compter trois heures jusqu'à Würzburg, où nous changerons de train pour Kassel-Wilhelmshöhe. Puis, nouveau changement pour Bad Arolsen.

Aleta frémit en songeant à ce qu'elle risquait de découvrir là-bas. Sentant sa détresse, O'Connor changea de sujet :

— Vous connaissez bien Mgr Jennings ?

— Assez, oui. Malheureusement. Même si je n'ai jamais travaillé avec lui. Je n'ai jamais compris pourquoi on le tenait en si haute estime.

— Vous êtes jalouse ?

— De ce crétin arrogant qui a un avis sur tout ? Sûrement. Il a ses entrées au Vatican qui semble avoir une très mauvaise influence sur lui.

O'Connor émit un petit rire.

— Lui aussi vous estime beaucoup.

— En outre, on prétend qu'il a un faible pour les petits garçons.

Le sourire d'O'Connor s'évanouit.

— C'est le problème avec le Vatican, poursuivit Aleta, la plupart des responsables catholiques sont des hypocrites. Pie XII n'a pas levé le petit doigt pour aider un seul des millions de Juifs massacrés par les nazis et rien n'a changé depuis la guerre. Benoît XVI a donné sa bénédiction à un évêque qui nie l'existence des chambres à gaz ! Comment s'appelait-il déjà…

— Williamson…

— Richard Williamson ! Comment ai-je pu l'oublier ? Et Benoît XVI, qui en tant que cardinal inquisiteur a amassé des dossiers détaillés sur le moindre théologien depuis Teilhard de Chardin jusqu'à Hans Küng[1], prétend aujourd'hui que c'était un simple malentendu ? Qu'il aurait dû consulter Internet ?

1. Théologien suisse contemporain, critique de l'Église catholique romaine.

Quelle blague ! Quant à vous, les Américains, reprit-elle, toujours choquée d'avoir été prise pour cible, vous faites comme si le monde vous appartenait. Vous êtes soi-disant pour la liberté, mais vous ne vous gênez pas pour faire disparaître ceux qui vous gênent dans des prisons secrètes – des prisons secrètes que vous, les agents de la CIA, avez installées un peu partout à travers le monde. Quant à l'imbécile que vous aviez élu à la Maison Blanche, je doute qu'il ait simplement lu la Convention de Genève. Ce type ne voyait aucun inconvénient à utiliser le supplice de l'eau ou bien à laisser les détenus geler dans des températures négatives. C'était quoi, sa phrase, déjà ? « Le terrorisme rend caduque la Convention de Genève. » C'est exactement le genre de traitement que les nazis ont infligé à mes grands-parents. Vous ne valez guère mieux. Vous avez *entraîné* les escadrons de la mort qui ont assassiné mon père !

— Je ne vais pas défendre l'indéfendable, répondit O'Connor avec douceur. Vous avez absolument raison : le Vatican et Washington ont perdu toute mesure, et je comprends votre colère contre notre politique étrangère. La moitié du monde nous déteste en ce moment.

— Vous vous flattez si vous vous imaginez que c'est la *moitié* seulement. Là d'où je viens, il serait difficile de trouver une seule personne qui pense du bien des Américains et n'allez pas croire que c'est mieux ailleurs. Vous ne mesurez pas l'étendue des dégâts provoqués par la politique de votre gouvernement, monsieur O'Connor. Ou vaut-il mieux dire agent O'Connor ?

— « Agent », c'est la version Hollywood. En réalité, c'est « officier » O'Connor. Mais j'aime bien aussi Curtis.

Il l'observait, goguenard.

— Ce que je ne comprends pas, reprit-elle, un peu apaisée, c'est pourquoi quelqu'un comme vous travaille-t-il encore pour la CIA ?

— Rassurez-vous, ça ne devrait plus durer. Dès qu'ils comprendront ce qui s'est passé dans votre appartement, je ferai l'objet d'une procédure de licenciement très expéditive. Mais, en dépit de ce que vous pensez, à de rares et notables exceptions près, la CIA est composée de gens honnêtes qui essayent de servir leur pays.

Il s'interrompit. Il avait lui aussi besoin de faire le tri dans ses propres émotions.

— J'ai rejoint la CIA parce que je pensais pouvoir me rendre utile. Malheureusement, tout ne s'est pas passé comme je l'espérais. Mais qui sait ? Si nous récupérons le codex, nous rétablirons peut-être un peu l'équilibre. Les notes de votre grand-père peuvent-elles nous apprendre quelque chose ?

— Je n'ai pas encore eu le temps de les examiner en détail. Voilà ce que je sais : quand il était à Tikal dans les années trente, Levi a mis au jour une stèle…

Elle ouvrit le carnet de notes à la page sur laquelle Levi Weizman avait agrafé une photographie.

— … La Stèle D. Cet alligator représente la Voie lactée, dit-elle en montrant ses annotations sur le dessin reproduisant les complexes inscriptions. Ces hiéroglyphes indiquent que la bouche de l'alligator représente le rift sombre de la Voie lactée, le Xibalba be. Ceux qui entourent l'alligator évoquent tous le solstice de décembre 2012.

— Et Jennings qui soutient qu'il s'agit d'une invention des médias… Connaît-il cette stèle ?

— Il devrait, parce qu'elle se trouve toujours à Tikal. Elle est semblable à la stèle d'Izapa qui a été dégagée près de la frontière mexicaine dans les années soixante par des archéologues de la Brigham State University.

Aleta tourna les pages, jaunies par l'âge, du carnet de Levi, et se mit à lire : « Les inscriptions sur la Stèle Delta semblent indiquer que cet alignement très rare de notre système solaire avec le centre de la Voie lactée sera accompagné d'une baisse significative du champ magnétique terrestre et d'un accroissement tout aussi important de l'activité des taches solaires. »

Le train dut ralentir alors que la locomotive se frayait un chemin sur des voies recouvertes d'une couche inhabituelle de neige d'automne. Totalement absorbés par les notes de Levi Weizman, ni O'Connor ni Aleta ne remarquèrent l'homme grand et mince qui, passant dans le couloir, jeta un coup d'œil dans leur compartiment.

Elle continuait à déchiffrer l'écriture de son grand-père : « J'en ai discuté avec Albert, et il est d'avis que nous devrions prendre ceci au sérieux. »

— Albert ? Il veut dire Albert Einstein ?

Aleta acquiesça.

— Ils étaient très amis et tous deux détestaient cordialement les nazis. À l'époque où mon père a découvert la Stèle D à Tikal, Einstein avait déjà publié son article sur la théorie de la relativité.

— Des mathématiques un peu complexes, si mes souvenirs sont bons. Les équations aux dérivées partielles non linéaires.

— Exactement. Et qui ont permis de prédire l'existence des trous noirs. Mon grand-père était aussi un passionné de physique. Comment ne pas l'être quand on fréquente Einstein ?

O'Connor regarda par la fenêtre. Le train avait repris de la vitesse. La voie longeait le Danube à présent, et les arbres sur les rives étaient couverts de neige.

— C'est peut-être une coïncidence, mais le champ magnétique terrestre est à son plus bas niveau jamais enregistré, dit-il finalement. J'ai récemment passé quelque temps sur une de nos bases de recherche en Alaska. Il est actuellement inférieur à 0,5 gauss, et les pôles bougent très rapidement : plus de 30 kilomètres par an. Le pôle nord magnétique a quitté le territoire canadien où il se trouvait depuis 400 ans. Il se situe à présent au nord des îles Queen Elizabeth et traverse l'océan Arctique en direction de la Sibérie. Depuis sa découverte en 1831, il s'est déplacé de 1 100 kilomètres. Plus le champ magnétique s'affaiblit, plus ce mouvement s'accélère.

— Ce n'est pas la première fois que cela se produit, approuva Aleta. Et s'il tombe à zéro gauss, nous aurons tous un gros problème…

— Oui. Non seulement nous perdrons nos satellites en orbite basse, ce qui sèmera le chaos dans les communications et les navigations aériennes et maritimes, mais si l'enveloppe magnétique protectrice de la Terre disparaît, nous ne serons plus à l'abri des rayons cosmiques mortels.

— On souffrira du mal de l'altitude au niveau de la mer. Les seuls refuges seraient des bunkers souterrains. J'ai lu certains articles publiés récemment par des chercheurs en paléomagnétisme qui ont effectué des carottages dans d'anciens volcans. Leurs échantillons prouvent que les pôles magnétiques ne se sont pas toujours trouvés dans l'Arctique et dans l'Antarctique.

Tous deux savaient que la lave en fusion était riche en minerais, notamment en fer, qui s'orientaient puis se refroidissaient selon le sens du champ magnétique terrestre, fournissant ainsi une archive indélébile quant aux anciennes positions des pôles magnétiques. De la même manière, des scientifiques cartographiant le fond des océans avaient découvert que la magnétite, le minerai magnétique présent dans le basalte volcanique, avait laissé une empreinte similaire sous les eaux.

— Le Canada risque de ne pas seulement perdre ses aurores boréales, conclut Aleta. C'est un autre indicateur que cette planète court un risque bien plus important que nous ne le croyions.

— C'est plus votre domaine que le mien, mais n'a-t-on pas décelé des restes de massifs coralliens tropicaux à Terre-Neuve ?

— Ça va beaucoup plus loin que cela. Des forages dans l'Antarctique ont permis de retrouver des forêts et de la végétation tropicale fossilisées sous les glaces à des profondeurs qui coïncident avec les calendriers mayas. Dans l'hémisphère nord, ils ont mis au jour des traces de cyprès des marais près du pôle Nord, ainsi que des figuiers au Groenland, ce qui signifie que, par le passé, non seulement les pôles magnétiques mais aussi les pôles *géographiques* ne se trouvaient pas là où ils sont maintenant. Un tel déplacement a dû dévaster la planète.

— L'accroissement de l'activité des taches solaires est une preuve supplémentaire que nous nous dirigeons vers une situation très grave, approuva O'Connor, pourtant Jennings soutient toujours que les Mayas ne connaissaient pas l'existence du champ magnétique solaire.

— Encore une fois, c'est très étrange de sa part, dit Aleta en cherchant une autre page du carnet de notes de son grand-père. Levi dit ici : « La Stèle F montre de façon irréfutable que les Mayas étaient parfaitement au courant du cycle de vingt-deux ans du champ magnétique solaire et de la montée et de la chute concomitantes de l'activité des taches solaires. »

— Votre grand-père avait-il compris comment ils étaient capables de prévoir l'activité des taches solaires sans même disposer d'un télescope ?

Aleta secoua la tête.

— Dans ses notes, il se demande si les Mayas avaient connaissance du fait que l'équateur du soleil se déplace bien plus rapidement que ses pôles, ce qui explique pourquoi le plasma solaire est dans un tel état de bouillonnement. Et il doute aussi qu'ils connaissaient l'existence de l'intense radiation électromagnétique et des vents solaires. Mais il dit bien que les Mayas étaient conscients des effets des taches solaires sur la planète et qu'il n'y a aucun doute qu'ils étaient capables de prédire leurs cycles.

— Et le cycle actuel atteindra son pic en 2012. Si un tel bouleversement se produit, avec un pôle Nord géographique qui se retrouverait à New York et le pôle Sud à Sydney…

Il ne termina pas sa phrase. Si le Codex maya annonçait bien un déplacement des pôles géographiques, il était essentiel que l'humanité prenne des mesures extraordinaires. Mais même cela ne suffirait pas à préserver la vie telle que nous la connaissons.

37

Quartier général de la CIA,
Langley, Virginie

— Tout le monde est là, Davis ? demanda Wiley dès qu'il entra dans la salle d'opérations.

Un moniteur haute résolution montrait l'image satellite en temps réel d'un train roulant en direction de la frontière austro-allemande. Sur un autre, était affichée une carte du Danube avec une mire bleue à laquelle était associé le numéro du téléphone portable de Sodano : il était en train de traverser Budapest en direction du sud. Un troisième suivait le trajet du portable d'O'Connor dans Vienne. Pour l'heure, il longeait Maria-Theresian-Strasse en direction du Donaukanal.

— Nous sommes prêts, monsieur. Les chefs de station de Berlin et Vienne sont sur une connexion vidéo sécurisée, confirma Davis.

Obèse, chauve et à peine plus grand que son chef, il transpirait en permanence.

— Nous sommes en crise, aboya Wiley à l'adresse des six officiers impliqués. Ceci est une priorité absolue. Vienne, qu'avez-vous ?

L'image sur l'un des écrans changea, montrant le chef local de la CIA dans une petite salle d'opérations installée dans les entrailles de l'ambassade américaine sur Boltzmanngasse, une rue paisible et bordée d'arbres de Vienne.

— Un soutien a réussi à grimper à bord du Vienne-Würzburg. Il a confirmé la présence de Toutankhamon et Néfertiti dans la voiture 3. Ils ont traversé la frontière allemande et se trouvent en ce moment à 10 kilomètres au nord-ouest de Nuremberg. L'arrivée en gare de Würzburg est prévue dans 52 minutes.

— Alors, qui a le téléphone de Toutankhamon ?

— Nous l'ignorons, mais il continue à se déplacer lentement vers l'est en direction du Donaukanal.

Wiley jeta un coup d'œil à l'écran suivant la progression du portable d'O'Connor.

— Qui que ce soit, je veux qu'on le trouve… et vite !

— Le quartier est sous surveillance, répondit le chef d'antenne de Vienne, un vétéran que les humeurs de Wiley laissaient de marbre.

— Et Sodano ?

— Il semble se trouver à bord d'une péniche qui a franchi la frontière hongroise et traverse en ce moment même Budapest.

— Il *semble* ? Je veux des *certitudes* !

Sur l'écran, la mire représentant le téléphone de Sodano voguait sur un des bras du Danube qui enserrait l'île Margitsziget.

— Que Budapest envoie quelqu'un sur cette péniche. Je veux qu'on me ramène Sodano et vite.

Davis hocha le menton en direction de son adjointe, une mince et jolie brune approchant la quarantaine. Ces trois dernières années, Ellen Rodriguez avait été chef adjointe de l'antenne de Lima et, avant cela, avait travaillé à la Maison Blanche. Revenue depuis peu, elle avait déjà eu deux altercations avec Wiley et commençait à regretter d'avoir accepté ce poste à la branche Amérique latine de Langley. Elle se brancha sur un autre ordinateur, mais n'eut pas le temps de lancer les instructions de Davis. Vienne leur transmettait une vidéo mise en ligne sur le site de *Die Welt*.

— Attendez, on vient de recevoir un flash spécial. La *Bundespolizei* et la *Bundeskriminalamt* enquêtent sur la découverte du cadavre d'un ressortissant sicilien dans un camion-poubelle.

Le transfert effectué, toutes les personnes présentes dans la pièce découvrirent une conférence de presse donnée par le Gruppeninspektor Hans Boehm. Le policier se tenait devant le centre ultramoderne de traitement des déchets de Vienne, une grande tour argentée digne de l'ère spatiale située près du Donaukanal. Il faisait face à une imposante meute de journalistes.

— *Die Leiche scheint Antonio Sodano zu sein, ein Sizilianer, der nun wohnt...*

— Traduction ! exigea Wiley.

— Le corps semble être celui d'Antonio Sodano, un Sicilien résidant désormais à Rome.

Avant Lima et la Maison Blanche, Ellen Rodriguez avait aussi passé trois ans entre Vienne et Berlin.

— *Haben Sie eine Idee von der Ursache der Tod, Inspektor?* « Avez-vous la moindre idée sur la cause de la mort, inspecteur ? »

— Il semble que la victime ait été étranglée, mais il faudra attendre l'autopsie pour en être certain.

— Où ce crime a-t-il eu lieu ? demanda un autre journaliste.

— Cela n'est pas clair non plus, même si le camion dans lequel le corps a été retrouvé effectuait le ramassage des poubelles dans le quartier Stephansdom.

— O'Connor ! marmonna Wiley avec colère.

— Un mobile, inspecteur ?

Boehm sourit avec patience.

— Nous savons que M. Sodano était recherché par la *Guardia di Finanza* italienne. Il est possible que ce meurtre soit lié au trafic de stupéfiants.

— Merde !

Wiley se tourna vers les six officiers affectés à l'opération Maya.

— Néfertiti représente un danger clair et immédiat pour la sécurité des États-Unis. Jusqu'à présent, cette simple mission d'élimination a été un échec lamentable. Il est évident que Toutankhamon est passé du côté obscur. Vienne, fit-il en se tournant vers l'écran, votre soutien à bord du train a le feu vert. Qu'il s'occupe d'eux !

— Tous les deux ? demanda le chef d'antenne, surpris.

Il avait déjà travaillé avec O'Connor sur le terrain.

— Tous les deux ! aboya Wiley. Sodano n'était pas un amateur. Son élimination porte la marque d'O'Connor.

— Pourquoi quelqu'un comme O'Connor passerait-il du côté obscur ? demanda Ellen Rodriguez. Nous n'en avons pas encore la moindre preuve.

Wiley la fusilla du regard.

— C'est moi qui prends les décisions ici, Rodriguez.

Les autres officiers semblaient mal à l'aise, mais aucun ne prit la défense d'O'Connor.

— Berlin, mettez tous vos soutiens en alerte, ordonna Wiley, et envoyez-en quelques-uns à la gare de Würzburg. Je veux les horaires de toutes les correspondances, cars compris. Au cas où on les raterait à bord du train.

Il se tourna vers Davis.

— Je veux tout savoir des activités de Néfertiti au cours du dernier mois. Qu'on épluche son téléphone portable, ses relevés de banque, ses cartes de crédit, ses factures de téléphone fixe… tout ce qui pourrait nous permettre de comprendre ce qu'elle fabrique en Allemagne. Et, ajouta-t-il en baissant la voix, dites à cette salope de Rodriguez que si jamais elle m'emmerde encore une fois, elle servira le café à la cantine.

— Faites gaffe à vous, Rodriguez, la prévint Davis après le départ de Wiley. Le patron n'a vraiment pas apprécié.

— *Il* n'a pas apprécié ? Mais, bon Dieu, vous avez réfléchi une seconde à cette histoire ? Je connais O'Connor. J'ai travaillé avec lui. C'est ni un traître ni un guignol. Et vous avez vu le dossier Weizman ? « Danger clair et immédiat. » C'est une archéologue, au nom du Ciel ! Quelqu'un peut-il m'expliquer quelle menace elle représente pour la sécurité du pays ?

Rodriguez fixait son supérieur. Le vert de ses yeux devenait très clair quand elle était en colère. Un ou deux autres officiers masculins souriaient en coin. Larry Davis n'était pas beaucoup plus apprécié que Wiley.

— Contentez-vous de vous occuper du portable de Sodano à Budapest, dit-il. Et vous autres, épluchez les mouvements et les appels de Néfertiti et Toutankhamon. Au boulot !

— Connard, murmura Rodriguez en reprenant sa place.

38

Nuremberg-Wurzburg, Allemagne

Le train glissait en douceur sur d'impeccables suspensions hydrauliques. Champs et fermes défilaient de l'autre côté de la vitre.

— Quand il s'est enfui, mon père n'avait que les vêtements qu'il portait sur le dos et ces deux cartes, dit Aleta en sortant la première d'entre elles. Il a toujours pensé que celle-ci concernait Tikal, mais sans en être certain.

O'Connor examina le diagramme dessiné sur le *huun*.

— Un triangle… Cela pourrait être n'importe quoi.

Elle acquiesça.

— Celle-ci n'est qu'une copie, dit-elle en lui tendant la seconde carte. L'original avait été donné à mon grand-père par un Maya.

— Où se trouve cet original maintenant ?

— Il a été confisqué quand ma famille a été arrêtée. Mon père a tenté de le reproduire de mémoire. Malheureusement, il ne se souvenait pas de tous les détails. Cette carte est donc assez approximative. Mais cette forme lui faisait penser au lac Atitlán.

Un air perplexe apparut sur le visage d'O'Connor.

— Vous n'êtes pas de cet avis ? demanda Aleta.

— Je l'ignore, je ne suis jamais allé là-bas. Le problème, c'est qu'une seule des trois lignes sur cette carte porte ce qui ressemble à un relevé d'orientation, mais *s'il* s'agit bien d'un relevé, il ne correspond pas avec le nord indiqué sur la carte. À moins… à moins… Bien sûr ! s'exclama-t-il. C'est un cap inverse !

— Un cap inverse ?

— C'est une vieille technique militaire que nous utilisions avant que les satellites GPS nous privent du plaisir de nous perdre dans la jungle. Quand on n'est pas sûr de sa position, on monte sur un point élevé pour relever trois repères, comme le sommet d'une montagne, l'embouchure d'une rivière, des jalons qui figurent sur toute carte de terrain suffisamment précise. En inversant les relevés par rapport au nord, on obtient un triangle à l'intérieur duquel on se trouve. Plus le triangle est petit, plus la précision est grande. Existe-t-il trois repères identifiables autour du lac Atitlán ?

— Les volcans ! Il y en a trois. Le plus grand étant l'Atitlán lui-même, dit Aleta en désignant le dessin figurant le plus au sud sur la carte. Un peu plus au nord se trouve le Tolimán et à l'est le San Pedro, au pied duquel se trouve un petit village. Ils culminent tous à plus de 3 000 mètres, ils sont donc visibles depuis le lac. Deux d'entre eux sont proches, comme ces lignes sur la carte. Ils correspondent parfaitement.

— Mais cela ne nous aide pas beaucoup. Un seul des repères est précis, et le triangle est assez grand.

— Mon père a fait de son mieux, il était très jeune à l'époque, dit Aleta. Il n'y a pas grand-chose là-bas. Le plus proche village de San Pedro est San Marcos, un peu plus à l'est. C'est là où j'ai grandi. On y trouve surtout des plantations de café et de maïs. Les gens font pousser leurs propres légumes, piments verts, tomates, oignons, avocats, concombres, fraises, pitayas... La vie était simple avant l'arrivée des escadrons de la mort.

O'Connor acquiesça.

— Donc, qu'y aurait-il ici ? demanda-t-il en montrant à nouveau le triangle.

— Un grand aplomb de roche volcanique qui tombe dans le lac. Mais sans les deux autres relevés, c'est comme chercher la fameuse aiguille là où vous savez.

— Ces volcans sont toujours en activité ?

— L'Atitlán, oui. Sa dernière éruption remonte à 1853. Le Tolimán aussi peut-être même s'il dort depuis très longtemps. Le lac lui-même s'est formé après une éruption. Il abritait de nombreuses espèces de poissons... jusqu'à l'arrivée des Américains. Pan American Airlines a pensé que ce serait une bonne idée d'y introduire des perches pour permettre aux touristes américains de s'amuser un peu. Mais ces perches ont fini par détruire tous les autres poissons du lac et ont aussi provoqué l'extinction des grèbes géantes, des oiseaux.

O'Connor grimaça.

— Y a-t-il beaucoup de villages autour du lac ?

— Pas tant que cela. Panajachel, la ville la plus importante, se trouve sur la rive nord... environ 14 000 habitants. Ensuite, il y a de petits villages comme San Pedro, San Lucas, San Marcos et San Juan. On sent l'influence catholique, bien sûr, mais la spiritualité maya reste toujours très forte.

— Même avec un seul relevé, on voit que ces trois lignes ont été dessinées au-dessus du lac. Ce que nous cherchons pourrait-il se trouver sous l'eau ?

— Le lac Atitlán est très profond, plus de 400 mètres par endroits, et il y a de nombreuses grottes sous-marines.

— Plonger à une telle altitude comporte des risques, fit remarquer O'Connor se demandant si Aleta lui révélerait ses aptitudes. À partir de 400 mètres au-dessus du niveau de la mer, il faut un entraînement spécial.

— Le lac est bien plus haut que cela, aux alentours de 1 500 mètres. Si vous savez cela, c'est que vous avez suivi cet entraînement ?

— Chez les Navy SEALs…

Il s'interrompit brusquement. Un homme en pardessus noir venait de passer dans le couloir.

— Qu'y a-t-il ? demanda Aleta.

— Nous avons de la compagnie. Le type en noir.

— C'est peut-être un simple voyageur.

— Je ne pense pas. Rangez ces cartes et le carnet de notes et faites semblant de dormir. S'il revient, ne bougez pas. Respirez lentement et laissez-moi faire.

Elle lui obéit, tout en se demandant pourquoi elle accordait spontanément une telle confiance à son mystérieux compagnon.

O'Connor enleva sa veste en cuir et vissa le silencieux spécialement adapté au canon de son Glock 21 avant de le cacher sous le vêtement posé sur ses cuisses. Il ferma les yeux.

Dix minutes avant l'arrivée à Würzburg, l'homme en noir revint. Après les avoir observés depuis le couloir, il ouvrit discrètement la porte du compartiment.

D'un geste vif, il dégaina un poignard de commando, un KA-BAR Hawkbill Tanto et se pencha vers Aleta.

O'Connor tira deux fois – *ffout ffout* – en plein cœur. Sous l'impact, l'homme pivota à moitié et parut s'asseoir sur le fauteuil. Aleta sursauta quand le poignard heurta le sol.

— *¡ Mierda !*

O'Connor lui fit un signe apaisant. Après avoir enfilé des gants, il replaça le couteau dans une des poches de l'inconnu avant de le fouiller, récupérant son téléphone portable. Il sortit du compartiment. Le couloir était désert et les toilettes, inoccupées. Si on ne les nettoyait pas avant le terminus du train à Francfort, il pouvait espérer gagner un répit, quelques heures précieuses. Une grosse tache rouge s'étalait sur la chemise du tueur. O'Connor lui reboutonna son pardessus jusqu'au cou avant de le traîner jusqu'aux toilettes où il l'installa sur le siège. Il verrouilla la cabine de l'extérieur à l'aide du tournevis de son couteau multilames.

Livide, Aleta semblait en état de choc.

— Ça va ?

Elle hocha la tête.

— Ça vous arrive souvent ? demanda-t-elle, la voix blanche.

— Disons que ça fait partie du boulot. Wiley et Felici veulent notre peau et, malheureusement, ce sont des personnages très puissants. C'est lord Acton, je crois, qui a dit : « Le pouvoir corrompt, et le pouvoir absolu corrompt absolument. »

Approchant de Würzburg, le train commençait à ralentir.

— Ils surveillent sans doute la gare, reprit O'Connor, mais ils seront à la recherche d'un couple. Nous allons donc descendre séparément. Marchez la tête baissée à cause des caméras de surveillance. Notre correspondance part du quai 5 dans quinze minutes. Ne vous inquiétez pas, je vous couvrirai en permanence.

— Dois-je monter à bord ?

Il acquiesça en contrôlant une nouvelle fois le couloir.

— Ils ne connaissent pas – pas encore – notre destination et, dans une grande gare comme celle-ci, ils ne pourront pas surveiller chaque quai. Je vous retrouve là-bas, conclut-il en lui adressant un sourire qui se voulait rassurant.

Il passa dans le wagon suivant.

« On a de la chance », se dit-il un peu plus tard tandis qu'il suivait Aleta sur le quai. Quatre trains venaient d'arriver, et les passagers se pressaient en tous sens dans cet important nœud ferroviaire qui desservait toute la Bavière. Après s'être assuré que personne ne la filait, il fit un détour pour monter à bord d'un train à destination de Göttingen et jeta le portable du tueur dans la poubelle d'un cabinet de toilette. C'était un peu gros, après avoir déjà tenté la même manœuvre à deux reprises, mais Wiley n'aurait d'autre choix que de suivre le signal émis. Quand il pénétra dans leur compartiment de première classe, Aleta était assise à la fenêtre. Il s'installa face à elle, soulagé de constater que les deux autres sièges étaient occupés par un vieux couple. Même s'ils avaient été repérés, Wiley y réfléchirait à deux fois avant de tenter quoi que ce soit. Il hésiterait à faire abattre quatre personnes dans un train de voyageurs. Pas pour des questions morales, mais en raison du retentissement que provoquerait un tel carnage.

Le train démarra avec une ponctualité toute germanique. Pour l'instant, ils étaient en sécurité, mais cela ne durerait pas. Fou de rage, Wiley allait sans doute mobiliser les considérables ressources de la CIA : centres de contrôle et de commandement dans toutes les ambassades américaines ; tueurs au passé douteux et « défrayés » en permanence par l'agence dans l'éventualité d'une telle situation ; agences de renseignements amies ainsi que forces de police et de sécurité locales.

O'Connor décida de descendre à Kassel-Wilhelmshöle et de louer une voiture.

* * *

Les anciens baraquements des Waffen-SS qui abritaient désormais les dossiers relatifs à l'Holocauste avaient été rénovés, et un nouveau centre d'accueil avait été construit. Les fanions de la Croix-Rouge et du Service international de recherches flottaient au vent dans le jardin devant le bâtiment. Autrefois, c'étaient des drapeaux bien plus sinistres qu'on hissait ici.

— Frau Weizman, bienvenue à Bad Arolsen. Nous vous attendions. Les documents que vous avez demandés sont prêts. Si vous voulez bien signer le registre et me suivre, s'il vous plaît.

L'efficacité de l'équipe actuelle n'avait rien à envier à celle des nazis. Avant de vouloir faire disparaître toutes les traces, ceux-ci avaient enregistré le moindre détail de leur barbarie.

Le visage d'Aleta était aussi blanc que les gants qui leur avaient été fournis pour manipuler les dossiers. Ils contenaient les mandats d'arrestation roses de la Gestapo, les « registres d'incarcération », *die Kontrolle Karten*, sur lesquels tout absolument était noté avec un soin maniaque, y compris la taille et le nombre de poux sur chaque détenu, et les sinistres *Totenbuchen* – les « livres des morts ».

— Vous êtes sûre de vouloir faire ça ? demanda O'Connor.

— Il *faut* que je sache, dit Aleta.

Elle ouvrit le premier dossier pour entamer la tâche abominable qui consistait à passer les noms en revue. Ils travaillèrent côte à côte en silence pendant près d'une heure avant qu'il ne déclare :

— Il y a là un mandat d'arrestation confirmant que vos grands-parents et leurs enfants ont bien été conduits à Mauthausen. En avril 1938.

Aleta étudia les quatre mandats : Levi Ehud Weizman. Ramona Miriam Weizman. Ariel Levi Weizman. Rebekkah Miriam Weizman. Tous interpellés *Judengasse*, *Wien*.

— Le commandant de Mauthausen était un jeune officier SS, Karl von Heiβen. Un des favoris de Himmler. Levi avait travaillé avec lui au Guatemala.

— Votre grand-père a travaillé avec les nazis ?

— Ils ne lui ont pas laissé le choix. C'était avant la guerre. Parmi tous ses délires, Himmler était convaincu de l'existence d'une race aryenne qui aurait été l'inspiratrice de toutes les grandes civilisations du monde, y compris les Mayas. Mon grand-père était une des rares personnes qui avaient étudié leurs hiéroglyphes. Il s'était déjà rendu à Tikal. Himmler lui a ordonné de se joindre en tant qu'archéologue consultant à une expédition dirigée par von Heiβen. Levi a fait en sorte de leur en dévoiler le moins possible, tout en laissant quelques indices difficiles à saisir pour de non-spécialistes à la fin du carnet de notes que je vous ai montré. Mais il s'est passé quelque chose entre von Heiβen et lui lors de cette expédition, et j'ai le pressentiment que von Heiβen lui a réservé un traitement spécial à Mauthausen.

— Il était jeune, non, pour être nommé commandant d'un camp ? s'enquit O'Connor.

— Jeune, sadique et brutal… Autant de qualités qui, j'imagine, devaient plaire à Himmler. Je suis persuadée que si jamais Levi a trouvé un élément important lors de cette expédition, il s'est débrouillé pour le cacher aux nazis. Pensez aux figurines dissimulées sous son plancher. Je sais qu'il a tenté de fuir Vienne avec toute sa famille à son retour du Guatemala, mais il était déjà trop tard.

— Votre père vous a-t-il parlé de ces événements ? demanda O'Connor avec douceur, conscient de l'énorme perte qu'elle avait subie, une perte encore aggravée par l'assassinat de son père par des sbires du gouvernement guatémaltèque et de la CIA.

— Une seule fois. Nous pêchions sur le lac Atitlán dans notre petit canoë. À vrai dire, il ne m'a pas dit grand-chose. C'est difficile d'imaginer ce qu'ils ont enduré…

Elle secoua la tête en essuyant une larme sur sa joue.

— Encore à ce jour, reprit-elle, c'est une des grandes questions qui restent sans réponses. Bien sûr, les nazis ont fini par détenir un pouvoir formidable, mais pourquoi tant d'Allemands ordinaires les ont-ils aidés ? Tout au long de sa vie, mon père a souffert de terribles cauchemars alors qu'il était pourtant l'un des rares à avoir pu s'évader d'un camp. Il a fait partie de ces enfants sauvés par l'archevêque Roncalli quand il était nonce apostolique à Istanbul.

— Grâce à un faux certificat de conversion au catholicisme ?

— Oui. Le Vatican a eu plus que sa part de cardinaux corrompus et assoiffés de pouvoir, mais parfois ils élisent quelqu'un comme Roncalli à leur tête.

— Jean XXIII. Un des vrais grands papes. Est-ce grâce à lui que votre père s'est converti au catholicisme ?

— Il n'a jamais oublié sa bonté. C'était sa façon de le remercier.

Ils se replongèrent dans la lecture des livres des morts. Ceux-ci présentaient un nom par ligne, face auquel étaient notés le numéro du prisonnier, la date, l'heure et le lieu exacts de son exécution et la méthode employée. Celui qu'examinait Aleta était intitulé *Totenbuch – Mauthausen 1.1.37 – 31.12.38*.

— Ordures ! jura-t-elle une demi-heure plus tard en tombant sur une liste longue et éloquente.

O'Connor fit le tour de la table pour lire par-dessus son épaule.

— Ceux-là ont tous été abattus le même jour… à deux minutes d'intervalle, fit-il remarquer.

— Et pour une bonne raison, fit Aleta avec amertume. C'était l'anniversaire de Hitler. En guise de cadeau, von Heiβen a ordonné que toutes les deux minutes pendant une heure et demie un Juif soit fusillé.

Elle tourna la page et poussa une petite exclamation. Au sommet de la page, deux noms étaient inscrits.

Levi Ehud Weizman 20.4.38 14:02hr Exécuté

Ramona Miriam Weizman 21.4.38 11:31hr Morte : expérience médicale

— Je suis vraiment navré, Aleta, dit O'Connor en posant la main sur son épaule.

— Merci. Au moins, maintenant je sais.

Il était en train de songer aux archives de la CIA et notamment à son agent à San Pedro, le père Hernandez.

— Von Heiβen a-t-il jamais été traduit en justice ?

— Pas que je sache. Pourquoi ?

— À la fin de la guerre, Rome et la CIA ont collaboré pour permettre l'évasion de certains criminels de guerre nazis qui auraient pu les aider à combattre le communisme. Certains d'entre eux ont pris l'identité de prêtres et ont été exfiltrés en douce par le Vatican, notamment Adolf Eichmann et Klaus Barbie.

— Oui. Je me demande comment le Christ aurait réagi à *ça*.

— Si von Heiβen était si proche de Himmler, certains auraient pu avoir intérêt à le sauver.

— Vous pensez qu'il a fait partie de ceux qui ont été exfiltrés, comme vous dites ?

— C'est possible. Beaucoup d'entre eux ont été installés en Amérique latine, y compris au Guatemala. Ce n'est qu'un pressentiment, mais avant de venir à Vienne, j'ai passé un moment aux archives de la CIA. L'opération d'exfiltration portait un nom de code : l'opération Trombone. Par ailleurs, dans les années qui ont suivi, l'agence a eu un homme à elle au bord du lac Atitlán… un certain père Hernandez.

— Je me souviens de lui ! Un sale type. Et maintenant que vous m'en parlez, son espagnol était très bon, mais teinté d'un accent européen qui aurait pu être allemand. Vous pensez ?

Il haussa les épaules.

— Je n'en sais rien. Je ne dispose d'aucune preuve concrète établissant que von Heiβen et Hernandez sont une seule et même personne. Mais, d'après ce que vous m'avez dit, il a passé quelque temps au Guatemala avant la guerre. Si on lui a donné le choix d'un pays où s'installer, il aurait pu vouloir retourner dans un coin qui lui était familier.

— Et s'il est bien allé en Amérique centrale, il a peut-être emporté avec lui la carte sur le *huun* original. Celle qui contiendrait les repères précis sur le lac, fit Aleta, songeuse.

— C'est une éventualité à ne pas dédaigner. Demain, nous partirons de très bonne heure pour Mauthausen. En voiture. Les trains seront surveillés.

39

Quartier général de la CIA,
Langley, Virginie

Ellen Rodriguez repoussa une mèche de cheveux noirs et prit l'appel sur une des lignes sécurisées de la salle d'opérations. Brandon Gray, le jeune et ambitieux chef de station à Berlin, semblait morose.

— La police de Francfort vient de donner une conférence de presse. Je vous l'envoie. Notre agent à bord du train de Vienne a été tué.

— Toutankhamon ?

— Aucune nouvelle. Il faut prévenir Wiley.

Une demi-heure plus tard, celui-ci arrivait en compagnie de Davis.

— Envoyez la vidéo, ordonna-t-il.

Rodriguez fit signe à l'officier en service, et l'édition numérique de *Die Welt* apparut sur l'écran, annonçant la découverte d'un cadavre dans la Frankfurt Hauptbahnhof. Une fenêtre permettait de suivre la conférence de presse donnée par le Erster Polizeihauptkommissar, Franz Reinhardt.

— « En réponse à votre question, nous ne savons pas avec certitude où a eu lieu le meurtre. »

Ellen Rodriguez faisait à nouveau office de traductrice.

— Une estimation, Hauptkommissar ?

Les questions venaient d'une jeune reporter blonde qui s'était frayé un chemin jusqu'au premier rang de la meute.

Reinhardt secoua la tête avec flegme. Après 40 ans de carrière dans la police criminelle, il en avait vu d'autres.

— Le train est parti de Vienne à 10 h 40. Il est arrivé à Francfort près de sept heures plus tard, à 17 h 36. Le meurtre a pu se dérouler n'importe quand entre ces deux moments.

— Et l'autopsie ? insista la jeune femme. L'état du corps, la *rigor mortis*, sa température… Tout cela vous permettra d'être sûrement plus précis ?

— Un examen préliminaire a révélé que la victime avait reçu deux balles dans le corps, tirées à distance proche. Les résultats d'autopsie devraient arriver un peu plus tard dans la soirée, mais je vous conseille de ne pas fonder de grands espoirs sur eux. Déterminer l'heure d'un décès n'est jamais une science exacte, déclara Reinhardt en la regardant droit dans les yeux. D'abord, la température du corps à laquelle vous faites référence, l'*algor mortis*, n'offre qu'une indication. Dans des circonstances idéales, un cadavre perd un degré par heure, mais ce délai peut monter jusqu'à six heures ce qui, lors d'un voyage en train, représente une distance assez importante. La *rigor mortis* est tout aussi problématique. Les délais peuvent varier de quinze minutes à quinze heures.

Quelques journalistes plus âgés souriaient.

— Avez-vous identifié le cadavre ?

— Nous avons un passeport et nous essayons de retrouver la famille du défunt. Jusque-là, il ne serait pas convenable de ma part de faire le moindre commentaire.

— Il paraît que le cabinet de toilette était fermé, Hauptkommissar. Comment l'expliquez-vous ? demanda un autre reporter.

— Le temps nous le dira. Pour le moment, il n'y a aucun mobile apparent, ni aucun signe de lutte, mais nous tenterons d'interroger tous les passagers qui se trouvaient à bord de ce train et nous demandons à quiconque qui aurait vu ou entendu la moindre chose suspecte de se faire connaître sur-le-champ.

Reinhardt quitta l'estrade et, sur l'écran, la fenêtre fut remplacée par une image en direct de la nouvelle et fort peu élégante ambassade américaine à Berlin, qui avait coûté la bagatelle de 130 millions de dollars. Proche du parc du Tiergarten, son entrée officielle se trouvait sur la prestigieuse Parizer Platz. Des considérations de sécurité avaient obligé les autorités allemandes à déplacer toute une rue. Le *Süddeutsche Zeitung* l'avait un jour baptisée « Le fort Knox de la porte de Brandebourg ».

— On n'a rien de plus concret que ce vieux con à la Derrick ? demanda Wiley, toujours aussi charitable pour son prochain.

— Le dernier contact que nous avons eu avec notre soutien a eu lieu une demi-heure après Würzburg. Il semble que Toutankhamon lui a pris son portable, ce qui pourrait bien être sa première grosse erreur. Nous avons suivi le signal et nous savons que Toutankhamon, sans doute accompagné de Néfertiti, s'est arrêté à la gare de Göttingen. Ils sont toujours là-bas et j'ai envoyé deux gars s'occuper d'eux.

Ellen Rodriguez suivait cet échange avec intérêt. Elle n'avait rencontré Brandon Gray qu'une seule fois, durant une conférence à la suite de laquelle ils avaient eu une discussion assez animée sur le rôle des femmes dans l'agence. Comme beaucoup de ses collègues, elle avait été surprise quand Wiley l'avait nommé à la tête d'une des plus importantes antennes d'Europe. Bravache, ambitieux et aussi arrogant que son patron, Gray se trompait souvent mais ne doutait jamais. Elle regarda l'écran montrant la position de la mire bleue et secoua la tête. O'Connor ne commettrait jamais une faute aussi grossière.

— Vous présumez que Toutankhamon a gardé le portable sur lui, dit-elle.

— Que voulez-vous dire ? demanda Gray avec une colère visible.

— Je veux dire que nous avons déjà récupéré le portable de Sodano sur une péniche, sans doute déposé là par Toutankhamon pour faire diversion. Pourquoi garderait-il le téléphone de votre agent sur lui, vous permettant du même coup de le suivre à la trace ?

— Pour surveiller nos messages ! explosa Wiley.

— Précisément, monsieur, renchérit Gray. Et peut-être que l'agent Rodriguez pourra nous expliquer comment ce téléphone portable a pu embarquer tout seul à bord du train de Göttingen ?

Elle resta silencieuse, partagée entre sa loyauté envers l'agence et son respect pour O'Connor.

— Monsieur, ne serait-il pas temps de faire appel aux polices allemande et autrichienne ? suggéra Gray.

— Non, aboya Wiley, je ne veux aucune intervention extérieure sur cette opération. Démerdez-vous.

Il quitta l'écran des yeux pour se tourner vers Rodriguez.

— Qu'avons-nous sur Néfertiti ?

— Nous venons de recevoir ses factures de téléphone des douze derniers mois que nous sommes encore en train d'examiner. Ces deux dernières semaines, elle a peu utilisé son portable : des appels à une agence de voyages à Guatemala City, au *Museo Nacional de Arqueología y Etnología* ainsi qu'au *Museo Popol Vuh*, eux aussi à Guatemala City. Par contre, il y a trois jours, elle a appelé le Service international de recherches à Bad Arolsen, une ville thermale du nord de l'Allemagne. À vrai dire, je doute que Toutankhamon et Néfertiti soient à Göttingen… Ils font plus probablement route vers Bad Arolsen.

Wiley se tourna vers leur agent à Berlin.

— Concentrez-vous sur Göttingen et donnez le feu vert à vos hommes. Mais envoyez aussi quelqu'un à Bad Arolsen, au cas où. Je veux qu'on en finisse !

* * *

Avec une aisance due à près de dix années passées au volant d'un camion à ordures de vingt tonnes, Bernhard Baecker glissa les fourches dans les guides de la grande benne métallique. Il poussa un bouton, et le lourd container monta sans effort dans les airs. Le robuste camion Mercedes trembla sur ses suspensions quand le contenu de la benne se déversa dans la remorque, les pistons hydrauliques du système de compostage gémirent et entamèrent leur travail de broyage. Dans ce magma, un téléphone Nokia protégé par une épaisse couche de déchets continua d'émettre son signal. Baecker reposa la benne sur ses roues, retira les fourches et enclencha une vitesse.

— C'était la dernière de la journée, Kristian, dit-il avec un sourire. Et maintenant, une bière !

Il prit la direction de Godehardstrasse à l'ouest du centre médiéval de Göttingen.

— Mais une seule, Bernhard, répondit le jeune Kristian assis à ses côtés. Demain, c'est l'anniversaire de Sophie, elle a 5 ans, et si je ne monte pas le trampoline ce soir, ma femme ne me laissera pas dormir de la nuit.

— Ah, vous, les types mariés. Un jour, tu comprendras.

Baecker bifurqua dans Industriestrasse.

— *Was in Gottes Namen!*

Il écrasa les freins et le klaxon pour faire bonne mesure. L'Audi qui venait de les doubler leur faisait une queue-de-poisson et s'immobilisait, les obligeant à s'arrêter. Deux hommes portant des cagoules et armés de fusils d'assaut en surgirent.

— Ils ont des flingues ! hurla Kristian.

Baecker avait déjà réagi et fonçait en marche arrière. Les deux hommes levèrent leurs armes.

— *Halten Sie der Lastwagen!*

Baecker freina de nouveau, repassa la première et fonça vers eux.

— Baisse-toi !

Mais il était déjà trop tard. Un des jeunes truands embauchés par la CIA pour assassiner O'Connor et Aleta paniqua. Il lâcha une décharge qui pulvérisa le pare-brise. Les deux hommes à l'intérieur moururent sur le coup sous un déluge de balles. Baecker s'effondra sur le volant, et le vingt tonnes escalada le trottoir pour venir s'encastrer dans la devanture d'un petit café. La dizaine de clients installés sur la terrasse, parmi lesquels deux jeunes mères et leurs bébés dans des poussettes, n'eurent pas la moindre chance. Une conduite de gaz explosa.

Les deux tueurs s'engouffrèrent dans leur véhicule, qui démarra dans un hurlement de pneus. Une voiture de police venant en sens inverse effectua un demi-tour sur place pour se lancer à sa poursuite, sirène hurlante et gyrophare allumé. Dans la fumée noire qui jaillissait des décombres, des morceaux d'immeubles s'effondraient. Quelques survivants hurlaient. Certains couraient, les vêtements en flammes, d'autres rampaient pour échapper à cet enfer.

40

Guatemala city

Des langues de nuages traînaient paresseusement entre les chaînes volcaniques tandis que le pilote entamait l'approche finale vers l'aéroport international La Aurora. Depuis son siège en classe affaires, Mgr Jennings regarda par le hublot. En bas, une mer de bidonvilles venait lécher les pieds des gratte-ciel d'une ville grouillante de plus de deux millions d'habitants, dont beaucoup vivaient dans une abjecte pauvreté. Guatemala City était la troisième capitale du pays. La première, Ciudad Vieja, un petit peu plus à l'est, avait été détruite par des inondations et des éruptions volcaniques en 1541. La deuxième, Antigua, elle aussi très proche, avait été ravagée par un violent séisme deux siècles plus tard.

Jennings avait eu l'intention de prendre un car pour Panajachel sur la rive nord du lac Atitlán, mais en apercevant le stade olympique avec ses gradins bleus qui pouvaient accueillir 30 000 fans absolus de foot, il changea d'avis. Tout à côté, se trouvait la Zone 1, le quartier des prostitués, hommes, femmes et enfants. La sensation familière s'éveilla dans son bas-ventre, et il résolut de passer la nuit en ville. La paroisse de San Pedro pouvait bien attendre son curé un jour de plus. Et puis, cela lui fournirait l'occasion de parler à son contact au *Museo Nacional de Arqueología y Etnología*. Qu'est-ce que Weizman avait bien pu y trouver ?

Débarrassé des formalités de douane, il sortit du nouveau terminal, traînant sa valise à roulettes derrière lui. Il portait une tenue civile : jean et polo jaune. L'humidité et la chaleur rendaient l'air irrespirable et, déjà, la sueur ruisselait sur son visage rougeaud.

— *Zona Uno ¿ cuánto ?* demanda-t-il au chauffeur d'un taxi aussi jaune que vétuste.

— *Cien quetzales*, répondit le Maya au visage ridé.

— Cent quetzales ! C'est du vol ! *Setenta*. « Soixante-dix », fit Jennings en levant sept doigts. *¡ No más !*

Le vieil homme haussa les épaules et lui fit signe de monter. Quelques secondes plus tard, ils s'inséraient dans une circulation chaotique, où chaque véhicule semblait un défi aux lois de la mécanique : cars crachant une épaisse fumée noire, camions épaves, et les éternels utilitaires Toyota qui continuaient à rouler malgré leur délabrement.

— *Hotel Rio, Avenida 6a*, indiqua Jennings.

Quand ils y arrivèrent, il paya le chauffeur et traîna sa valise sur les dalles ébréchées d'une réception crasseuse. La direction le connaissait et, en échange d'une poignée de quetzales, ne verrait aucun inconvénient à ce qu'il ramène un ou deux garçons des rues dans sa chambre.

* * *

— *¿ Quiere chica, señor ? Muy limpia. Muy buen polvo.* « Vous voulez une fille, monsieur ? Très propre. Très bonne ».

Mgr Jennings chassa le jeune racoleur d'un geste impatient.

— *¡ Maricón ! ¡ Vete a la mierda !* « Va te faire foutre, pédé de merde ! », cria le gamin.

Jennings l'ignora et s'engagea dans la sombre ruelle située dans un des coins les plus sinistres de la Zone 1, se dirigeant vers sa boîte préférée, *El Señor Chico Club*. L'entrée ne différait guère de celles des maisons voisines. Il régla les 10 quetzales de droit d'entrée au videur, ajoutant un billet de 20 à titre de pourboire. Le bonhomme moustachu, la panse proéminente sous sa chemise sale, sourit en empochant l'argent.

— *Bienvenido de nuevo, señor Jennings.* Ravi de vous revoir. Reynaldo n'est pas encore arrivé, mais il ne devrait pas tarder.

Reynaldo n'avait que 12 ans, mais il ne ressemblait en rien aux autres garçons que Jennings avait « connus ». Une envie brûlante naquit dans les profondeurs de l'âme du prélat. Comme tous les autres gamins employés par El Señor Chico, Reynaldo offrait ses services dans une des chambres minables situées à l'étage. Ils étaient payés l'équivalent de 10 dollars la demi-heure, la moitié de cette somme revenant à l'établissement ; mais, pour des clients réguliers comme le señor Jennings, et en échange d'une commission supplémentaire, il était possible de « consommer » ailleurs. Jennings poussa le rideau crasseux qui séparait le club de la rue et se fraya un chemin parmi une foule de clients en nage qui se trémoussaient sur *It's Raining Men*, des Weather Girls. L'odeur d'herbe, à la fois âcre et douceâtre, prenait à la gorge. La fumée était omniprésente. Dans les éclairs stroboscopiques, elle se figeait pendant une fraction de seconde, chaque fois différente, donnant l'impression d'un univers devenu soudain saccadé. De jeunes hommes se frottaient contre des partenaires nettement plus âgés, pour la plupart européens et américains, les yeux rendus vitreux par un cocktail d'ice, d'ecstasy et de tequila. Au bout du comptoir en fer rouillé, deux jeunes gens s'embrassaient avec passion, chacun tenant l'autre par le sexe.

— *Ron Zacapa por favor... con cubitos de hielo.*

— Certainement, señor Jennings. Et un Zacapa glace, un !

Le barman torse nu lança un grand verre en l'air et le rattrapa d'une seule main avant de le remplir de glaçons d'origine douteuse qu'il arrosa d'alcool. Puis il fit glisser le verre sur le comptoir, les pectoraux luisant d'une multitude de reflets sous la boule de lumière.

— Sur votre addition, señor ?

Jennings acquiesça et avala le rhum d'un trait, en commandant aussitôt un autre. À la différence du Bacardi ou d'autres marques connues, le Ron Zacapa Centenario, un des meilleurs rhums du monde, ne provenait pas des Caraïbes. Il n'était pas produit à base de mélasse, mais à partir de la première pression de jus de canne à sucre. Distillé dans les montagnes aux alentours de Quetzaltenango et vieilli dans des tonneaux de bourbon et de whiskys américains, il était fait pour être dégusté, mais Jennings avait très soif ce soir. Et il avait besoin de sa dose avant une nuit qu'il espérait mémorable. Il observait la salle.

Dans un coin, un vieil escalier en bois menait aux chambres louées 800 quetzales les quatre heures. Le prix pour « emporter » Reynaldo était, il le savait, deux fois supérieur, mais il était prêt à payer. En voyant le jeune garçon entrer par la porte du fond, l'impatience le saisit.

— *Bienvenido a Ciudad de Guatemala, señor Jennings.*

— Tu es libre ce soir, Reynaldo ? demanda celui-ci en admirant ouvertement son corps si mince.

Reynaldo hocha la tête, le regard vide, sans la moindre expression. Les autorités avaient bien tenté d'éradiquer le tourisme sexuel visant les enfants mais, comme dans n'importe laquelle des grandes villes du monde, il continuait à fleurir. Il suffisait de savoir où chercher.

Dès qu'ils furent installés sur la banquette arrière d'un taxi, la grosse main moite de Jennings se posa sur la cuisse du garçon.

* * *

La chaleur était déjà oppressante en ce début de matinée, et ce fut avec soulagement que Jennings pénétra dans le bâtiment bas et rose, datant des années trente, qui abritait le *Museo Nacional de Arqueología y Etnología*. De sa démarche pataude, il passa devant les vitrines, ses tennis sales couinant sur le carrelage lisse. Les premiers présentoirs montraient des lames, des couteaux et des têtes de lance taillés dans de l'obsidienne, ce verre dur et noir qui se formait quand les laves volcaniques se refroidissaient, ce qui permettait de lui donner un tranchant digne d'un scalpel chirurgical moderne. Des masques en jade d'un vert laiteux aux yeux incrustés de perle ou d'obsidienne contemplaient les visiteurs sans les voir. Ils voisinaient avec des statues rouges et noires et des poteries retrouvées dans les tombeaux royaux des pyramides de Tikal et de Palenque. Jennings ne leur accorda pas un regard : il cherchait son contact. Soudain, un gardien lui fit signe, lui montrant un coin de la salle d'exposition dont tous les deux savaient qu'il échappait à la surveillance des caméras de sécurité. Les cheveux noirs, la face plate et carrée, Carlos semblait nerveux.

— Le Dr Weizman. Vous m'avez dit qu'elle est venue ici il y a deux mois, fit d'emblée Jennings, tout en épongeant la sueur sur son front rougeaud.

— *Sí.* Elle avait la permission de visiter les réserves. Elle en est ressortie très excitée.

— Par quoi ?

— Je crois que c'est à cause d'une des stèles, une petite qui n'a jamais été exposée.

— Je veux la voir.

Carlos haussa les épaules comme pour s'excuser.

— Cela va être difficile, señor… sans permission.

Jennings lui fourra un billet de 100 quetzales tout chiffonné dans la main.

Carlos sourit.

— Suivez-moi, señor, mais ne vous éloignez pas du mur.

Peu après, Jennings examinait le petit monument en calcaire.

— Elle vient de Tikal. Cela fait combien de temps qu'elle se trouve au musée ?

— Je crois que cela remonte à l'expédition allemande à la fin des années trente. Les nazis ne sont pas très appréciés par ici, señor, ce qui explique pourquoi elle n'a jamais été montrée.

— Et les archives ?

Carlos haussa à nouveau les épaules.

— Il est strictement interdit de les recopier, señor.

— Il me les faut et vite, Carlos, c'est compris ? *¡ Prontamente ! ¿ Entiende ?* fit Jennings en lui tendant un autre billet.

* * *

Il n'arriva au lac Atitlán qu'en fin d'après-midi. À cette heure, le dernier ferry reliant Panajachel à San Pedro sur la rive sud du lac était déjà parti.

Fatigué et irrité, Jennings n'était pas d'humeur à payer les 100 quetzales que demandait le vieux passeur pour la traversée dans son canot à moteur.

— L'essence est très chère, señor. Et je dois aussi revenir.

— *Cuarenta quetzales*, gronda Jennings en levant quatre doigts.

L'autre haussa les épaules et retira la clé du démarreur de son petit runabout en fibre de verre. Il remonta sur le ponton, le laissant fulminer à côté de l'embarcation.

— *Sesenta quetzales*. Soixante. C'est ma dernière offre, cria Jennings.

L'autre ne se retourna même pas. Jennings regarda autour de lui. La rive était déserte et quelques bateaux vides cognaient doucement contre la jetée.

— *¡ Ochenta !* hurla-t-il.

Le vieil homme s'arrêta enfin avant de faire demi-tour. Quatre-vingts quetzales représentaient à peine plus de 10 dollars américains mais, après avoir payé le carburant, cela lui permettrait de mettre quelque chose sur la table pour ses jeunes enfants.

Le canot tangua de façon alarmante quand Jennings, obéissant à ses instructions, alla se placer à la proue. Méticuleusement entretenu, l'antique Evinrude de 40 chevaux démarra à la première sollicitation. L'embarcation ne tarda pas à prendre de la vitesse sur les eaux froides et lisses tandis que le soleil tombait derrière les montagnes surplombant San Marcos, baignant les plantations de café et les trois grands volcans d'une lueur orangée. Cette vue splendide n'intéressait pas Jennings. Assis dans le canot, il était absorbé par la page de notes qu'il avait prises au *Museo Nacional*.

La stèle avait bien été retrouvée lors de l'expédition commanditée par Himmler en 1938, même si les détails de la transaction ayant abouti à sa cession au musée demeuraient obscurs. Pour Jennings, l'essentiel n'était pas là, mais dans la présence de la lettre grecque Φ. C'était la première fois qu'il la trouvait gravée sur une stèle maya. Comment était-elle arrivée là ? Fallait-il en déduire l'existence d'un lien entre Grecs et Mayas ? Et que signifiaient les chiffres gravés là, eux aussi ? Les Mayas n'utilisaient pas le système décimal à base 10 mais un système vicésimal à base 20, et leurs chiffres étaient représentés par des barres et des points que Jennings savait déchiffrer mais, sur cette petite stèle, il ne saisissait pas la façon dont ils étaient disposés.

À 320 kilomètres de là au nord-est, les derniers rayons du soleil frappèrent le sommet du Temple III au-dessus de la canopée de la jungle à Tikal. Ils étaient presque alignés avec la Pyramide IV. Le solstice d'hiver approchait.

41

Quartier général de la CIA, Langley, Virginie

Wiley prit l'appel dans son bureau.

— Ils sont en détention dans la prison locale.

La liaison téléphonique cryptée avec l'ambassade américaine de Berlin était d'une clarté inhabituelle, tout comme l'était le message du chef d'antenne, Brandon Gray.

— … Les médias sont déchaînés.

— Peut-être parce qu'ils se demandent, tout comme moi, pourquoi deux crétins encagoulés ont criblé de balles un putain de camion-poubelle !

— Ils avaient pour instruction de suivre le signal du téléphone et d'assassiner Toutankhamon et Néfertiti, dit Gray sur la défensive. Il est clair que le portable se trouvait dans le camion mais pas les cibles, malheureusement.

— Y a-t-il le moindre risque qu'on remonte jusqu'à nous ? Qu'est devenu le portable ?

— Aucun risque de ce côté-là, monsieur. Il y a eu un incendie féroce, le téléphone a probablement fondu. Cependant, je suis inquiet à propos des soutiens. L'un ou l'autre pourrait parler.

— Pas question ! Éliminez-les.

— Même si nous trouvons quelqu'un qui serait prêt à le faire à l'intérieur de la prison, répondit Gray, hésitant, cela coûtera très cher…

— J'en ai rien à foutre ! C'est votre problème.

Wiley écrasa le récepteur sur son socle de cryptage. La chancelière allemande parlait déjà de massacre abominable et elle exigeait des réponses. Il envisagea de mettre le nouveau directeur au courant, mais y renonça aussitôt. L'ancien régime se serait contenté de nier toute implication de la CIA, mais Wiley savait qu'il ne bénéficierait pas d'un tel soutien de la part de cette nouvelle administration. Ce serait la fin de sa carrière.

Quatre étages plus bas, la discussion s'envenimait entre Larry Davis et Ellen Rodriguez.

— Bon Dieu, Larry. J'ignore ce que Weizman et O'Connor ont fait pour qu'on les traque ainsi, mais cette histoire devient incontrôlable !

Ses yeux verts lançaient des éclairs.

— Dix morts, dont deux bébés, parce qu'on a envoyé une bande de voyous. Des amateurs qui tirent sur tout ce qui bouge !

— Si vous ne vous sentez pas capable de participer à cette mission, Rodriguez…

Wiley venait de pénétrer dans la pièce.

— Qu'est-ce qu'on a, en dehors de ce bordel à Göttingen ?

Davis caressa sa calvitie.

— Il semble que les cibles ne se trouvaient pas à Göttingen, mais à Bad Arolsen, dit-il en jetant un regard à Rodriguez. Nous avons consulté le registre des visites, et Néfertiti l'a signé de son vrai nom.

— Pourquoi utiliserait-elle son vrai nom ?

Davis haussa les épaules, et Rodriguez répondit à sa place.

— Probablement parce qu'il faut s'enregistrer longtemps à l'avance pour pouvoir consulter des documents. À l'époque où Weizman a appelé le Service international de recherches, elle ne devait pas savoir que nous nous intéressions à elle.

— Toutankhamon ?

— Elle était accompagnée par un homme répondant à son signalement, dit Davis.

— Où sont-ils maintenant ?

— Nous n'en sommes pas sûrs, mais nous envoyons d'autres soutiens à Bad Arolsen, dit Davis.

— Ce qui, à mon avis, est une erreur.

L'air venimeux, Wiley se tourna vers Rodriguez.

— Pourquoi ?

— D'abord, l'Allemagne n'est pas un pays du tiers-monde où les meurtres font partie de la vie de tous les jours, répliqua-t-elle. Tout le monde, depuis la chancelière jusqu'au flic de base, voudra comprendre ce qui s'est passé à Göttingen. La police va être en alerte maximum dans tout le pays. Si nous commençons à expédier des soutiens dans une petite ville comme Bad Arolsen, cela ne fera qu'attirer l'attention. Par ailleurs, il y a peu de chances que les cibles s'y trouvent encore.

— Et pourquoi donc ?

— J'ai déjà travaillé avec O'Connor. Il est, ou était, un de nos meilleurs agents. Il connaît nos méthodes sur le bout des doigts et doit donc s'attendre à ce qu'on soit sur ses talons. Il ne restera pas exposé une seconde de plus que nécessaire.

— Et où, selon vous, pourrait-il être maintenant ?

— Il sait ce que nous envisageons pour Weizman et il a sûrement déjà compris que nous… que vous lui réservez exactement le même sort. Notre contact à Bad Arolsen nous a indiqué qu'elle a demandé à voir des documents sur le camp de concentration de Mauthausen. C'est sans doute leur prochaine destination. Mais je ne comprends toujours pas pourquoi O'Connor a décidé d'apporter son aide à Weizman. Cela aurait-il un rapport avec la conférence maya ?

— Si j'étais vous, Rodriguez, je me contenterais de faire mon boulot, répliqua Wiley, le ton menaçant, avant de se tourner vers son second. Que Vienne fasse surveiller les frontières ainsi que les trains et les aéroports. Qu'on vérifie les agences de location de voitures dans la région et envoyez quelqu'un à Mauthausen. Et qu'on les bute une bonne fois pour toutes !

42

Mauthausen

O'Connor se gara au pied des murs imposants derrière lesquels plus de 120 000 personnes avaient été assassinées par les nazis. À l'exception de quelques baraquements exigus et crasseux qui avaient été démolis, le camp était resté tel qu'il l'était quand la famille d'Aleta y avait été internée en 1938. Il servait désormais de mémorial dédié aux victimes innocentes.

De si bonne heure un dimanche matin, le parking était vide. Les cars de touristes n'arriveraient que plus tard. O'Connor et Aleta se dirigèrent en silence vers la porte principale.

Des barres de fer rouillées émergeaient de l'arche en granit, l'immense aigle qu'elles soutenaient autrefois ayant été abattu par les détenus quand ils avaient enfin été libérés par la 11e division blindée américaine en mai 1945. Les lourdes portes de bois au centre de l'arche étaient fermées. Ils pénétrèrent donc dans le camp par une entrée latérale située sous les miradors et traversèrent la cour d'appel où les prisonniers pouvaient attendre entièrement nus pendant des heures sous un soleil brûlant ou dans la neige.

Avant de venir en Autriche, Aleta avait effectué de nombreuses recherches sur le camp, mais même cela ne l'avait pas préparée à l'immonde réalité qui l'attendait quand elle pénétra dans les chambres à gaz. À Mauthausen, où les nazis les avaient maquillées en salles de douche, celles-ci pouvaient contenir 120 prisonniers. Une boule douloureuse dans la gorge, elle traversa les salles au carrelage blanc où les embouts de douche et les tuyaux étaient toujours en place. L'entrée dans chaque chambre se faisait à travers une sorte de sas en acier renforcé. Désormais rongées par la rouille, ces portes servaient à sceller les pièces et à les séparer du monde extérieur. Chacune était équipée d'un hublot par lequel les SS pouvaient regarder les prisonniers agoniser sur le carrelage, le sang suintant par tous leurs orifices corporels sous l'effet du Zyklon-B.

Sans un mot, O'Connor et Aleta traversèrent ensuite les autres pièces adjacentes qui contenaient les fours utilisés pour incinérer les corps que les SS sortaient des « douches ».

— J'ai besoin de respirer, dit-elle finalement, livide.

Ils grimpèrent les marches qui conduisaient à l'extérieur et passèrent devant les baraquements et le bordel créé au profit des détenus qui collaboraient avec les nazis. Ils franchirent l'énorme porte de granit, la « porte des prisonniers », pour se rendre dans la clairière où des milliers d'hommes, de femmes et d'enfants étaient morts d'épuisement à creuser la roche à mains nues.

Ici, le parking était hors de vue, aussi ni l'un ni l'autre n'aperçut l'Audi qui se gara tout près de la sortie. L'homme au volant remarqua la plaque d'immatriculation ornée d'un *D* de la Passat de location. Il transmit le numéro à Berlin grâce à son téléphone sécurisé. Dix minutes plus tard, il recevait ses instructions. « Voiture louée à Kassel-Wilhelmshöhe par homme correspondant au signalement de Toutankhamon. Probablement accompagné de Néfertiti. Une fois identités confirmées, éliminez les deux cibles à la première opportunité. »

— Étant donné ce qui s'est passé ici, fit remarquer Aleta, il est surprenant qu'Israël ne montre pas plus de compassion à l'égard des Palestiniens.

— On pourrait vous répondre qu'ils ont le droit de se défendre contre les attaques de roquettes.

— Oui. Mais les offensives d'Israël à Gaza et au Liban étaient complètement disproportionnées : ils ont même bombardé des écoles et des postes des Nations unies.

— Ce qui peut difficilement se comparer avec la Shoah, répondit doucement O'Connor.

— Chaque vie est précieuse. Quand vous attaquez des endroits comme Gaza, l'une des zones les plus peuplées de la planète – où un million et demi de personnes s'entassent sur une superficie minuscule, une sorte de champ clos que même le Vatican qualifie de camp de concentration –, vous prenez la décision de tuer des civils innocents. Si n'importe quel autre pays utilisait des bombes et des armes au phosphore blanc sur des femmes et des enfants, vous autres à Washington pousseriez des cris d'orfraie. *Du phosphore blanc !* Un composé qui s'accroche à la peau et provoque de terribles brûlures. Comment les Israéliens peuvent-ils justifier ça ?

Il ne répondit pas, surpris par sa véhémence. « Était-ce un Arabe ou un Juif, se demanda-t-il, qui avait dit : "Un homme sans pays est un homme sans dignité. Et notre dignité est, pour nous, plus importante que la vie." » O'Connor était convaincu que les tueries atroces continueraient des deux côtés tant que les islamistes ne reconnaîtraient pas le droit à l'existence d'Israël et tant que les Israéliens ne renonceraient pas aux colonies illégales pour retourner à l'intérieur des frontières de 1967, permettant ainsi la formation d'un État palestinien.

Ils arrivaient à « l'escalier de la mort ». Aleta leva les yeux vers la falaise.

— Il y a 186 marches jusqu'au sommet, dit-elle. Les prisonniers punis devaient les monter en portant d'énormes quartiers de roche.

Des larmes apparurent dans ses yeux.

— Je crois que si mon grand-père était vivant aujourd'hui, il presserait le gouvernement et le peuple israéliens de choisir une autre voie. Je ne reproche rien au peuple – il veut la paix autant que le peuple palestinien – mais ce gouvernement ne sera content que quand il aura pris toutes les terres palestiniennes par la force. Il ne vaut pas mieux que les islamistes qui veulent rayer Israël de la carte. C'est de la folie, la même folie qui a donné naissance à des von Heißen et à Mauthausen... Il est temps de partir, dit-elle soudain en s'essuyant les yeux. Il reste moins de trois semaines avant le solstice d'hiver. Si nous voulons avoir une chance de trouver la troisième figurine et de les aligner le 21 décembre, nous devons faire vite.

O'Connor acquiesça, et ils retraversèrent en silence la carrière déserte où des milliers de détenus, juifs et autres, avaient été assassinés. Leurs mains se touchèrent brièvement, et elle ne chercha pas à éviter ce contact.

— La grande question maintenant, je suppose, c'est comment aller au Guatemala ? dit-elle quand ils quittèrent le parking.

— Vous venez de devenir navigatrice, dit-il en lui tendant une carte. Nous allons revenir le long du Danube vers la ville de Mauthausen avant d'obliquer vers le nord sur la route 123 qui rejoint l'E55 en direction de la République tchèque.

— La République tchèque ?

— Wiley ne fait confiance à personne, il ne va donc pas faire appel aux polices allemande et autrichienne, mais il dispose néanmoins de soutiens qui surveillent les principales frontières. Ils ne doivent pas s'attendre à nous voir passer par la République tchèque, car ils s'imaginent que nous allons partir par Vienne ou par l'une des grandes villes d'Allemagne.

— Alors que nous prendrons un avion à Prague ?

— Non. Les gares et les aéroports seront surveillés, et le chef de station à Prague a sûrement été alerté. Mais même la CIA ne peut pas surveiller tous les quais de tous les ports d'Europe. J'ai un contact à Hambourg. Si nous évitons Prague et repassons la frontière du côté de Dresde pour monter jusque là-haut sans nous faire repérer, nous avons une chance.

Il jeta un coup d'œil dans le rétroviseur. Il avait mentalement photographié toutes les voitures présentes sur le parking. L'Audi noire qui avait été garée près de la sortie les suivait à bonne distance.

— On a encore de la compagnie.

Celui qui les filait attendit que la route s'enfonce dans une série de petites collines avant de les rattraper et de les mettre en joue avec son Brügger & Thomet MP9.

— Baissez-vous ! s'écria O'Connor.

Une rafale fit exploser le pare-brise arrière. O'Connor se mit à décrire des zigzags sur la chaussée, et une nouvelle volée de balles frôla la voiture pour aller déchiqueter quelques pins dans la forêt. Il écrasa l'accélérateur de la Passat, fonçant sur la route sinueuse, mais l'Audi, plus puissante, mieux équilibrée, gagnait inexorablement du terrain. Forcé de prendre des risques, O'Connor négocia le virage suivant à la corde... pour se retrouver face à un semi-remorque venant en sens inverse. Un coup de klaxon strident retentit tandis qu'il braquait à fond vers la droite, évitant le camion de justesse.

— Tenez-vous bien ! hurla-t-il en donnant un nouveau coup de volant vers la gauche juste après avoir dépassé le véhicule et en freinant brutalement.

L'Audi les dépassa à toute allure. Rétrogradant en seconde, O'Connor écrasa l'accélérateur. Les pneus de la Passat laissèrent une trace noire sur l'asphalte. Dès que le précipice s'ouvrit sur le bas-côté de la route, il rattrapa l'Audi. Avec une précision diabolique, il plaça son véhicule à l'intérieur du virage par rapport à l'autre et vint le toucher presque délicatement au niveau du pare-chocs arrière. L'Audi partit en toupie, et O'Connor et Aleta durent se baisser tandis que le tueur les arrosait de balles dans une dernière tentative désespérée. La Passat doubla l'Audi. Dans son rétroviseur, O'Connor vit l'autre voiture heurter une rambarde de sécurité. Sous la violence du choc, elle rebondit au-dessus de la barrière et roula dans la pente dans une gerbe d'étincelles. O'Connor immobilisa leur voiture et se rua à l'extérieur au moment où l'Audi passait au-dessus d'un surplomb pour effectuer une chute à pic de plus de 20 mètres. L'explosion fut spectaculaire.

Aleta était livide.

— Mais qui *sont* ces gens ?

— Quand la CIA veut se débarrasser de quelqu'un, elle utilise en général un de ses agents de terrain, mais si elle est pressée, s'il faut éliminer la cible en priorité, elle fait appel à ce que dans le métier nous appelons des « soutiens ». Dans notre cas, plusieurs soutiens.

— Et ce type est un de ces soutiens ?

— Était. Nous avons gagné un peu de temps mais pas beaucoup, répondit-il en réfléchissant à haute voix. Ils ont sûrement notre numéro de plaque, mais Wiley n'a visiblement pas demandé l'aide des polices allemande et autrichienne, ce qui pourrait faire la différence.

— Et que va-t-il se passer si nous tentons de franchir la frontière avec une voiture criblée d'impacts de balles ?

O'Connor sourit.

— Vous apprenez vite. Vous n'allez pas tarder à passer votre diplôme d'espionne.

— Très peu pour moi, merci.

— Il faut que nous changions de véhicule avant la frontière tchèque.

— Vous voulez dire en louer un autre ?

— S'il n'y a pas moyen de faire autrement, oui. Wiley a sans doute mis les agences de location sous surveillance. Non, nous allons en… emprunter un.

Aleta secoua la tête.

* * *

O'Connor ralentit en arrivant à proximité de la ville de Freistadt en Autriche et quitta la E55 pour prendre la direction de la gare. Celle-ci était déserte, mais il y avait six voitures sur le parking.

— Faites le guet, dit-il à Aleta avant de se diriger vers une vieille Toyota.

Il ne lui fallut que quelques secondes pour forcer la serrure de la portière. Il inséra un petit tournevis plat dans le démarreur.

— Évidemment, aujourd'hui ça ne marche pas, maugréa-t-il en arrachant la protection en plastique située sous la colonne de direction, mettant à nu les fils du démarreur.

Au bout d'un moment, une étincelle jaillit.

— Suivez-moi avec la Passat, dit-il à Aleta.

Ils quittèrent la ville pour s'enfoncer dans une petite forêt au nord de Freistadt. Là, ils transférèrent leurs bagages contenant les précieuses figurines, et O'Connor cacha la Passat derrière des broussailles. Puis il fixa les plaques de celle-ci sur la Toyota.

— Au cas où les propriétaires déclarent le vol, expliqua-t-il.

— Je suis curieuse… dit Aleta tandis qu'ils retournaient sur l'E55 en direction de la frontière.

— Comment j'ai fait ? fit O'Connor en souriant. Secret professionnel.

— Non – même si un jour j'aimerais bien que vous me montriez –, mais il y avait deux BMW et une Mercedes toutes neuves dans ce parking et vous avez choisi cette vieille Toyota ? Pour moins attirer l'attention ?

— Oui, mais il y a aussi une raison technique. Les modèles récents nécessitent une clé codée. Il est impossible de les démarrer de cette façon. Il y a des moyens de contourner cette protection, mais nous n'utiliserons pas cette voiture très longtemps. Demain, nous serons à Hambourg.

* * *

L'inspecteur Erich Polzer de la police autrichienne et sa femme descendirent du train et se rendirent sur le parking de la gare de Freistadt.

— *Jemand hat unser Auto gestohlen!* s'exclama le policier avec colère en sortant son portable.

43

San Pedro, Guatemala

Les nuages qui semblaient couler du sommet du San Pedro se teintaient de rose. Le vieil homme amena son *lancha* contre la jetée. Les eaux du lac Atitlán clapotaient sur les vieilles marches en bois du ponton, et le bonhomme jeta sa corde avec précision, amarrant le canot par la poupe. Mgr Jennings lui tendit son argent et grimpa maladroitement sur le plat-bord. L'embarcation fit une embardée. Le vieil homme la stabilisa, mais Jennings avait déjà perdu l'équilibre. Il tomba dans le lac.

— *¡ Imbécil !* gronda-t-il en pataugeant vers les marches.

Heureusement pour lui, l'eau était peu profonde à cet endroit. Le vieux batelier haussa les épaules et déposa sa valise sur la jetée. D'un habile mouvement de poignet, il dénoua l'amarre.

— *¡ Adiós, señor !*

Il souriait encore tandis qu'il s'éloignait dans la pénombre qui commençait à recouvrir le lac.

— *¡ Tuc tuc, señor ! ¡ Tuc tuc !*

— *¡ Aquí, señor, aquí !*

Une querelle venait d'éclater entre deux jeunes chauffeurs de taxi, ni l'un ni l'autre n'ayant plus de

12 ans. L'un avait illégalement manœuvré son engin de façon à passer sous la corde au bout de la jetée, contrairement à l'autre qui attendait sagement à l'endroit réglementaire. Jennings choisit l'option qui lui évitait de marcher, à la grande colère du garçon honnête.

— *¡ Que te jordan ! ¡ Hijo de puta !* « Va te faire mettre, fils de pute ! »

Le conducteur de Jennings lui fit un doigt et lança le tricycle à moteur à l'assaut de la côte qui grimpait vers la place centrale du village au sommet de la colline.

— *¿ Dónde va, señor ?*

— *La iglesia*, répondit Jennings en montrant l'église blanchie à la chaux qui se dressait en haut du village.

Toujours dégoulinant, il s'accrochait au cadre métallique supportant le toit de toile du *tuc tuc* tout en observant son jeune chauffeur avec intérêt. Sa peau sombre était sans défaut, et Jennings s'imaginait déjà glissant sa main entre ses cuisses. Pour le moment, le gamin slalomait avec habileté entre les touristes et les petits étals dressés sur le rebord de la route qui offraient tout et n'importe quoi : paniers en osier, tacos, épices ou *hamburguesas*. Les femmes du village, vêtues d'élégants *cortes*, portaient en équilibre sur leur tête et sans le moindre effort apparent d'immenses paniers remplis de fruits ou de pains.

— *¿ Cómo se llama usted ?*

— *Me llamo Alonzo*, répondit le garçon tandis qu'ils arrivaient sur la place.

Il gara son engin en face des marches menant à l'église.

— Je suis le nouveau prêtre de cette paroisse, Alonzo. Passe donc me voir, dit Jennings en lui donnant un pourboire de 50 quetzales, tu ne le regretteras pas.

Il étira la poignée de son bagage. L'église, de style colonial, dominait San Pedro. Une statue de saint Pierre montait la garde au pied des marches, et quelques rochers délimitaient un petit jardin planté de palmiers, d'hibiscus orangés, d'orchidées blanches et de roses. L'épaisse porte en cèdre couina sur ses gonds.

En entendant les pas de Jennings qui remontait l'allée, une bonne sœur agenouillée devant l'autel interrompit un instant ses prières avant de les reprendre. Il s'arrêta à ses côtés. Sentant sa présence, sœur Juanita Gonzalez ouvrit les yeux pour découvrir cet homme obèse et rougeaud en costume de safari qui la toisait.

— Puis-je vous aider, señor ?

— Mgr Jennings.

Sœur Gonzalez se leva d'un bond.

— Oh, mon père. Je suis désolée, personne ne nous a prévenus de votre arrivée, bredouilla-t-elle.

La jeune nonne était jolie, mince et petite. Ses longs cheveux noirs restaient cachés sous sa coiffe.

— C'est ce que je vois, fit-il, irrité. Emmenez-moi à mes quartiers.

* * *

— Encore une fois, je suis terriblement désolée, mon père, répéta sœur Gonzalez en ouvrant les volets de la petite chambre à coucher qui offrait une vue splendide sur le lac. Le presbytère est inoccupé depuis le départ du père Hernandez et il est très humide. Si nous avions su, nous aurions fait un grand ménage.

— Le presbytère est resté vide pendant tout ce temps ?

— Nous n'avons pas eu de prêtre permanent à San Pedro depuis que le père Hernandez a pris sa retraite. À vrai dire, il a continué à vivre ici jusqu'à son départ…

Elle avait renoncé à finir sa phrase.

— Et quelles étaient les raisons de ce départ ? demanda Jennings.

Sœur Gonzalez contempla le parquet sans répondre.

— J'attends !

— Nul ne sait vraiment, mon père. Ce ne sont que des rumeurs…

— Quelles rumeurs ?

— Sur son passé… on dit que c'était un nazi. Il est parti très précipitamment quand il a su pour les Israéliens, ajouta la sœur, mal à l'aise.

— Des Israéliens sont venus jusqu'ici ?

Elle hocha la tête.

— Quelqu'un à Panajachel a prévenu le père Hernandez qu'ils venaient le chercher, et il est parti en camion juste avant qu'ils n'arrivent.

— En camion ?

— Il y a une petite route qui rejoint l'autoroute au sud. Il a emporté une grande malle avec lui…

— Et qu'y avait-il dans cette malle ?

— Je ne sais pas, mon père, mais elle était très lourde. Elle a dû être chargée avec un chariot élévateur.

Jennings émit un grognement.

— Avez-vous mangé, mon père ? Ce soir, nous avons des haricots noirs et de la tortilla.

La jeune nonne souriait avec enthousiasme.

— Je dînerai dehors. Ce sera tout.

* * *

Jennings contempla ses nouveaux quartiers, nullement ravi de sa nouvelle mission. San Pedro n'offrait aucun des délices disponibles dans les grandes villes européennes – « ou même guatémaltèques », se dit-il en songeant à sa nuit avec Reynaldo. Ceci étant, ces chauffeurs de *tuc tuc* pouvaient se révéler prometteurs. Il défit ses bagages, rangeant ses vêtements dans l'armoire en chêne. Sa chambre se trouvait sur une mezzanine qu'on atteignait par un escalier en bois. En bas, le reste de ses appartements consistait en une sorte de salon meublé d'un vieux canapé, d'une table et de deux chaises en osier. Dans la cuisine, la petite cuisinière était reliée à une bouteille de gaz, et le vieux réfrigérateur américain devait dater du milieu du siècle dernier.

Il redescendit dans le salon, sans un regard pour la vue magnifique sur les plantations de café tapissant les flancs du volcan qui descendaient jusqu'au lac. Les rives étaient une merveille jonchée de poinsettias, de bananiers, de chèvrefeuilles, de yuccas et de multiples autres plantes toutes plus colorées les unes que les autres. Jennings ouvrit la porte sous l'escalier. Le placard de rangement puait l'humidité. Il était vide, à l'exception de deux bouteilles et d'un détendeur de plongée. Curieux, il souleva une des bouteilles pour découvrir un petit logement aménagé dans le sol dans lequel se trouvait un vieux carnet. Les Israéliens avaient bien forcé von Heißen à fuir précipitamment, pensa Jennings en s'emparant du journal intime.

44

Hambourg

O'Connor abandonna la Toyota dans une ruelle près de la Hamburg Hauptbahnhof et héla un taxi qui les déposa non loin du Hansehof, un hôtel deux étoiles sur Simon-von-Utrecht-Strasse. Il ne réserva qu'une seule chambre afin d'éviter qu'Aleta ne se sente plus vulnérable encore.

— Un peu moins classe que l'Imperial, fit-elle remarquer avec un sourire.

— Oui, mais nettement plus discret et offrant un avantage crucial à ce stade de notre relation et de notre périple.

— Lequel ? demanda-t-elle, curieuse, tandis qu'il glissait la clé dans la serrure.

Il poussa la porte et tendit la main dans un geste théâtral.

— Des lits jumeaux.

— Ça vous arrive d'être sérieux ?

— Puisque vous m'y faites penser… Je dois ressortir. Régler deux ou trois bricoles, annonça-t-il, le ton grave. Ne répondez ni à la porte ni au téléphone. Je serai de retour dans une heure… deux au maximum.

* * *

Aleta brancha la télévision et choisit CNN. Une jeune journaliste se tenait parmi des ruines sur la côte sud d'une des îles Samoa dans le Pacifique.

« Des villages entiers ont été rayés de la carte, et le bilan devrait être très lourd... »

La caméra pivota pour montrer des bateaux jetés comme des confettis au sommet de cocotiers, des plaques de béton couvertes de boue qui avaient servi de socle à des maisons maintenant disparues, des toits perchés de guingois sur des bâtiments disloqués.

« Le séisme a frappé à 15 h 48, heure locale, atteignant 8,3 sur l'échelle de Richter avec un épicentre situé à cent kilomètres au sud des Samoa-Occidentales. Aux dernières nouvelles, un autre tremblement de terre de magnitude 7,6 aurait touché la province de Sumatra, dévastant les villes de Padang et de Pariaman. Là-bas aussi, on s'attend à des pertes terribles. »

Un sismologue du bureau de météorologie de Sydney la remplaça.

« 80 % des tremblements de terre du globe se produisent autour de ce qu'on appelle la "Ceinture de feu du Pacifique", une série de fosses et de plaques tectoniques en forme de fer à cheval qui s'étale sur 40 000 kilomètres. »

Il montra une carte sur laquelle la ceinture en question apparaissait, longeant la côte sud-américaine jusqu'en Alaska pour se tourner vers la Sibérie et redescendre le long du Japon et de la Nouvelle-Zélande.

« On y trouve aussi plus de 450 volcans. Dans le cas des Samoa, l'immense plaque pacifique, se déplaçant vers l'ouest à raison d'un centimètre par an, se glisse sous la plaque australienne. Les séismes sous-marins provoquent souvent des tsunamis qui se déplacent à des vitesses pouvant atteindre 800 kilomètres-heure. Au moment où elles arrivent sur les côtes, certaines de ces vagues tueuses sont aussi hautes que des immeubles de plusieurs étages, comme en 2004 en Indonésie, où un quart de million de personnes ont perdu la vie. »

Pendant l'heure qui suivit, Aleta regarda les reportages sur les désastres en cours aux Samoa et en Indonésie, jusqu'à ce que la chaîne s'intéresse aux Philippines, où un typhon approchait par le nord-est menaçant Luçon, la plus grande des îles. Déprimée par ces destructions en série, elle se mit à zapper. Un prêcheur en costume blanc d'une de ces mégacongrégations baptistes du sud des États-Unis apparut à l'écran.

Un panneau annonça : « La Jerry Buffet Hour – l'heure qui va *changer* votre vie ! – un programme hebdomadaire diffusé sur plus de 300 chaînes à travers le monde. » L'auditorium d'une capacité de 15 000 places du Buffet Evangelical Center était bourré à craquer. Toute l'assistance était pendue aux lèvres du prédicateur. Le cameraman, ayant reçu pour instruction de ne prendre que le meilleur profil de Jerry Buffet, zooma lentement sur son visage bronzé, cadrant en gros plan sa mâchoire carrée et l'intensité de ses yeux bleus.

« Dieu multiplie ses avertissements. Il nous envoie un nombre toujours croissant de tremblements de terre et de tsunamis qui sèment toujours plus de mort et de destruction sur leur passage. En vérité, mes amis, je vous le dis, la fin des temps est plus proche que vous ne le pensez ! Certains sont sceptiques sur l'imminence d'Armageddon, mais si le peuple américain ne se repent pas, si nous ne revenons pas vers le Seigneur, le prophète Isaïe est très clair ! »

Il saisit les deux côtés du pupitre pour lire un extrait d'Isaïe 24 :

« "Voyez... La terre chancelle comme un homme ivre... et elle tombe !" Ceci, mes amis, se passe d'explication et cela nous vient de l'un des plus grands prophètes de tous les temps. Tout ce qu'Isaïe a prédit est arrivé ou bien *arrivera*. Par ces lignes, il nous annonce un futur déplacement des pôles géographiques. C'est par ce moyen que Dieu a choisi de punir un monde de pécheurs, tout comme il a puni les anciens Israélites quand ils se sont détournés de Lui pour adorer le Veau d'Or. Oui, c'est ici, dans Isaïe 13 : "C'est pourquoi j'ébranlerai les cieux, et la terre tremblera sur sa base." Ceux qui ne pensent qu'à l'argent, ceux qui se livrent aux péchés de la chair, ceux qui ont tourné le dos au Seigneur Tout-Puissant... Ceux-là, le grand bouleversement divin les engloutira en un instant ! »

Buffet s'interrompit un instant pour laisser ses mots faire leur effet sur le public saisi et effrayé.

« Mais ceux qui craindront sincèrement le Seigneur – pas Allah ni Yahvé, ni aucun des autres faux dieux, mais le seul vrai Dieu qui s'est révélé à nous par l'intermédiaire du Seigneur Jésus-Christ –, ceux-là, au moment où viendra Armageddon, seront saisis de ravissement et seront sauvés ! »

Il abandonna le pupitre pour arpenter la scène.

« Les avertissements de Dieu ne se trouvent pas seulement dans Isaïe, mes amis, ils sont aussi présents dans l'Apocalypse et dans Luc 12, où le grand médecin et confident de l'apôtre Paul nous avertit très clairement de la catastrophe qui nous attend, où il annonce le déferlement des mers sur les terres.

» Les médias nous abreuvent de sottises, continua-t-il d'une voix plus calme. Vous lirez parfois des articles sur 2012 – sur d'anciens sauvages et un codex disparu –, mais il n'existe qu'un codex dont nous devons nous inspirer, dit-il haussant à nouveau le ton en brandissant sa bible, et c'est celui qui reproduit la parole du Seigneur. Soyez prêts, mes amis ! Nous ne savons ni le jour ni l'heure, mais tous les signes sont là – tsunamis, séismes, incendies et éruptions volcaniques. L'ouragan Katrina, le châtiment de Dieu contre une ville à la dépravation notoire, n'était qu'un avant-goût du vrai cataclysme qui nous attend, car même la patience du Seigneur Tout-Puissant, a des limites ! »

Écœurée, Aleta éteignit la télé. Cela faisait longtemps qu'elle avait abandonné l'idée d'un dieu vengeur qui ferait payer ses péchés à son peuple, et elle n'avait jamais pu accepter la prétention des chrétiens, convaincus qu'il n'existait qu'une seule vraie foi. Soudain, un bruit de clé retentit, et O'Connor apparut portant deux grands sacs à dos et un sac en plastique.

— Nous partons demain soir sur un petit porte-conteneurs à destination de La Havane. De là, nous traverserons la mer des Caraïbes puis le canal de Panamá pour remonter vers le nord sur la côte pacifique jusqu'à Puerto Quetzal.

— On dirait *La croisière s'amuse*.

— Je savais que ça vous plairait. L'autre problème, c'est qu'il n'y a qu'une seule cabine et que nous voyagerons en tant que mari et femme.

— Quoi ?

— Le capitaine est un catholique très strict, mais ne vous inquiétez pas : il y a deux couchettes, ajouta-t-il, goguenard. En attendant, dit-il en fouillant dans le sac en plastique pour en sortir une liasse de quetzales, voici un peu de monnaie locale, une poudre décolorante ainsi qu'une coloration-crème de L'Oréal Paris, blond viking cendré.

— Pour moi, j'imagine ?

— Avec cette paire de ciseaux.

Aleta le regarda de travers.

— Je sais que vous devez aimer vos cheveux et vous avez bien raison, ils sont splendides...

— Épargnez-moi vos flatteries, monsieur O'Connor.

— Vous avez vu de quoi ces types sont capables. Pour eux, la vie ne vaut que le prix qu'on leur donne. Vous couper les cheveux et les teindre ne les trompera pas longtemps, mais une ou deux heures de répit pourraient faire la différence.

Il avait soudain retrouvé tout son sérieux.

— Je suis désolée. Je ne voulais pas me montrer ingrate, mais j'ai besoin d'un peu de temps pour m'habituer à votre monde. À quelle heure partons-nous ?

— Le bateau lève l'ancre avec la marée demain soir, juste avant minuit. Voici votre nouveau passeport, dit-il en lui tendant un livret couleur cerise orné du blason équatorien avec un condor géant au sommet du mont Chimborazo. Et vous êtes déjà blonde sur la photo, ajouta-t-il avec un sourire.

— Équatorienne ?

— Ils recherchent une Guatémaltèque.

* * *

À l'autre bout de la ville, deux policiers en patrouille dans leur BMW s'immobilisèrent à côté d'une vieille Toyota dans le quartier de la gare.

— Les plaques ne correspondent pas, dit le plus jeune.

— *Nein*, acquiesça son collègue, mais le modèle et la bosse sur le pare-chocs, oui. Lance une vérification sur ce numéro, on verra bien.

* * *

Au quartier général de la CIA à Langley, il n'était pas encore 6 heures du matin, mais Howard Wiley pénétrait déjà dans la salle d'opérations, furieux et frustré.

— Qu'est-ce qu'on a ?

— La police autrichienne a retrouvé le corps de notre soutien dans une voiture incendiée au fond d'un ravin. Un véhicule de location correspondant à la description de celui utilisé par Toutankhamon et Néfertiti a été retrouvé dans une forêt près de Freistadt, répondit Larry Davis, montrant la petite ville au nord de l'Autriche sur une carte électronique.

— Qu'est-ce qu'ils foutent là-haut ?

— C'est ce que nous tentons de découvrir, dit Davis.

— Ils vont sans doute passer par la République tchèque pour tenter de nous semer, intervint Ellen Rodriguez.

Des cernes sombres soulignaient ses yeux. Contrairement à Larry Davis, arrivé quelques secondes avant son chef, tous les agents assignés à l'opération Maya avaient travaillé toute la nuit.

— Et sur *quoi* basez-vous cette affirmation, officier ? ricana Wiley.

— Appelez ça un pressentiment, mais O'Connor sait que nous surveillons les gares et les aéroports. Pour espérer le coincer, il faudrait travailler main dans la main avec les autorités locales. Aussi bien les Tchèques que les Allemands et les Autrichiens.

— Et nous retrouver jetés en pâture aux lions à tenter d'expliquer au Congrès et à la Maison Blanche pourquoi on a attaqué un camion-poubelle dans un pays étranger !

Wiley se tourna vers son second.

— Des infos sur leur destination ?

Davis, mal à l'aise, haussa un sourcil en direction de Rodriguez.

— Je pense qu'ils tentent de rejoindre le Guatemala, dit celle-ci, probablement Tikal, puisque le codex est censé se trouver là-bas. Selon vos instructions, j'ai alerté notre antenne sur place. Elle a déjà posté des hommes dans les aéroports et aux principaux points de passage aux frontières. Ils tentent aussi de recueillir des informations sur le codex.

— Les trains ? demanda Wiley.

Rodriguez retint un soupir.

— Les chemins de fer guatémaltèques ont cessé de fonctionner en 2007.

Wiley lui jeta un regard noir.

— Quoi qu'il en soit, je veux qu'on les retrouve et qu'on les élimine avant qu'ils ne provoquent un nouvel incident en Allemagne, en Tchéquie ou ailleurs. Je veux aussi qu'on couvre toutes les frontières du Guatemala, le moindre sentier de montagne qui passe au Mexique, au Bélize, au Honduras et au Salvador, ainsi que tous les ports. Et je veux ce codex !

Là-dessus, il fit signe à Davis de le rejoindre dans la petite pièce surnommée le « cône de silence » à côté de la salle d'opérations.

— Rodriguez commence à m'emmerder sérieusement et elle a un peu trop de copains à la Maison Blanche. Il y a une réunion sur HAARP en Alaska après-demain. Expédiez-la là-haut en tant que représentante de la CIA jusqu'à ce que je trouve un moyen de la dégager pour de bon.

45

Gakona, Alaska

Devant le bâtiment abritant la salle d'opérations, les congères de neige fraîche brillaient sous le froid soleil de ce début décembre. Le directeur de Gakona, le Dr Nathaniel Hershey, était très solidement bâti. Dans sa jeunesse, il avait joué quart-arrière pour les Washington Redskins et il continuait à s'entraîner tous les jours, mais pas aujourd'hui. Aujourd'hui, il présentait un exposé sur les capacités de HAARP à un aréopage de généraux de la marine, de l'armée, de l'aviation et des Marines, auxquels s'ajoutaient quelques huiles de la CIA et du Pentagone.

— Ici, à HAARP, nous sommes aux frontières de la science, commença-t-il. En quelques années, nous sommes parvenus à générer 3,6 millions de watts au sol et, grâce à notre champ d'antennes qui couvre près de 15 hectares, nous pouvons concentrer cette énergie dans un rayon très étroit que nous pouvons braquer où bon nous semble, nous permettant ainsi de décharger plus de 3 gigawatts, c'est-à-dire 3 milliards de watts, dans l'ionosphère.

Ellen Rodriguez ouvrit de grands yeux. Ses compétences ne se limitaient pas à l'espagnol et l'allemand. Après avoir été diplômée *summa cum laude* d'une petite université peu connue du Bronx, elle avait obtenu une bourse à Columbia University où elle avait étudié la physique environnementale. Depuis son départ de Langley, elle s'était documentée sur HAARP et elle était déjà arrivée à la conclusion que jouer avec le fragile équilibre de la Terre était une pure folie.

Sur un écran, le Dr Hershey afficha un diagramme de l'ionosphère, la couche supérieure de l'atmosphère située entre 80 et 1000 kilomètres d'altitude et constituée d'électrons libres et de particules chargées électriquement ou ions.

— Comme vous le savez, l'ionosphère est d'une importance capitale pour nous. En servant de miroir aux ondes radio, elle rend possibles nos communications longue distance. Par contre, nous tentons encore de comprendre comment utiliser ces propriétés sur des missiles balistiques intercontinentaux envoyés depuis la Russie, la Chine ou bien, dans un avenir proche, par certains États voyous comme la Corée du Nord et l'Iran.

— Pourrait-on, par exemple, les dévier de leur cible ? demanda le solide général quatre étoiles des Marines.

— C'est une des choses que nous tentons de déterminer, général, répondit Hershey en affichant une autre animation de sa présentation PowerPoint. En concentrant 3 milliards de watts sur un point précis de l'ionosphère, nous pensons être capables de la soulever de 80 kilomètres, ce qui pourrait modifier la course d'un missile.

— Si vous envoyez une décharge de 3 milliards de watts dans l'ionosphère, Dr Hershey, il faudra bien que toute cette énergie aille quelque part, et j'imagine que ce sera dans les particules qui forment l'ionosphère elle-même.

Rodriguez était installée tout au fond de la petite salle de réunion, mais sa voix possédait une autorité qui fit se retourner les têtes des grands pontes assis au premier rang.

— Je ne vois pas très bien où vous voulez en venir, fit Hershey, le regard soudain glacé.

Il avait déjà répondu à ce genre de remarque lors de conférences ouvertes au public, mais il ne s'était pas attendu à devoir y faire face lors d'une réunion classée secret-défense.

— Si je ne me trompe, un rayon d'une telle puissance va projeter d'immenses quantités de chaleur dans l'ionosphère et provoquer un formidable déséquilibre. Comme toujours dans ces cas-là, il faudra bien que ce surplus d'énergie se décharge quelque part. Un peu comme la foudre, sauf que dans ce cas, ce serait des centaines de fois plus puissant.

Un mince sourire apparut sur les lèvres du Dr Hershey.

— J'emploierais plutôt une autre analogie : enfoncez votre doigt dans un seau d'eau puis enlevez-le, le trou est aussitôt rempli.

Il adressa un regard furieux à Tyler Jackson, le scientifique en chef de la CIA travaillant sur HAARP, comme pour lui demander ce qu'une demeurée comme l'officier Rodriguez foutait dans sa salle.

— Je n'aurais su mieux dire moi-même, ricana le général des Marines. Maintenant, si la brigade en sac à main là-bas dans le fond n'y voit pas d'inconvénient, j'aimerais entendre la suite de votre exposé.

— Merci, général, fit Hershey, ravi. Dans le cadre de ce programme, nous comptons mener trois expériences majeures. La première, que je viens brièvement de vous décrire, consistera à concentrer une décharge extrêmement puissante sur un point situé au-dessus du Pacifique nord. Juste avant cela, l'Air Force lancera un missile longue portée depuis la base de Vandenberg en Californie que nous dévierons de sa course vers l'océan Arctique.

Le commandant en chef adjoint de l'Air Force hocha la tête avec enthousiasme.

— Par le passé, nous avons lancé des missiles d'interception depuis l'atoll Kwajalein, dans les îles Marshall, mais sans obtenir une efficacité absolue. Ceci ajoutera une corde à notre arc.

Rodriguez secoua la tête, convaincue que personne dans cette pièce n'avait la moindre idée des forces avec lesquelles ils envisageaient de jouer.

— Pour la deuxième expérience, nous générerons des ondes électromagnétiques d'extrêmement basses fréquences, ou ELF, poursuivit Hershey en se tournant vers l'écran qui montrait les différentes couches de l'atmosphère terrestre. À des altitudes comprises entre 100 et 150 kilomètres, se trouvent ce qu'on appelle des « électrojets ». Il s'agit pour l'essentiel de courants d'électrons ou d'électricité qui s'écoulent à travers l'ionosphère. Nous prévoyons de les arroser avec des rayons d'énergie très puissants, ce qui affectera la nature même de ces électrojets et générera des ELF qui pourront être utilisées pour communiquer avec nos sous-marins sur de très longues distances.

Ce fut au tour du représentant de la Navy de manifester son approbation.

— Les ondes ELF peuvent aussi servir à littéralement radiographier la Terre, ce qui nous permettra, nous l’espérons, de localiser les installations souterraines de pays comme l’Iran qui a enfoui ses complexes nucléaires à des profondeurs telles que même nos satellites ont du mal à les dénicher.

Il s’interrompit pour laisser chacun se pénétrer de l’immense potentiel de HAARP. Rodriguez saisit l’occasion pour tenter d’amener les personnes présentes à réfléchir au-delà de cette parade militaire.

— La tomographie sismique est utilisée depuis longtemps, Dr Hershey, pour sonder les gisements de pétrole et de gaz, par exemple, commença-t-elle. Pour ceux d’entre vous qui ne seraient pas familiers de cette technique, ces gisements renvoient le son à des fréquences différentes qui permettent aux géologues d’en identifier la substance et la localisation. Pour ce faire, on emploie des niveaux d’énergie qui fluctuent entre 30 et 40 watts, ce qui est plus que suffisant pour pénétrer la roche. Nous parlons maintenant de bombarder la Terre avec 3 *milliards* de watts. Avons-nous la moindre idée de ce que cela pourrait provoquer ?

Hershey leva les yeux au ciel.

— C’est pour cela que nous faisons des expériences, Dr Rodriguez… pour le découvrir, rétorqua-t-il. Et si vous pensez que les Russes, les Indiens et les Chinois n’ont pas construit des stations de recherches comparables à celle-ci, vous vous trompez lourdement.

Il s’empara de la télécommande et fit défiler un certain nombre de calques, s’arrêtant sur une image satellite montrant un déploiement d’antennes dans la région de Nijni Novgorod en Russie centrale.

— Prise par l’un de nos satellites KeyHole le mois dernier, expliqua-t-il. Avec une résolution de cinquante centimètres, vous voyez nettement les rues et les bâtiments de la petite ville de Vasilursk sur la Volga, proche de la station de réchauffement de l'ionosphère, Sura… la voilà.

Avec un regard noir en direction de Rodriguez, il braqua son pointeur laser sur un déploiement de 144 antennes sur une surface de 300 mètres carrés.

— Cette station a été construite en 1981, bien avant la nôtre, et possède une puissance de 190 millions de watts.

— Alors, tout va bien, marmonna Rodriguez entre ses dents.

— Les Chinois ne sont pas à la traîne, eux non plus, continua Hershey en manipulant sa commande. Voici une image de la région autonome du Xinjiang Ouïgour, qui est la province la plus étendue et la plus à l'ouest de la Chine et, stratégiquement, une des plus importantes. Elle est plus grande que l'Europe occidentale et possède des frontières communes avec le Tibet au sud, la Mongolie à l'est, la Russie au nord et l'Inde, le Pakistan, le Kazakhstan, le Kirghizstan, le Tadjikistan et l'Afghanistan à l'ouest. Sur cette seconde vue, on voit nettement le réseau d'antennes du laboratoire ionosphérique de Xinjiang, situé par 40° 24' nord et 93° 38' est.

— Nous savons que les Russes travaillent sur le contrôle de la météorologie, mais qu'en est-il des Chinois ? demanda le chef adjoint des Opérations navales.

— Nous aimerions en savoir davantage, monsieur, mais je présume que la CIA se penche sur ce problème à l'heure où nous parlons.

— Celui qui contrôle le temps contrôle le monde, Dr Hershey, fit observer l'amiral. Les Russes ont déjà accompli quelques progrès en utilisant des engins explosifs pour dévier le jet-stream au-dessus de la Sibérie, afin de diminuer la rigueur de leurs hivers, et j'ai vu passer des rapports sur leurs tentatives de contrôle des ouragans et des cyclones.

— Vous avez absolument raison, amiral, ce qui me conduit à vous parler de notre troisième expérience, répondit le Dr Hershey en regardant Rodriguez. Les recherches n'ont pas encore complètement abouti mais en nous basant sur nos découvertes actuelles, nous avons toutes les raisons de croire que les ouragans, les tornades, les éruptions volcaniques, les séismes peuvent être contrôlés et provoqués à volonté. C'est une forme de guerre météorologique que nous comptons bien perfectionner avant les Russes ou les Chinois.

* * *

Ni Jackson ni Rodriguez ne furent surpris de se voir exclus des discussions informelles au déjeuner. Ils prirent leur repas ensemble à la cantine.

— Vos inquiétudes sont parfaitement justifiées, dit-il tandis qu'ils partageaient un café saumâtre. Nous pouvons générer des ELF qui seraient capables d'identifier des installations souterraines et de les faire exploser en provoquant des vagues de chaleur. Mais le problème, c'est la précision.

— On pourrait le surmonter ?

— En théorie. Utiliser l'ionosphère comme lentille qui renverrait les ondes sur une cible précise serait trop aléatoire, ils comptent donc se servir d'un missile Minuteman qui, lui, peut être guidé. La coque extérieure serait configurée pour servir de lentille réfléchissante.

Rodriguez lui tendit une carte sur laquelle figurait un numéro de téléphone.

— Si les choses empirent, appelez-moi. J'ai travaillé à la Maison Blanche, et mon ancien chef, Andrew Reed, est désormais le chef de cabinet du Président.

46

Hambourg

O'Connor indiqua au chauffeur de taxi de traverser les rails au bout de la Buchheisterstrasse. Il récupéra les sacs à dos contenant les précieuses figurines dans le coffre, paya la course et examina la rue ainsi que les quais. Rassuré, il fit signe à Aleta.

— Allons-y.

De sombres nuages filaient dans le ciel nocturne cachant par intermittence une lune aux trois quarts pleine. Ils s'engagèrent sur les immenses quais peuplés de hangars, de containers et de grues. La coque rouillée du *Galápagos*, un bâtiment de 15 000 tonnes, apparut, un panache de fumée noire sortant de sa cheminée tandis que les mécanos faisaient monter la température des machines.

— Il va falloir passer le contrôle des douanes et de l'immigration ? demanda Aleta, nerveuse.

— Avec un peu de chance, ils ne s'intéresseront pas trop à un petit cargo comme celui-ci, surtout à une heure pareille. Mais le commandant demandera sûrement à voir votre passeport et, s'il n'est pas trop occupé avec les dernières manœuvres de chargement, voudra nous recevoir dans sa cabine. Soyez comme d'habitude : charmante… mais pas trop. Inutile d'exciter ces pauvres matelots dès le premier quart, ajouta O'Connor avec un sourire. Je vous ai déjà dit que vous étiez superbe en blonde ?

— Cette traversée est une bonne idée. Une fois en mer, je pourrai vous flanquer par-dessus bord.

La perspective de partager pendant plusieurs jours une cabine avec cet homme était aussi agréable que troublante, mais elle perdit rapidement le sourire en voyant les deux hommes en uniforme qui descendaient la passerelle du navire.

— Continuez à marcher, dit O'Connor à mi-voix. Comportez-vous normalement.

* * *

— Mais pour qui elle se prend, cette conne ? gueula Howard Wiley, tremblant de rage devant le mémo que lui avait adressé le directeur de la CIA.

« J'aimerais des explications », disait celui-ci.

Les questions de Rodriguez à la réunion HAARP avaient fait se hausser quelques sourcils dans les antichambres du pouvoir.

— Je ne pense pas qu'elle se rende compte du potentiel de ces expériences, acquiesça Larry Davis qui transpirait encore plus qu'à l'ordinaire.

C'était lui qui pour le moment devait affronter le courroux de Wiley.

— Même si elle avait un wagon dans le cul, Rodriguez ne s'en rendrait pas compte… Je ne veux plus qu'elle mette les pieds dans cet immeuble. Elle est virée !

— Et si elle va trouver les médias ?

— On l'expédiera derrière des barreaux. On est encore un service de renseignements, bordel de merde ! Personne ne raconte sa vie dans les journaux ! Elle a signé une clause de confidentialité comme n'importe quel fils de pute employé ici. Si elle envisage seulement d'ouvrir sa gueule, je la colle en taule.

— Si vous le permettez, monsieur le directeur adjoint – et je ne cherche pas du tout à défendre Rodriguez –, mais cette clause n'a pas protégé Valérie Plame, et si Rodriguez nous poursuit…

— Qu'elle le fasse ! Elle ne gagnera jamais, et un procès la ruinera.

— Elle ne gagnera pas, monsieur, insista Davis, mais tous les pacifistes du pays vont se jeter sur nous comme des poux. Pour l'instant, ils ne sont pas parvenus à éveiller l'attention des médias à propos de HAARP, mais une histoire pareille leur ferait une publicité énorme, et le directeur sera encore plus énervé.

— Que suggérez-vous ?

— Notre chef de station à Guatemala City vient de démissionner. Pourquoi ne pas envoyer Rodriguez le remplacer ?

— Comme chef de station ? Vous avez pété un plomb, Davis ?

— Réfléchissez, monsieur. Le Guatemala est un trou puant, et nous y étions à court de personnel avant même que cette histoire de codex ne surgisse, d'autant plus maintenant avec le départ du chef d'antenne. Rodriguez devra travailler comme une mule dès son arrivée. Vous pourrez prétendre qu'il s'agit d'une promotion. Ça nous évitera la pression des pacifistes, et on sera débarrassés d'elle. Et si les choses tournent mal, vous aurez une bonne excuse pour la virer, à moins qu'elle ne démissionne d'elle-même.

— Dommage que nous n'ayons pas une antenne au pôle Nord, marmonna Wiley. Elle pourrait s'y geler les nichons. D'accord, envoyez-la au Guatemala. Et bordel, où sont Toutankhamon et l'autre salope ?

— Nous les cherchons toujours. Il semble qu'ils soient passés par Hambourg. Mais il est possible qu'ils en soient déjà repartis en train.

— Trouvez-les ! Et vite !

* * *

— *Guten Abend*, fit O'Connor en souriant aux deux officiers quand ils les croisèrent sur le quai.

— *Abend,* répondit l'un.

— Qui était-ce ? demanda Aleta avec soulagement quand les deux hommes les dépassèrent.

Il haussa les épaules.

— Je n'en sais rien. Mais ils appartiennent à la marine marchande et non aux douanes ou à la police. Attention à la marche, dit-il en s'engageant sur la passerelle.

— Vous arrivez juste à temps, annonça le steward quand ils montèrent à bord. Nous levons l'ancre dans vingt minutes.

— Désolé, s'excusa O'Connor.

— Le commandant est sur le pont. Je vais vous montrer votre cabine. Ensuite, il faudra lui montrer vos passeports.

* * *

Debout devant le bastingage à bâbord, Aleta observait les deux remorqueurs qui les tiraient vers le milieu de l'Elbe. De puissants projecteurs illuminaient les ponts avant du *Galápagos* tandis que l'équipage s'activait. O'Connor, quant à lui, scrutait encore les quais jusqu'à la Buchheisterstrasse, cherchant à repérer une éventuelle filature.

— Le commandant n'a pas paru très intéressé par nos passeports, fit-elle remarquer quand le navire gagna lentement le milieu de l'embouchure du fleuve.

— C'est une des raisons pour lesquelles j'ai tenu à embarquer le plus tard possible : il a des tas de choses à surveiller et ne commencera à se détendre que quand nous aurons quitté la Manche pour l'Atlantique.

* * *

Howard Wiley regarda dans le scanner biométrique devant la porte de la salle de l'opération Maya. En une fraction de seconde, le système analysa son iris. Il avait tenu à adopter des mesures de sécurité draconiennes autour de cette opération. Le voyant passa au vert, et il pénétra dans la pièce au moment où un message d'alerte de l'antenne de Berlin s'affichait sur l'écran de Larry Davis.

Selon information très récente, Toutankhamon et Néfertiti auraient quitté Hambourg à bord du *Galápagos*, un porte-conteneurs de 15 000 tonnes, il y a neuf heures. Destination : La Havane puis Puerto Quetzal sur la côte Pacifique du Guatemala.

— Merde ! On peut envoyer quelqu'un à bord ?

Davis secoua la tête.

— Il a dû quitter l'embouchure de l'Elbe maintenant et doit se trouver dans la Manche.

— Dites à Rodriguez que sa première mission à Guatemala City sera d'infiltrer quelqu'un sur ce rafiot à La Havane. Qu'elle se débrouille pour qu'un matelot se fasse porter pâle. Toutankhamon et Néfertiti n'ont qu'à disparaître dans la mer des Caraïbes. Les requins s'occuperont d'eux.

* * *

— Le steward n'est pas un mauvais type quand on le connaît un peu, fit O'Connor en ouvrant une bouteille de riesling. Il a même une cave décente.

Cela faisait un peu plus d'une semaine qu'ils étaient en mer, et il avait fait en sorte d'adresser la parole à chaque membre d'équipage. Il était maintenant raisonnablement sûr qu'aucun élément indésirable ne s'était glissé sur le bateau au départ de Hambourg. Le *Galápagos* avait jusqu'à présent mené bon train, et ils se trouvaient au beau milieu de l'Atlantique nord, à l'ouest des Açores, mais une mer agitée avait forcé le commandant à réduire l'allure à 10 nœuds. Le dîner terminé, O'Connor et Aleta avaient battu en retraite dans leur cabine située juste sous la timonerie et qui offrait une vue imprenable sur le pont avant à travers de grands hublots carrés.

— Santé, dit-il en levant son verre.

Elle l'imita avant d'agripper le rebord de la table au moment où une énorme vague déferlait sur le navire. Une écume blanche explosa par-dessus le bastingage, noyant pendant un instant les containers avant de refluer par les sabords.

— Ils perdent environ dix mille containers par an dans des mers comme celle-ci, fit remarquer O'Connor tout en savourant le bouquet délicatement citronné du riesling. L'an dernier, l'un d'entre eux rempli de chips a fait le bonheur de quelques gamins somaliens.

Aleta sourit avant de se tourner vers les montagnes liquides qui les encerclaient. Puis elle regarda O'Connor.

— Vous savez, même dans mes rêves les plus fous, j'aurais eu du mal à m'imaginer en train de déguster un délicieux vin blanc dans la cabine d'un bateau en pleine tempête, en compagnie d'un espion américain tout en veillant sur deux figurines mayas inestimables alors que des tueurs plus ou moins professionnels veulent me faire la peau.

— C'est la vie et c'est la seule que nous ayons. Malheureusement, la vôtre ne sera plus la même pendant un moment, en tout cas tant que nous n'aurons pas retrouvé le codex.

Il s'interrompit, sachant que sa question suivante risquait de réveiller de douloureux souvenirs.

— Que s'est-il passé à San Marcos ?

Il avait toujours du mal à accepter le fait que certains de ses chefs à Washington désiraient la mort d'Aleta.

Elle soupira et se cramponna de nouveau à la table tandis que le *Galápagos* dévalait un autre mur d'eau. Tout le bateau frémit quand la proue disparut un instant pour réapparaître dans un nouveau geyser d'écume. Elle commença à parler dans le silence qui suivit.

— Je n'avais que 8 ans à l'époque. Mon père était diacre laïc dans la petite église catholique du village.

— Mais il était né juif, n'est-ce pas ?

— Oui. Papa était juif mais, comme je vous l'ai dit à Mauthausen, l'archevêque Angelo Roncalli, le futur pape Jean XXIII, l'a aidé à échapper aux nazis. C'était un homme étonnant. Il n'était pas rare qu'il reste debout jusqu'à 3 heures du matin pour fabriquer de faux certificats de conversion pour les enfants juifs, expliqua-t-elle, les yeux un peu trop brillants. Ma tante Rebekkah s'est noyée dans le Bosphore pendant leur évasion, mais Papa n'a jamais oublié la gentillesse de Roncalli. Selon lui, il était tout ce qu'un prêtre devrait être. C'est sans doute pour cela qu'il l'est devenu à son tour. On lui demandait parfois de prêcher dans l'église de San Pedro, qui est plus grande et qui se trouve à 15 minutes de bateau de San Marcos…

Le récit d'Aleta ramena O'Connor en 1982 sur les rives du superbe lac.

Ariel Weizman saisit les rebords du pupitre dans la grande église blanche qui dominait le village. Ses cheveux bouclés étaient gris depuis longtemps, le chagrin et la sagesse avaient creusé son visage de rides. Les villageois, assis face à lui sur les gros bancs de bois, semblaient nerveux.

— En entamant cette messe ici à San Pedro, souvenons-nous dans nos prières de l'archevêque Oscar Romero, commença Ariel. Cela fait deux ans aujourd'hui qu'il a été brutalement abattu alors qu'il célébrait la sainte Messe, juste de l'autre côté de la frontière avec le Salvador. Son « crime » était d'exiger la fin des tortures, des viols et des meurtres pour son peuple. Le chef des escadrons de la mort de San Salvador, le major Roberto d'Aubuisson, n'a jamais été traduit en justice. On le surnommait « Bob la Torche » en référence à sa torture préférée. Il aimait aussi jeter des bébés en l'air pour s'en servir de cibles de tir. Pourtant, d'Aubuisson est reçu avec les honneurs à chacune de ses visites à Washington.

Ariel contempla sa famille au premier rang. Les jumeaux étaient agités, mais la petite Aleta le dévisageait, ses grands yeux bruns toujours aussi intenses, ses beaux cheveux noirs tirés en queue-de-cheval. Misha, sa femme depuis quinze ans, gronda gentiment les garçons, un tendre sourire sur le visage.

— En Amérique centrale et du Sud, les États-Unis soutiennent des régimes qui assassinent systématiquement leur population. Le sixième commandement est très clair, et on le trouve aussi bien dans l'Exode que dans le Deutéronome. Dieu a parlé. Pourtant au Chili, cela ne les a pas empêchés de fomenter le renversement du gouvernement démocratiquement élu de Salvador Allende pour le remplacer par Augusto Pinochet, un meurtrier. Avec le soutien de la CIA, les hommes de Pinochet ont torturé et tué des dizaines de milliers de Chiliens qui s'opposaient à sa dictature. Les États-Unis d'Amérique aiment prêcher la démocratie, mais seulement quand celle-ci favorise leurs intérêts.

Il s'interrompit. Les *campesinos*, les gens simples de San Pedro qui arrachaient leur subsistance des plantations de café et de maïs, étaient craintifs, mais il savait que si personne ne parlait en leur nom, les tueries continueraient.

De l'autre côté de la place de la ville, Howard Wiley se tenait près d'un magasin en piteux état où un slogan avait été peint en rouge sur les murs de bois : *Cristo viene !* « Le Christ vient ! » Il surveillait la cour de l'église de San Pedro. Nommé deux ans auparavant chef de station de la CIA à Guatemala City, il était à 31 ans un des plus jeunes à un tel poste. Il se tourna vers le major Ramales, l'officier de l'armée guatémaltèque qui dirigeait les escadrons de la mort envoyés pour mater la rébellion qui se propageait autour du lac Atitlán.

— Tout est prêt, *comandante* ?

Ramales se lissa la moustache.

— *Sí.* Nous n'attendons plus que votre ordre.

Wiley rajusta son écouteur. L'homélie d'Ariel Weizman lui parvenait fort et clair.

— Ici, au Guatemala, le président Reagan soutient le général Montt, un autre voyou formé par les Américains dans leur School of the Americas à Fort Benning, en Géorgie. Ce n'est pas la première fois qu'ils installent le gouvernement de leur choix à la tête du pays, rappela-t-il à ses paroissiens. Beaucoup d'entre vous se souviennent que l'administration Eisenhower et la CIA ont renversé le président Arbenz, lui aussi démocratiquement élu, pour le remplacer par un autre de leurs pantins, le colonel Armas. J'en appelle aujourd'hui au général Montt : renvoyez vos soldats dans leurs casernes, qu'ils cessent de violer nos femmes, de tuer nos enfants…

Le sermon d'Ariel fut interrompu par l'irruption d'hommes en treillis de camouflage dans l'église.

Toujours plus nombreux, ils ouvrirent aussitôt le feu sur les fidèles. Les balles ricochaient sur les murs blanchis à la chaux et fracassaient les vitraux dans un vacarme assourdissant. Aux rafales d'armes automatiques s'ajoutaient les hurlements des malheureux, dont la plupart furent assassinés sur place. Ariel porta les mains à sa poitrine comme pour tenter de retenir le sang qui en ruisselait avant de s'effondrer sur le pupitre. Aleta hurla en voyant le corps sans vie de sa mère s'écrouler dans l'allée, une fontaine rouge jaillissant de son aorte sectionnée. Les jumeaux furent fauchés ensemble, tandis que les soldats fusillaient méthodiquement les villageois. Le visage en larmes, la fillette rampa sous le banc et parvint à atteindre une porte de côté.

* * *

Quelque temps plus tard, hébétée par le choc et l'horreur, cachée derrière un buisson dans le jardin de l'église, elle regardait les soldats qui jetaient les derniers cadavres dans de gros camions. Un jeune garçon gémit parmi les corps et un soldat sauta dans la remorque. À coups de machette, il finit par lui trancher la tête. Au loin, au pied du volcan San Pedro, d'autres militaires déchargeaient déjà une première et sinistre cargaison, balançant les corps dans une immense fosse creusée la veille.

Aleta ne pouvait savoir que, même si la plupart des *campesinos* étaient déjà morts, certains, dont un de ses frères, n'étaient que blessés. Des explosions secouaient la montagne. Chaque fois qu'un mouvement se produisait dans la fosse, un soldat criait

« *Granada !* » avant de balancer une grenade à main parmi les cadavres. Toujours en larmes, elle vit le dernier camion s'éloigner. Seuls quelques officiers restaient présents sur la place, riant et plaisantant avec un petit homme en civil portant une tenue de safari. Les cheveux en brosse, il avait un visage constellé de taches de rousseur et un long nez pointu. Finalement, il grimpa dans une voiture en compagnie d'un des officiers pour descendre vers le ponton sur le lac au pied de la colline.

* * *

Une autre vague immense déferla sur le porte-conteneurs.

O'Connor savait que les mots étaient inutiles.

— La CIA a souvent commis des crimes impardonnables, dit-il finalement, et particulièrement en Amérique latine. Mais je vous remercie de m'en avoir parlé. Ça n'a pas dû être facile.

— Avec le temps, on croit guérir, Curtis… mais on n'oublie jamais.

— Reconnaîtriez-vous cet homme roux si vous le revoyiez ?

— Oh oui. Malgré toutes ces années, son visage s'est gravé de façon indélébile dans mon esprit. Pourquoi me demander ça ?

— Howard Wiley, l'homme qui essaie de nous tuer, dirige à présent les opérations clandestines de la CIA mais, en 1982, il était en poste à Guatemala City… et sa caractéristique physique la plus marquante, en dehors de sa taille ridicule, ce sont ses cheveux rouquins taillés en brosse.

Aleta écarquilla les yeux.

— Il est petit ?

— Un mètre soixante. Je pense que ce massacre explique pourquoi il veut se débarrasser de vous.

— Et cela explique autre chose aussi. On a demandé à papa de prêcher ce jour-là, car le père Hernandez était censé se trouver à Guatemala City. Mais comment Wiley a-t-il su que je l'avais accompagné ?

— La CIA a un dossier sur *tous* ceux dont elle pense qu'ils pourraient représenter une menace. Quand vous avez écrit cet article dans *The Mayan Archaeologist* en faisant un lien entre la School of the Americas et les escadrons de la mort en Amérique centrale, cela a dû alerter Wiley. Il ne pouvait être certain de votre présence dans l'église ce jour-là, mais il sait que vous êtes née à San Marcos et qu'Ariel était votre père. Les gens comme lui ne laissent rien au hasard. S'il estime qu'il y a la moindre chance que vous puissiez le relier à ce massacre, il n'hésitera pas.

— Donc, il finira par m'avoir… murmura-t-elle.

— Pas tant que je serai là.

Confiez votre vie à cet homme. Aleta but une gorgée de riesling, les mots du chaman résonnant dans son esprit.

— Je sais que je vous ai déjà posé la question, mais je ne comprends toujours pas : si un homme comme Wiley dirige maintenant les opérations de la CIA, pourquoi avez-vous continué à travailler pour lui ?

Il ne répondit pas immédiatement. Cela faisait très longtemps qu'il ne s'était pas retrouvé seul avec une femme comme Aleta et plus longtemps encore qu'il n'avait éprouvé le besoin de parler de lui.

— J'ai toujours été reconnaissant à l'Amérique de m'avoir offert une seconde chance, dit-il finalement. Quand j'ai rejoint la CIA, je voulais juste apporter ma contribution à mon pays adoptif, un pays dont j'étais fier… jusqu'à l'arrivée de la précédente administration.

Aleta écoutait, essayant de le comprendre. Pour elle, O'Connor restait une énigme. Il était sûr de lui mais modeste. Et elle avait vu à quel point il pouvait être dur, impitoyable même, tout en sachant aussi faire preuve d'humour.

— J'imagine que vous êtes né en Irlande, dit-elle d'une voix douce. Vous en savez un peu plus sur moi maintenant, mais j'ignore encore tout de vous.

Il remplit les verres de vin.

— Oui… ce satané accent irlandais, je n'ai jamais voulu m'en débarrasser. Je suis né dans un petit village qui s'appelle Ballingarry, dans le comté de Tipperary. Mon père travaillait dans les mines de charbon, mais il est mort quand j'avais 10 ans.

— Je suis désolée. Je sais d'expérience à quel point cela a dû être difficile.

— Ne le soyez pas. J'étais le dernier de cinq gosses et beaucoup plus jeune que les autres… Mon père me surnommait « l'accident ». Le soir, je me cachais avant que ce salopard d'ivrogne ne rentre, parce que s'il me trouvait il commençait d'abord par me cogner.

— Les choses se sont-elles améliorées après sa mort ? demanda-t-elle, choquée.

— Pas vraiment. Nous avons déménagé dans un appartement à Dublin, près des quais sur la Liffey, un quartier assez dur. Ma mère travaillait comme femme de ménage la nuit et passait ses journées au lit, rarement seule. Finalement, un de ses *amis* m'a envoyé dans une école privée catholique.

Aleta remarqua le changement dans son visage. À son tour, il l'emmena à Dublin à la fin des années soixante-dix.

* * *

— Alors, O'Connor. Paraît qu'un peu de discipline te ferait pas de mal. Qu'est-ce que t'en dis, hein ?

Le frère supérieur de Saint-Joseph, frère Michael, était obèse et son visage rond et mou était de la même teinte jambon que les murs de son bureau. Ses yeux étaient d'un gris glacial.

Curtis O'Connor grimaça quand une épaisse ceinture en cuir le fouetta en travers du visage.

— Je t'ai posé une question, petite ordure ! Réponds ! Ou, par Jésus, j'te corrige jusqu'à c'que t'en crèves.

— Je suis là parce que le copain de ma mère a payé pour m'enfermer ici, répliqua O'Connor.

Il ravala ses larmes quand la ceinture le cingla de nouveau.

— Sale petit morveux !

Frère Michael le fouetta une troisième fois avant de le projeter, tête la première, contre le mur.

— Hors de ma vue !

Le prenant par le col, il l'expédia dans le couloir où O'Connor heurta violemment un autre élève plus âgé et plus grand.

— Non mais ça va pas ? J'vais t'péter la tronche, le mioche.

— Essaie un peu, répliqua Curtis en esquivant adroitement son large crochet du droit.

Plus tard cette nuit-là, en tant que nouveau venu dans le dortoir, il eut droit à sa première expérience avec le frère Brendan, le surveillant en chef.

— Extinction des feux, bande de pouilleux !

Le grand et sinistre frère s'engagea dans l'allée centrale qui séparait les rangées de lits. Il s'arrêta au pied de celui de Curtis. Celui-ci, faisant semblant de dormir, le surveillait entre ses yeux mi-clos. Frère Brendan s'approcha encore, le souffle rauque. Il glissa la main sous les draps pour la poser sur sa cuisse. Aussitôt, Curtis lui tordit sauvagement le pouce jusqu'à ce qu'un craquement retentisse.

— Aaaaaghh !

Le hurlement de frère Brendan retentit dans le dortoir plongé dans la pénombre.

— Touche-moi encore, sale pervers, et je te casse le bras !

Frère Brendan s'enfuit sans un mot. Personne n'avait bronché.

Curtis attendit encore près d'une heure que tout le monde soit endormi. Puis il récupéra rapidement ses vêtements dans le placard à côté du lit, s'habilla et quitta sans bruit le dortoir.

Restant dans l'ombre du mur de trois mètres qui entourait Saint-Joseph, il gagna un grand chêne où il s'arrêta pour surveiller les bâtiments derrière lui. Aucun signe d'alerte. Les frères ne semblaient pas à sa recherche. Il lança son vieux cartable par-dessus le mur et escalada l'arbre avant de ramper sur une branche qui surplombait l'enceinte. À l'extérieur, la ruelle était déserte. Se laissant pendre par les mains, il sauta. À cette heure, la circulation était rare, mais il réussit à s'accrocher à l'arrière d'un camion transportant un chargement de Guinness vers les quais.

Minuit était passé depuis longtemps quand il arriva dans Sheriff Street, mais la lumière était encore allumée chez eux. Il se glissa dans l'escalier avant de s'immobiliser sur le palier. La porte de la chambre de sa mère était ouverte. Elle était nue sur le lit. Un homme qu'il n'avait jamais vu la chevauchait.

— Donne-la-moi ! Donne-la-moi, ta grosse bite !

Curtis se faufila dans sa chambre et referma la porte derrière lui.

* * *

— Au moins, j'ai connu quelques très belles années avec ma famille, commenta Aleta avec douceur.

Le *Galápagos* s'inclina à nouveau à 45 degrés avant de heurter violemment le bas de la vague. Le choc fut violent.

— Que s'est-il passé ensuite ? Êtes-vous retourné dans cette école ?

— J'ai fui le lendemain matin à l'aube. Ma tante Shaylee habitait à l'autre bout de la ville. Son mari et elle m'ont recueilli, et je leur en serai toujours reconnaissant. Sans eux, je serais probablement en train de conduire une grue, ivre mort, sur les quais.

— L'université ?

— Oui, j'ai gagné une bourse pour le Trinity College et j'ai passé mon doctorat à l'École de biochimie et d'immunologie. J'ai travaillé pendant un moment dans un grand groupe pharmaceutique aux États-Unis, mais disons que je n'appréciais pas trop l'éthique de la boîte. Alors, j'ai rejoint la CIA… et voilà, conclut-il avec un large sourire. *Prost.*

— *Prost.*

Ils trinquèrent, se regardant dans les yeux. Puis, comme gêné, il se leva de table pour aller regarder une autre vague exploser derrière le grand hublot. Le *Galápagos* se libéra en ruisselant de ce volcan d'écume et se prépara à foncer sur le prochain.

Aleta le rejoignit. Pendant un long moment, ils restèrent côte à côte sans rien dire devant ce spectacle impressionnant.

O'Connor passa un bras autour de sa taille, s'attendant plus ou moins à ce qu'elle le repousse mais elle se blottit contre lui, posant la tête et ses cheveux, désormais courts et blonds, contre son épaule. Son parfum – dont il avait vu le flacon un peu plus tôt – portait bien son nom, se dit-il : *Trouble*, par Boucheron. Soudain, la foudre frappa la mer à moins de 2 milles nautiques du navire : 120 000 ampères voyageant à 60 000 mètres par seconde transformèrent le point d'impact sur l'océan en un enfer bouillonnant. Un éclair formidable répandit pendant un instant une étrange lueur bleuâtre sur le pont du bateau et sur les containers, et O'Connor songea fugitivement aux antennes de Gakona. Le tonnerre claqua au-dessus d'eux, ébranlant la superstructure du *Galápagos*. Il se tourna vers Aleta. Leurs lèvres s'effleurèrent avec une étrange pudeur. Un sursaut du navire les obligea à s'étreindre plus fort, et ce fut comme un signal. Leurs langues se mêlèrent, la main d'O'Connor descendit tandis qu'Aleta se collait contre lui.

47

Guatemala city

Depuis son bureau enfoui dans les entrailles de l'ambassade américaine sur l'Avenida Reforma de Guatemala City, Ellen Rodriguez releva les dernières données du satellite sur la position du *Galápagos*. Elle les entra dans son ordinateur et relança les calculs sur sa date d'arrivée. S'il maintenait son cap et sa vitesse actuels, le porte-conteneurs atteindrait La Havane dans trois jours à 11 h 35, heure locale.

Elle regarda l'horloge au bord de l'écran. Il était plus de 22 heures, et elle n'avait toujours pas reçu confirmation de l'infiltration d'un soutien à bord. Pour le moment, elle ne pouvait pas faire grand-chose, sinon attendre que son homologue à La Havane, logé dans la mission diplomatique baptisée « Service des intérêts des États-Unis » – en fait, une ambassade à laquelle il ne manquait que le nom – la contacte. Elle se prépara à rentrer chez elle, c'est-à-dire au Howard Johnson Inn de l'autre côté de la rue et qui allait sans doute lui servir de domicile pendant un bon moment encore. Depuis une semaine qu'elle était ici, elle arrivait au bureau avant l'aube et le quittait rarement avant 22 heures, parfois minuit. Trouver un appartement ne figurait pas dans ses priorités. Elle allait éteindre ses ordinateurs quand une alerte apparut sur un écran.

TOP SECRET
OPÉRATION MAYA
POUR LES YEUX DU CHEF DE STATION
UNIQUEMENT

Soutien identifié. Et briefé sur Toutankhâmon et Néfertiti. *Galápagos* prévu au terminal Haiphong, Maritima. Durée de l'escale : pas plus de 24 heures, mais l'équipage a droit à une permission à terre. Mesures prises pour réaliser la substitution demandée. Vous tiendrai au courant au plus tôt.

CDS. La Havane

Rodriguez relut le message, partagée entre son devoir envers la firme et ses sentiments à l'égard de Curtis O'Connor, un des meilleurs agents jamais issus de Langley, selon elle. Même s'ils parvenaient à infiltrer un tueur à bord du *Galápagos*, il allait devoir être bon. Très bon.

De l'autre côté de l'Atlantique, il était encore très tôt dans la matinée.

* * *

Il était à peine 5 h 30 du matin quand le cardinal Felici rendit son salut au garde suisse posté à l'entrée des Archives secrètes situées à côté de la bibliothèque. Elles contenaient plus de 80 kilomètres de rayonnages, mais il savait très exactement où trouver ce qu'il cherchait : c'était un document qu'il avait déjà maintes fois consulté.

Il le sortit de sa chemise rouge gravée aux armes du Vatican. Sœur Lúcia, une très jeune femme à l'époque, avait rédigé à la main le récit du troisième avertissement sur une unique feuille de papier. Felici songea à la version du troisième secret de Fatima délivrée par le pape Jean-Paul II. Cette publication avait été une erreur, il en était conscient, qui n'avait fait que nourrir la controverse. Trop de gens avaient vu la version originale, parmi lesquels Mgr Venancio, évêque auxiliaire de Fatima, et n'ignoraient donc pas que ce secret tenait sur une seule page. Felici se trouvait au Guatemala à l'époque et n'avait rien pu faire pour empêcher la révélation maladroite du 26 juin 2000 dans laquelle le Saint-Siège avait montré *quatre* pages, tout en soutenant que la vision de la jeune Lúcia d'une cité en ruine n'avait rien de remarquable. À cette nuance près que si le nom de cette ville avait été rendu public, le choc aurait ébranlé le monde entier. Felici ajusta ses lunettes et relut le texte original de sœur Lúcia.

> *J'écris par obéissance envers Toi, mon Dieu, qui m'a commandé de le faire par la voix de son excellence l'évêque de Leiria et par celle de Ta Très Sainte Mère et la mienne.*
>
> *Après les deux premières visions que j'ai déjà décrites, à la gauche de Notre-Dame et légèrement au-dessus, nous avons vu Raguel, l'archange de la Justice, brandissant une épée flamboyante dans une main et une balance dans l'autre. Deux anges plus jeunes étaient assis sur les plateaux de celle-ci, un*

garçon et une fille, mais les plateaux étaient déséquilibrés, penchant en faveur du garçon. La garde en or de l'épée de l'archange Raguel était ornée de la lettre grecque phi.
Soudain, d'immenses pyramides se sont dressées au-dessus de l'horizon. Des guerriers appartenant aux grandes civilisations du passé en ont déferlé. Mayas, Incas, Égyptiens, Indiens hopis, Cherokees, tous se mettant en formation derrière Notre-Dame. Les plus nombreux étaient les Mayas. Leur roi était accompagné d'un prince et d'une princesse, chacun portant un talisman de jade qui avait la forme de la lettre grecque phi. Au-dessus d'eux, se tenaient les prophètes : Abraham, Moïse, Élie, Jérémie, Ézéquiel, Daniel et le dernier grand prophète : Mohammed. Sous eux, se tenaient les devins : Cassandre, saint Malachie, Hildegarde de Bingen, Savonarole, Nostradamus et Edgar Cayce. Saint Malachie a été le premier à s'avancer.

Malachie, un évêque né à Armagh dans le nord de l'Irlande en 1094, avait prédit la Réforme plus de trois cents ans avant qu'elle n'ait lieu. Plus stupéfiant encore, il était arrivé à Rome en 1140, accompagné d'un certain nombre de moines. Tombant en transe sur le Janiculum, une des collines dominant la Ville Éternelle, il s'était mis à parler en latin tandis que son scribe notait scrupuleusement le moindre de ses mots. Cela dura jusqu'à l'aube. Reprenant conscience, Malachie confirma à ses compagnons que Dieu lui avait donné la vision de tous les papes jusqu'à la fin des temps.

La liste était extraordinairement précise, et Felici frissonna malgré lui en songeant à la prédiction concernant Jean XXIII : *Pastor et Nauta.*

« Pasteur et marin. » En 1958, le cardinal américain Francis Spellman avait loué un bateau pour naviguer sur le Tibre avec une cargaison de moutons dans l'espoir de correspondre à la prédiction de Malachie. En vain. Mais c'était bien un pasteur et marin que Dieu avait choisi. Les clés de saint Pierre avaient été remises à Angelo Roncalli qui avait autrefois été le patriarche de la cité maritime de Venise.

La précision des prévisions de Malachie représentait un sérieux obstacle aux ambitions de Felici. Pour l'avant-dernier pape avant la fin des temps, l'évêque d'Armagh avait utilisé les termes : *De Gloria Olivae.* Felici savait que « de la gloire de l'olive » constituait une référence à la branche d'olivier, symbole de l'ordre de saint Benoît. Joseph Ratzinger avait choisi le nom de Benoît XVI. Âgé de 75 ans au moment de son élection, il était un des plus vieux papes de l'histoire. Malachie avait insisté sur le fait que le dernier des souverains pontifes serait connu comme « Pierre le Romain » et qu'il serait celui avec lequel s'effondrerait la pierre sur laquelle le premier Pierre avait fondé l'Église, ainsi que le monde lui-même. Grimaçant, Felici entama la lecture de la dernière partie du vrai secret de Fatima, le récit de l'apparition de la Vierge Marie à sœur Lúcia.

L'archange Raguel s'exprima alors avec une grande autorité. « Pénitence ! Ceci est le dernier de vos avertissements ! » Vinrent alors d'effroyables visions. D'immenses incendies ravageaient l'Espagne et l'Italie. En Australie, des hommes et des femmes épuisés, désespérés, luttaient en vain pour sauver leurs maisons des flammes. Aux États-Unis, la Californie n'était plus qu'un gigantesque brasier, tout comme les Balkans et l'Afrique. De terribles ouragans frappaient les côtes de tous les continents. Des tremblements de terre ouvraient le sol sous San Francisco, New York, Tokyo et Londres. La Terre tout entière tremblait tandis que ses plaques tectoniques se fracassaient les unes contre les autres.

Une intense lumière blanche émanait de la Sainte Vierge, mais cette clarté se concentrait étrangement au-dessus de la basilique Saint-Pierre. Alors, de grands éclairs bleus jaillirent de l'épée de Raguel réduisant toute la cité du Vatican à l'état de ruines et de décombres. Des centaines d'enfants surgirent pour chasser les prêtres de leurs cachettes. Le pape apparut parmi les débris, sa robe blanche souillée de sang, jusqu'à ce que lui aussi soit frappé par l'épée de Raguel.

Au-delà des murs du Vatican, le Tibre n'était plus qu'une mare de boue puante. Soudain, apparurent trois immenses roues d'engrenage dont les dents étaient imbriquées. Chacune était désignée par un hiéroglyphe maya. Les deux plus grandes tournèrent lentement jusqu'à ce que les engrenages s'arrêtent dans un immense éclair, affichant la date du 21 décembre 2012. Notre-Dame, l'archange Raguel, tous les prophètes et les devins et tous les guerriers des vieilles civilisations disparurent dans le ciel, laissant la planète Terre ballotter sur son orbite. Alors, les pôles et l'équateur se déplacèrent, et le monde entier fut ravagé.

Le cardinal Felici replaça la lettre de sœur Lúcia dans sa chemise écarlate et l'enferma dans le coffre où il comptait bien qu'elle resterait cachée à jamais.

48

La Havane

Le *Galápagos* devait reprendre la mer dans trois heures, et tous les membres d'équipage à l'exception d'un seul étaient rentrés de leur permission à terre. O'Connor surveillait les quais depuis le pont du navire. La circulation sur Primer Anillo del Puerto, la route qui reliait les différentes parties du port, était dense. Les empilements de conteneurs montaient à des hauteurs impressionnantes, tandis que trois énormes chariots élévateurs emplissaient et vidaient des entrepôts géants. Sur le *Galápagos*, le chargement se poursuivait.

Un quart d'heure plus tard, le dernier matelot, un homme qu'il n'avait encore jamais vu, se présenta au pied de la passerelle. L'air nonchalant, O'Connor rejoignit le steward qui fumait une cigarette un peu plus loin.

— Un nouveau, Alfredo ?

Alfredo haussa les épaules et sourit.

— *Sí*. Un de nos gars a trop bu et ne veut plus lâcher la Cubaine qui lui a mis le grappin dessus. Celui-là est sicilien. Il ne vaut sûrement pas mieux, et le pire, c'est que je vais devoir partager ma cabine avec lui.

Il écrasa son mégot sur le bastingage et disparut dans une écoutille. O'Connor observa le nouveau venu.

Le visage grêlé et balafré, il était très solidement bâti, avec des muscles bien gonflés, du genre de ceux qu'on cultive dans une salle de sport plutôt qu'en déchargeant des caisses.

— Nous avons de la compagnie, annonça-t-il à Aleta un peu plus tard en refermant la porte de leur cabine derrière lui.

— Comment ça ?

— Un des matelots aurait trop bu, et ils ont dû le remplacer. C'est plausible, mais c'est aussi une manœuvre classique de substitution de la CIA.

Au moment où le bateau s'apprêtait à lever l'ancre, il sortit en lui ordonnant de ne pas quitter la cabine et de fermer à double tour derrière lui. Le dernier conteneur chargé, deux remorqueurs attendaient, l'un à la proue, l'autre à la poupe. Le commandant se tenait devant la timonerie, aboyant ses ordres. Le Sicilien avait été assigné à une des aussières. Une tâche qui l'occuperait encore quelque temps. O'Connor s'engouffra dans le navire, dévalant un petit escalier métallique menant aux quartiers de l'équipage. La porte de la cabine d'Alfredo n'était pas verrouillée, mais le « matelot » avait enfermé ses bagages dans un des deux placards. Forcer la serrure ne présenta aucune difficulté.

Le pistolet Glock, muni d'un silencieux, se trouvait dans un étui en cuir usé au fond du sac. Rapidement, O'Connor en sortit le chargeur, vérifia que la chambre était vide, fit coulisser la glissière en arrière, relâcha le levier de verrouillage et l'enleva. Grâce aux innombrables heures d'entraînement au maniement des armes au camp Peary, il ne mit que quelques secondes pour démonter le mécanisme de recul et le canon. Il prit une petite cale dans son propre sac, la plaça entre le percuteur et l'amorce avant de laisser le ressort jouer.

Soudain, le sol vibra tandis que dans les entrailles du navire, l'énorme moteur se mettait en branle. En haut, sur le pont, l'équipage avait rangé les câbles d'amarrage. O'Connor enleva le percuteur et l'empocha avant de remonter la glissière, le canon et le mécanisme de recul. Il replaça le magasin chargé de balles de 9 millimètres dans la crosse et rangea le pistolet là où il l'avait trouvé.

* * *

— Quelle est la situation ? demanda Wiley en liaison vidéo sécurisée avec l'ambassade des États-Unis sur l'Avenida Reforma.

— Le soutien a bien confirmé sa présence à bord, mais les images satellite montrent que le *Galápagos* vient à peine de quitter le port de La Havane. Je vous informerai dès que nous aurons confirmation de la réussite de sa mission, répondit Rodriguez.

— Combien de temps avant que le navire arrive au Guatemala ?

— Six ou sept jours, selon la météo.

— Quoi ?

— Il y a 2000 milles nautiques entre La Havane et Puerto Quetzal.

— C'est pas un bateau à rames, il doit faire du 20 nœuds à l'heure, au moins.

Rodriguez réprima un soupir.

— Leur route va les emmener dans le golfe du Yucatán, entre Cuba et le Mexique, où une alerte météo est toujours en vigueur. Ils ne devraient pas dépasser les 8 ou 9 nœuds. Ensuite, ils arriveront au canal de Panamá qui fait 80 kilomètres de long. Selon le trafic, il leur faudra peut-être dix heures pour le traverser.

— Dix heures pour 80 kilomètres, ça fait à peine 4 putains de nœuds à l'heure.

« Reste calme », se dit Rodriguez.

— Depuis la mer des Caraïbes, il faut franchir trois écluses pour se hisser à la hauteur du lac Gatún et, à l'autre extrémité, ils devront négocier une autre série d'écluses à Pedro Miguel puis à Miraflores afin de redescendre au niveau du Pacifique. Ils ne font pas la course, monsieur. Par ailleurs, je ne vois pas le rapport entre la vitesse de ce cargo et notre mission.

— C'est pour ça que vous êtes en poste dans le trou du cul du monde, Rodriguez, et que je suis le patron ici, à Langley. Vous est-il venu à l'esprit que la mission à bord du *Galápagos* pouvait échouer ?

— Si je me base sur les performances de nos soutiens jusqu'à présent, c'est tout à fait envisageable… monsieur.

— Et quelles mesures avez-vous prises pour parer à cette éventualité ?

— Avec tout votre respect, monsieur, nous venons à peine de réussir à placer quelqu'un à bord.

— On a du monde à Puerto Quetzal ? demanda Wiley à Larry Davis qui secoua la tête. Envoyez quelqu'un là-bas… et vite !

Puis il se tourna vers l'écran.

— La vitesse du bateau détermine le temps dont nous disposons pour expédier d'autres soutiens sur place, Rodriguez.

— Ne vaudrait-il pas mieux organiser tout cela d'ici ? Nous *sommes* sur place.

— Non !

Et là-dessus, l'écran s'éteignit.

— *¡ Mierda !* jura Rodriguez.

* * *

— Ces gens, ils n'abandonnent jamais, n'est-ce pas ? fit observer Aleta quand O'Connor revint dans la cabine.

— Non. Mais nous non plus.

Neuf heures plus tard, le *Galápagos* doubla le cap San Antonio, la pointe la plus à l'ouest de l'île de Cuba pour s'élancer vers le sud dans la mer des Caraïbes. Les vents restaient violents, creusant la mer. Des moutons blancs d'écume chevauchaient des vagues furieuses mais moins impressionnantes que dans l'Atlantique. À l'ouest, le soleil s'était couché derrière la côte mexicaine : à Cancún et à Playa del Carmen, sur la Rivieria maya, les bars et les boîtes de nuit commençaient à se remplir.

O'Connor se demandait quand le Sicilien se déciderait à frapper. Pour lui, mieux valait attendre que les équipes de quart soient réduites au minimum, après minuit donc. Il résolut de lui fournir l'occasion, mais à ses conditions. Il n'était que 22 heures. Il se tourna vers Aleta, assise à la table sous le hublot, qui travaillait sur les notes de son grand-père.

— Je vais devoir m'absenter un certain temps, dit-il, mais ne t'inquiète pas… je reviens.

— Où vas-tu ?

— Un petit problème d'espion à régler. Règle de base : n'ouvre à personne, en aucun cas, d'accord ?

Elle acquiesça, un peu effrayée.

— Sois prudent.

Quand il fut parti, elle se tourna vers le hublot, regardant la proue monter et descendre avec plus de grâce maintenant, même si de temps à autre une gerbe d'écume venait encore exploser sur les containers. Les collines d'eau étaient parfois illuminées par la lune quand elle trouait les nuages filant vers l'ouest. L'ironie de sa situation ne lui échappait pas : sa vie dépendait d'un homme envoyé pour la tuer.

O'Connor s'adossa au bastingage à la poupe, tourné vers la superstructure. Pour le Sicilien, c'était l'idéal : il était à découvert et il lui suffirait de le flanquer par-dessus bord après l'avoir abattu. Vingt minutes plus tard, l'homme surgit d'une coursive et s'avança sur le pont entre les containers.

— Il est tard. Vous n'arrivez pas à dormir ?

Il parlait espagnol avec un accent italien. Il continuait à approcher lentement, la main droite dans la poche de son pantalon. Son regard était concentré et froid.

— *Potrei dire lo stesso per voi.* « Je pourrais en dire autant de vous. »

L'usage de sa langue maternelle eut l'effet désiré sur le Sicilien, le troublant pendant un instant. Il dégaina le Glock et le braqua sur O'Connor, le bout du silencieux à moins de trente centimètres de sa poitrine.

— *Forse questo vi aiuterà, bastardo.* « Voilà peut-être qui t'aidera, sale bâtard. »

Il appuya sur la détente, mais le pistolet ne produisit qu'un morne *clunk*. Le tueur voulut tirer la glissière de son arme, mais O'Connor, qui s'attendait à ce résultat, ne lui en laissa pas le temps. Il lui expédia son genou dans le bas-ventre. Plié en deux de douleur, l'autre tenta encore de faire usage de son arme. Se servant de tout son poids, O'Connor abattit son coude juste derrière l'oreille, avant d'enchaîner un pas de côté avec une frappe au creux du genou pour lui faire plier la jambe. Dans le même mouvement, il lui écrasa la tête contre la rambarde. Le Glock tomba sur le pont.

À moitié inconscient, le Sicilien s'effondra à genoux. O'Connor le chevaucha au niveau de la nuque puis, une main sous le menton et l'autre dans les cheveux, le força à se coucher sur le côté. Chevilles croisées, il le tenait dans un ciseau implacable, l'étouffant avec ses cuisses. L'autre se débattit encore un long moment, de plus en plus faiblement. O'Connor continua de serrer. Sa besogne terminée, il le fouilla sans rien trouver dans ses poches. Puis il le hissa sur la rambarde avant de le jeter dans le sillage bouillonnant du *Galápagos*, dix mètres plus bas.

Il récupéra le Glock et resta accoudé au bastingage à contempler la mer jusqu'à ce que son cœur retrouve son rythme normal de soixante pulsations par minute. Ils étaient à nouveau en sécurité, du moins jusqu'à Puerto Quetzal. Une semaine de répit. « C'est une idée réconfortante », se dit-il en prenant le chemin de la cabine. Et, si Aleta était réveillée, la douceur de sa peau le serait bien davantage encore.

* * *

Le soleil se couchait sur le Pacifique tandis qu'O'Connor surveillait les quais de Puerto Quetzal. Le navire avait accosté trois heures plus tôt, mais il était retourné dans leur cabine après avoir convaincu le commandant de les laisser passer une nuit supplémentaire à bord.

— Tu n'es pas pressé de débarquer ? s'étonna Aleta.

Il secoua la tête en lui tendant ses jumelles.

— Tu vois ce taxi là-bas ?

Il lui montrait une voiture, une épave plutôt, stationnant devant le bâtiment de l'administration du port.

— Il a déjà remonté la jetée trois fois.

— Il nous cherche ?

— Leur dernier gangster n'ayant pas envoyé son rapport, Langley a dû mettre en branle un plan de secours. Je dirais que c'est Plan B qui est assis dans cette voiture là-bas.

— Un chauffeur de taxi ?

— Il est bien plus facile de trouver un tueur au chômage à La Havane qu'à Puerto Quetzal. Ce gars doit être un amateur. Par ailleurs, il leur a sûrement déjà annoncé que nous n'avons pas débarqué, ce qui doit les rendre perplexes. Ils doivent se demander si nous sommes toujours à bord ou bien si leur homme, même s'il s'est fait descendre, a malgré tout réussi à nous éliminer. Pour le moment, ils sont forcés d'attendre… et nous aussi.

— Il y a un car qui part à 5 heures du matin de Puerta de Hierro. C'est à peu près à un kilomètre d'ici.

O'Connor haussa un sourcil.

— Je suis déjà venue faire des fouilles dans la région, expliqua-t-elle.

— Excellent. On filera discrètement demain matin très tôt. Avec un peu de chance, notre James Bond local sera en train de dormir au volant de sa guimbarde.

* * *

O'Connor surveillait le taxi avec sa lunette de vision nocturne. Il sourit.

— On croirait presque l'entendre ronfler. Allons-y.

Il suivit Aleta sur la passerelle de débarquement. Quelques secondes plus tard, ils traversaient le quai à peine éclairé pour se dissimuler dans l'ombre de l'entrepôt le plus proche. Après avoir vérifié que rien n'avait bougé dans la voiture, O'Connor prit les devants, et ils filèrent, passant non loin d'immenses réservoirs de carburant. À 4 heures du matin, une longue file de camions-citernes attendant d'être remplis s'étirait déjà. Dix minutes plus tard, ils quittaient l'enceinte du port pour s'engager sur une route en terre battue qui longeait une sorte de lotissement privé.

— La région semble assez riche, fit observer O'Connor en montrant les maisons avec piscine bâties le long d'une série de canaux, beaucoup possédant leur propre jetée.

— Puerta de Hierro est éclectique et trompeuse, répondit Aleta. Les prix de l'immobilier sont très bas au Guatemala, et les grosses compagnies de transports maritimes aident leurs employés à se loger. Ce complexe s'appelle « María Linda » et, un peu plus bas sur la côte, se trouve *Iztapa*, ce qui signifie « rivière de sel » en raison des nombreux puits de sel. Mais tous ceux qui habitent de l'autre côté de la Route 9 vivent dans une pauvreté crasse, dit-elle en montrant la grande route un peu plus loin.

À l'est, le jour se levait à peine sur la jungle des montagnes.

La gare routière était petite selon les critères guatémaltèques avec quatre bus seulement prêts à partir : de vieux cars scolaires américains à la retraite qui retrouvaient ici une deuxième – ou une troisième – jeunesse.

Aleta s'approcha d'un *ayudante*, « l'aide du chauffeur ».

— Escuintla ? demanda-t-elle.

C'était la grande ville la plus proche.

— Non. C'est celui-là là-bas, répondit l'employé avec un grand sourire en montrant un engin décoré de façon assez extravagante.

« Linda » était inscrit en turquoise au sommet du pare-brise, tandis que les flancs et l'arrière de la carrosserie avaient été repeints en rouge et jaune vifs. Les chromes impeccables luisaient et de longues flammes orange avaient été dessinées autour du gros capot moteur.

Un autre *ayudante* leur proposa de ranger leurs sacs sur le toit avec le reste des bagages : paniers, pneus, chaises, tables, sacs de toiles multicolores et paquets de toutes formes et tailles emballés dans du plastique bleu.

Aleta secoua la tête et lui glissa un billet de 5 quetzales dans la main. Ravi, l'homme l'aida à grimper à bord. Ce pourboire était inutile, elle le savait, personne ici n'aurait songé à leur interdire de garder leurs sacs. Dans le bus déjà bien rempli, elle dut contourner deux cochons, un immense sac de carottes, trois de pommes de terre et un coq en cage. Ils s'installèrent sur un banc vide face à une femme en *traje* traditionnel avec sa blouse, le *huipil*, et la longue jupe, le *corte*, maintenue par une large ceinture tissée… le tout offrant à l'œil un déluge de couleurs : orange, pourpre, bleu-vert, écarlate et jaune moutarde.

Vingt minutes plus tard, le car s'ébranlait dans un gros nuage de fumée noire.

49

Base Vandenberg, Santa Barbara, Californie

Une faible houle baignait Point Sal sur la côte californienne au nord de Santa Barbara. Avec deux heures de décalage sur Guatemala City, le ciel était encore sombre, la plage déserte. À vrai dire, la zone avait été évacuée et sécurisée juste avant la tombée de la nuit. Non loin de là, l'énorme missile Minuteman LGM-30 de 18 mètres de haut était prêt dans son silo de lancement Lima Foxtrot-26 à l'extrémité nord de la base de l'Air Force de Vandenberg. Le toit de béton était encore fermé, cachant l'engin de trente tonnes. Sa portée de 13 000 kilomètres lui permettait de frapper n'importe quel point en Russie, en Chine, en Corée ou au Moyen-Orient. Et, dans les rares cas où une cible se trouverait hors d'atteinte, les sous-marins nucléaires de classe Ohio de l'US Navy étaient déployés en permanence dans toutes les mers du monde, équipés de missiles Trident qui pouvaient être lancés sous l'eau. L'Amérique avait tissé sa toile sur la terre entière et, même si le lancement prévu aujourd'hui se ferait sans tête nucléaire, l'expérience menée depuis Gakona ne ferait qu'accroître sa position de puissance dominante. À quelque distance de là, dans un hangar fortement surveillé et protégé, des techniciens travaillaient déjà sur un autre missile Minuteman dont la coque avait été spécialement traitée pour servir de miroir afin de réfléchir un puissant rayon ELF vers l'Iran.

Le lieutenant-colonel Dan Williams, officier commandant du 576e *Flight Test Squadron*, vérifia l'heure à l'horloge digitale dans le centre de contrôle. Il savait que ce test n'avait rien d'habituel, et il sentait la tension qui régnait dans la pièce. Le vol d'essai prévu à 5 h 15 était entouré de mystère, le moindre n'étant pas que la trajectoire du missile lui ferait survoler des zones très peuplées des États-Unis et du Canada, pour se diriger vers l'Alaska et enfin la Sibérie. Williams jeta un coup d'œil aux moniteurs placés au-dessus des consoles. Si tout se passait bien, une puissante décharge de radiations électromagnétiques émise depuis la base de Gakona dévierait le missile pour le renvoyer vers l'océan Arctique au nord de la mer de Beaufort. Williams se tourna vers le capitaine Chávez, le petit génie de l'informatique qui avait été nommé directeur de vol.

— Informez Gakona : prêt pour le lancement.

Williams s'empara du combiné sécurisé qui lui permettait d'entrer en contact avec le *Looking Glass*, le Boeing 707 E6-Mercury modifié qui croisait à 29 000 pieds au-dessus du silo. Ce soir, en plus de son équipage habituel de 22 personnes, il transportait un amiral deux étoiles : l'officier aérien d'action d'urgence, ou OAAU. Si une attaque sur les États-Unis détruisait les installations au sol du Pentagone, de la base d'Offutt, dans le Nebraska et du site « R » sur Raven Rock Mountain, en Pennsylvanie, l'OAAU dans « l'avion de la fin du monde » assumerait le commandement des structures opérationnelles restantes.

— *Looking Glass*, ici le directeur du lancement, terminé.

— Directeur du lancement, ici *Looking Glass*, on vous reçoit fort et clair, terminé.

Le colonel et le capitaine aéroportés étaient sanglés dans leurs sièges à la console de contrôle, une série d'écrans et de commandes située derrière le cockpit. Ce n'était qu'un des nombreux terminaux équipant la cabine de l'E6-B bourrée d'avionique qui permettait à l'équipage en vol de surveiller les communications sur tout le spectre des fréquences, depuis les super hautes jusqu'aux très basses nécessaires pour rester en contact avec les sous-marins armés de têtes nucléaires. Chacun des deux officiers s'était vu confier une clé différente, l'usage des deux étant requis pour exécuter une frappe atomique.

— *Looking Glass*, activez la commande de lancement à mon compte : 5, 4, 3, 2, 1, *lancement*.

Le commandant et le capitaine se firent signe puis tournèrent leurs clés en même temps. Une transmission à haute vitesse activa les ordinateurs au sol.

— Directeur du lancement, ici *Looking Glass* : transmission effectuée, terminé.

Quatre actionneurs balistiques au gaz s'enflammèrent et la couverture de 110 tonnes en béton du silo glissa sur ses rails, révélant le missile étincelant.

— Allô, *Looking Glass*, mise à feu effectuée, terminé.

Le premier des trois étages moteurs rugit dans un panache de flammes et de fumée. Le missile de trente tonnes s'éleva majestueusement dans le ciel matinal.

* * *

À quatre mille kilomètres de là, plus au nord, l'ancien collègue d'O'Connor, Tyler Jackson, surveillait les écrans de contrôle dans la base de Gakona, observant le déroulement de ces événements avec une peur grandissante.

— Altitude 3 kilomètres, vitesse 900 kilomètres-heure… tous les systèmes au vert.

En proie à une excitation difficilement contrôlable, le capitaine Chávez examinait les données. Les dix tonnes de poussée de l'énorme moteur Thiokol TU-122 du premier étage expédiaient le missile vers l'ionosphère, laissant derrière lui une impressionnante traînée.

— Mach 1… vitesse supersonique atteinte… moteur du premier étage O.K… séparation du premier étage… mise à feu du deuxième étage… altitude 93 kilomètres… tous les systèmes au vert.

De lourds flocons de neige tombaient sur la base de Gakona, et les gros moteurs diesel qui alimentaient les trente abris tournaient à pleine capacité. Chacun contenait 12 transmetteurs, générant 10 000 watts. Tous étaient connectés aux antennes dipôles haute fréquence atteignant l'extrémité du spectre de 10 mégahertz. Sous les yeux de Tyler Jackson, le contrôleur de mission déclencha une formidable décharge de 3 milliards de watts vers un point de l'ionosphère situé en travers de la route du gros missile croisant maintenant à plus de 16 000 kilomètres-heure. À 110 kilomètres au-dessus de Gakona, la fragile couche ionosphérique s'échauffa jusqu'à 40 000° C, créant un plasma bouillonnant dans le panache d'électrons. Trente kilomètres carrés de l'écran protecteur de la Terre furent soulevés dans l'espace.

— Toutes stations, ici le directeur de lancement. Nous venons de perdre le contact avec le missile… je répète, le missile ne répond plus… déviation de cap de 60°… coordonnées estimées 1, 2, 0 degrés.

Tyler Jackson étouffa une exclamation. Le Minuteman se dirigeait vers la Corée du Nord.

50

Guatemala city

Le téléphone portable sonnait toujours. Rodriguez était exaspérée : elle essayait en vain de joindre le chauffeur de taxi de Puerto Quetzal depuis 4 heures du matin. Elle n'avait toujours aucune nouvelle d'O'Connor ni de Weizman. La volonté de Wiley d'organiser le déploiement de ce soutien depuis Washington était grotesque, mais cela ne l'empêcherait pas d'exiger des réponses. Elle recomposa encore une fois le numéro. Cette fois, une voix endormie lui répondit.

— *¿ Sí ?*

— *¿ Que está pasando ?* « Qu'est-ce qui se passe ? »

— *¿ Cómo ?*

Rodriguez respira un bon coup.

— Toutankhâmon ? Néfertiti ?

— Ah ? *Sí…* Eux pas venus, répondit le chauffeur de taxi dans un anglais sommaire.

Cinq minutes plus tard, elle raccrochait, convaincue que Wiley avait réussi à dénicher l'idiot du village.

* * *

Au QG de la CIA, Howard Wiley relisait le dernier rapport du cardinal Felici au Vatican.

OPÉRATION MAYA
POUR LES YEUX DU DIRECTEUR
ADJOINT SEULEMENT

Contact à San Pedro confirme départ en hâte d'Hernandez du presbytère où il vivait. Point intéressant : la quantité de matériel de plongée abandonné derrière lui. Vous tiens au courant. Felici.

Du matériel de plongée. Que pouvait-il y avoir de si intéressant dans les profondeurs du lac Atitlán ? On frappa à la porte, et Larry Davis entra avant même qu'il ne l'y autorise.

— J'ai pensé que vous voudriez savoir, monsieur. Les médias parlent du lancement du Minuteman ce matin… CNN est sur le point de lancer un direct, annonça Larry Davis.

— Quoi ? Mais c'était top secret, bordel de merde ! Wiley s'empara de la télécommande.

— Je viens d'avoir Gakona. Il semble qu'il y ait eu un dysfonctionnement. Une erreur dans le traitement des données qui, selon eux, a conduit le missile à impacter l'ionosphère du mauvais côté, l'envoyant au sud-ouest au lieu du nord-est. Ah… voilà.

Un bandeau rouge « flash spécial » barrait le bas de l'écran diffusant un reportage sur l'Open de golf d'Australie.

UN OBJET MYSTÉRIEUX PLONGE DANS LA MER DU JAPON À 300 MÈTRES D'UN NAVIRE DE CROISIÈRE. LA

RUSSIE ACCUSE LES ÉTATS-UNIS DE VISER LA CORÉE DU NORD.

— Ici, Lee-Ann Ramirez. Nous interrompons notre programme sur l'Open d'Australie et nous sommes en liaison avec notre envoyé permanent au Pentagone, Sheldon Murkowski. Sheldon, je sais qu'il est encore tôt dans la capitale, mais y a-t-il eu la moindre réaction du Pentagone ou de la Maison Blanche après les accusations du Kremlin quant au lancement d'un missile américain contre la Corée du Nord ?

— Lee-Ann, le Pentagone n'a toujours pas fait la moindre déclaration, mais le mystérieux objet en forme de cône qui, selon les témoins, avait la taille d'une petite voiture, a été aperçu par des dizaines de touristes effectuant une croisière au moment où il a plongé dans la mer au large de l'île d'Hokkaido, un peu avant 18 h 30, heure locale.

— Ce sont des accusations très graves, Sheldon. Sur quoi le Kremlin se base-t-il ?

— Le ministre russe de la Défense, Vladimir Andropov, s'est montré très précis. Une station de surveillance russe située près de Vladivostok a suivi la trajectoire d'un missile qui aurait été lancé depuis la côte ouest des États-Unis à 5 h 15 ce matin, heure californienne. M. Andropov affirme qu'il a commencé par se diriger vers l'Alaska avant de changer de cap de façon inexplicable après deux minutes de vol. Le Pentagone ou la Maison Blanche devraient convoquer une conférence de presse d'ici peu, Lee-Ann.

— C'était Sheldon Murkowski, en direct du Pentagone. Nous apprenons à l'instant même qu'une formidable tempête déferle sur le Japon et sur certaines zones de Corée et de Chine du Sud. Selon les autorités, cette tempête s'est produite sans le moindre signe avant-coureur et est déjà décrite comme l'une des plus formidables jamais enregistrées…

L'image changea pour montrer une vue en direct de Tokyo. Le ciel du soir était d'une étrange teinte orange-pourpre sur la capitale japonaise qui, malgré la quasi-absence de nuages, ne cessait d'être frappée par de formidables éclairs.

Soudain, dans une sorte de macabre répétition du 11-Septembre sur le World Trade Center à New York, une immense fourche de lumière bleu indigo explosa sur la MidTown Tour, le plus grand gratte-ciel de la ville, détruisant l'hôtel Ritz-Carlton et les vingt derniers étages, qui s'effondrèrent sur le quartier très animé d'Akasaka en contrebas. Dans les secondes qui suivirent, un autre éclair d'une puissance inouïe frappa le Grand Bouddha de Kamakura, sectionnant littéralement la statue de 80 tonnes vieille de 750 ans. Non loin de là, la plage de Yuigahama fut grêlée d'éclairs dont la température avoisinait les 30 000 ° C, faisant immédiatement fondre la silice, creusant des fulgurites, des espèces de tubes de sable vitrifié s'enfonçant sur plusieurs mètres de profondeur. Des décharges plus puissantes encore frappèrent le cœur de Tokyo, tout autour de Shinjuku, réduisant la plus grande gare du monde fréquentée chaque jour par 4 millions d'utilisateurs à un tas de décombres.

— Déjà, des rumeurs font état d'un lien entre la chute de ce mystérieux objet au large d'Hokkaido et l'effroyable cataclysme qui frappe Tokyo. Nous tenterons de vous tenir au courant de l'évolution de la situation. Ici Lee-Ann Ramirez.

Wiley se leva pour se planter devant la grande carte du monde placardée sur l'un des murs de son bureau.

— La zone d'impact se trouve près de la fosse des Mariannes ?

Il faisait allusion à la plus profonde fosse océanique du monde.

— Un peu au nord, confirma Davis.

— Qu'ils aillent se faire foutre ! Niez tout. Ils ne retrouveront jamais rien à une telle profondeur, et les médias ne tarderont pas à s'intéresser à autre chose.

— Monsieur, cette décision ne revient-elle pas au Pentagone ou à la Maison Blanche ?

— Ces mecs seraient pas foutus de reconnaître un seau de merde même s'ils avaient les pieds dedans. Appelez leurs attachés de presse et dites-leur que ce n'est qu'une suggestion, mais rappelez-leur d'où elle vient. En attendant, je veux qu'une équipe de plongeurs se rende au lac Atitlán, dit Wiley en tendant à Davis une copie du rapport de Felici. Hernandez était un adepte de la plongée en conditions difficiles, et j'ai le sentiment qu'il n'a pas acheté tout cet équipement rien que pour s'offrir une partie de pêche. Des nouvelles de Toutankhamon et Néfertiti ?

Davis secoua la tête.

— Notre soutien n'a pas perdu le navire de vue, mais ils n'ont pas débarqué.

— Putain de merde ! Appelez-moi Rodriguez.

51

Montagnes du Guatemala

La gare routière d'Escuintla, une ville rurale de 70 000 habitants au pied des montagnes sur la plaine Pacifique, grouillait de monde. Toujours aux aguets, O'Connor suivit Aleta à bord d'un autre car décoré de façon encore plus flamboyante que celui qui les avait amenés de Puerta de Hierro. Une demi-heure plus tard, le véhicule s'échinait sur la petite route en lacet qui grimpait vers Panajachel, et O'Connor secoua la tête quand le chauffeur décida de doubler un autre car pétaradant, dont le toit était couvert de casseroles, de poêles, de vélos et de paniers en osier. Côte à côte, les deux engins approchaient d'un virage aveugle et leur conducteur insistait. Soudain, un mini-van surgit devant eux. Le chauffeur, pas plus effrayé que cela, écrasa son klaxon, et le mini-van braqua sur le bas-côté, s'enfonçant dans l'épaisse végétation qui bordait la route, frôlant le bus de quelques centimètres. Une bande de gamins assis sur la banquette du fond poussèrent des cris de triomphe.

— On passe un permis de conduire dans ce pays ?

Aleta sourit.

— On s'habitue. Ils vendent des tee-shirts à Panajachel avec « J'ai survécu » devant et un car dans le dos. Je t'en achèterai un.

— À condition qu'on survive jusque-là, répondit O'Connor en se tassant contre elle pour laisser passer un homme avec un porcelet sous le bras.

* * *

Ils arrivèrent, sains et saufs, à Panajachel en milieu d'après-midi. Portant leurs sacs à dos, ils descendirent la rue principale où des *tucs tucs* d'un rouge éclatant exécutaient une danse savante pour séduire d'éventuels clients. Des tapis tissés, des robes et des pantalons multicolores étaient accrochés aux montants rouillés des étals. Au-dessus de leurs têtes, des câbles électriques et téléphoniques s'entortillaient comme des spaghettis. De merveilleux arômes d'épices et de grains de café fraîchement torréfiés emplissaient l'air. Malgré cette profusion, O'Connor restait constamment sur ses gardes tandis qu'ils suivaient l'Avenida Santander vers les rives du lac Atitlán. Des vendeurs, installés sous des parapluies jaunes ou rouges, leur offraient des mangues et des noix caramélisées. Aleta sourit à un petit garçon aux grands yeux marron. Le gamin, accroché aux jupes de sa mère, lui répondit timidement tandis que sa mère hissait un énorme panier de bananes sur son crâne.

Ils arrivèrent au chemin pavé qui menait aux appontements. Après avoir contourné un arbre majestueux, ils découvrirent le lac. Sur l'autre rive, au sud, se dressaient le Tolimán et, juste derrière lui, l'Atitlán, chacun culminant à plus de 3000 mètres. Comme recrachés par des cratères, des nuages dévalaient des deux sommets, donnant l'impression que ces monstres endormis pouvaient à tout moment entrer en éruption. Plus loin à l'ouest, le troisième des volcans du lac Atitlán, le San Pedro toisait le petit village du même nom.

— *¿ Cuánto a San Marcos ?* demanda O'Connor au vieux batelier.

— *Ochenta quetzales…* pour vous. Mais pour la belle dame, *sesenta quetzales.*

O'Connor sourit.

— *¿ Cómo se llama usted ?*

— Fidel, répondit l'homme.

— D'accord, Fidel, allons-y.

Pendant qu'ils s'installaient à bord, celui-ci lança le moteur du runabout de dix places qu'il guida entre deux poteaux de bois branlant.

Pendant quelques minutes, seuls le ronronnement aigu de l'Evinrude et les petits chocs occasionnels de la coque sur l'eau brisèrent la splendeur silencieuse du lac. Le regard d'Aleta semblait perdu.

— De mauvais souvenirs qui reviennent ? demanda O'Connor avec douceur.

— J'essaie de ne penser qu'aux bons moments, comme me le disait mon père. Si seulement nous pouvions trouver la troisième figurine et arriver à Tikal avant le solstice…

— Ce qui nous laisse moins de trois jours.

Quarante minutes plus tard, ils contournèrent un dernier petit promontoire, et le vieil homme relâcha les gaz.

— C'est José sur la jetée ! s'exclama Aleta.

— Le chaman ? Comment savait-il que nous arrivions ?

Arana leur fit signe et Fidel lui jeta la corde d'amarrage.

— *Muchas gracias*, le remercia O'Connor en lui glissant un billet de deux cents quetzales.

Fidel chercha la monnaie dans ses poches, mais O'Connor secoua la tête.

— *No, para usted.* « Pour vous. »

— *¡ Gracias, gracias !*

— *Mi placer.*

— *¡ Bienvenido a San Marcos !*

José Arana embrassa Aleta sur les deux joues.

— Et vous devez être Curtis ? Bienvenue.

Il lui serra la main avec vigueur avant de se tourner vers Fidel pour lui demander d'attendre.

— Venez, vos chambres vous attendent.

— *Vos* chambres... répéta O'Connor à mi-voix. Dommage.

Aleta lui flanqua un coup de coude dans les côtes.

Pas très loin de là, à San Pedro, deux ex-Navy SEALs, des plongeurs spécialisés désormais employés comme mercenaires par la CIA, prenaient deux chambres à l'hôtel Mikaso sur les rives du lac Atitlán.

* * *

La maison était perchée sur une hauteur, tout près du lac. La femme d'Arana, Sayra, avait installé la table du dîner dans le jardin. Elle avait préparé un *topado* : un riche ragoût de poissons et de crabes du lac, avec de la coriandre, des tomates, du lait de coco et des bananes plantains. Après le repas, elle se retira, laissant Arana seul avec O'Connor et Aleta.

— Nous sommes le 18 décembre, José. Le solstice est dans moins de trois jours.

Un sourire étrange apparut sur le visage d'Arana.

— Tu as bien fait de venir, Aleta.

Depuis qu'elle était arrivée à San Marcos, il la tutoyait et se montrait extrêmement prévenant avec elle.

— Comme je te l'ai dit à Vienne, enchaîna-t-il, il s'agit d'une mission sacrée de la plus haute importance. Mais je dois encore te rappeler que la figurine et le codex sont farouchement protégés. Plus d'un chasseur de trésors y a laissé la vie. Les anciens ont fait en sorte que le codex ne puisse être découvert que par une personne possédant l'équilibre spirituel nécessaire à sa compréhension. Il se peut que tu sois cette personne, Aleta, mais nous ne le saurons que si tu réussis.

Il se tourna vers O'Connor.

— Le Vatican a désormais un homme à San Pedro, ce « spécialiste » de la culture maya, Mgr Jennings. Il est en poste à l'église et a pris ses quartiers au presbytère qu'occupait autrefois le père Hernandez.

— Aleta et moi avons des raisons de penser que ce père Hernandez est en fait Karl von Heißen, un officier SS qui est parvenu à s'échapper d'Allemagne avec la complicité du Vatican et de la CIA à la fin de la Seconde Guerre mondiale.

— Et vous avez raison. Von Heißen a été aidé par le signor Felici, un conseiller du pape Pie XII et père de l'actuel cardinal Salvatore Felici. Malheureusement pour ce dernier, von Heißen tenait un journal intime très détaillé.

— Ah… je comprends mieux maintenant, fit O'Connor. Si son passé ressurgit et si on découvre la complicité de son père avec des criminels de guerre nazis, il peut dire adieu à sa carrière. Plus question de devenir le prochain pape.

— Exact, dit Aleta, mais ce n'est pas la seule raison pour laquelle le Vatican s'intéresse au Codex maya. Il y voit une menace contre l'unicité du message du Christ.

— Sur laquelle l'Église catholique romaine fonde son existence. Il faudrait que je jette un coup d'œil aux appartements de Mgr Jennings. Y a-t-il un moyen de faire la traversée à cette heure de la nuit ? demanda O'Connor.

— Fidel vous attend à la jetée. Jennings a pour habitude de boire un verre tous les soirs au Buddha Bar. C'est au bord du lac, pas très loin du quartier touristique.

— Sois prudent, dit Aleta.

— Il compte déjà beaucoup pour toi, fit remarquer Arana avec douceur après le départ d'O'Connor.

— Oui, murmura-t-elle avant d'ajouter : même si j'ai parfois l'impression d'être dans un film avec Indiana Jones. Et puis c'est vous qui m'avez dit de remettre ma vie entre ses mains.

— Et maintenant, il va falloir que tu me fasses encore confiance. Tu te souviens de ce que je t'ai dit à propos d'une nécessaire purification ?

Elle acquiesça.

— C'est ce que nous allons faire maintenant, et cela te soulagera aussi de ta dépression. Je veux que tu t'allonges ici, dit Arana en indiquant un banc de jardin recouvert d'épais coussins. As-tu déjà été hypnotisée ?

— Non, répondit Aleta avec surprise et non sans une certaine appréhension.

— Le fonctionnement de notre cerveau obéit à différentes phases, Aleta. Quand nous sommes éveillés, nous nous trouvons dans ce qu'on appelle l'état « bêta ». Nous sommes alertes, nous pensons, et le rythme de nos ondes cérébrales se situe entre 15 et 30 cycles par seconde. Entre 8 et 15 cycles, c'est l'état « alpha ». Nous sommes plus détendus. En général, nous somnolons ou bien nous sommes absorbés par un film.

Il observa une pause, laissant Aleta s'installer confortablement.

— Tu te détends, dit-il doucement en lui passant la main au-dessus des yeux. Ferme-les et nous passerons au stade « thêta », tes ondes cérébrales ralentissent... ralentissent... jusqu'à 4 ou 5 cycles par seconde. C'est la phase que nous atteignons lors d'un profond sommeil, un état dans lequel tu vas entrer maintenant, tranquillement. Quand ce sera terminé, je compterai jusqu'à 3, continua le chaman, et tu te réveilleras.

Aleta se sentait partir, sans doute parce qu'elle était très fatiguée et aussi parce qu'elle était de retour dans son village, aux soins d'un homme en qui elle avait toute confiance. Les coussins étaient confortables, ses paupières, très lourdes. Elle n'avait plus ni la force, ni la volonté de les ouvrir.

— Maintenant, tu te trouves dans un tunnel. Tu descends des marches qui te conduisent de plus en plus loin dans ce tunnel. Loin... loin... loin. Les marches continuent à descendre... Tu arrives dans un corridor à peine éclairé qui pue l'humidité et la crasse.

Il passa une orchidée sauvage sous le nez d'Aleta mais celle-ci grimaça, écœurée. Il s'agissait d'un test pour confirmer que sa patiente était bien entrée en transe. Aleta était désormais ouverte au pouvoir de la suggestion. Pour purifier son esprit, Arana allait devoir la ramener en arrière dans le temps. Une technique que les anciens avaient utilisée pendant des siècles et que la psychiatrie et l'hypnothérapie modernes commençaient à peine à expliquer, la qualifiant de « régression aux vies antérieures ». Si chaque individu était différent, le chaman savait que tous les êtres humains avaient connu des vies passées dont les souvenirs étaient inaccessibles. Mais l'hypnose pouvait parfois abattre de telles barrières.

— Tout en marchant dans ce tunnel, tu vois des portes de part et d'autre, Aleta, continua-t-il, parlant toujours d'une voix douce et égale. Je veux que tu en choisisses une et que tu l'ouvres.

— Il y en a une avec de superbes couleurs sur ma gauche… je l'ouvre maintenant.

Aleta se mit à bouger au son des tambours.

— Où es-tu ?

— À Tikal. Je suis la princesse Akhushtal.

Elle était revenue en 790 dans la grande cité-État de Tikal, une des nombreuses et puissantes villes érigées dans les jungles de la péninsule du Yucatán. Calakmul et Naranjo, contrôlées par la reine guerrière, Dame Six Sky, se trouvaient au nord, et la paix entre cités était fragile.

— Que vois-tu ?

— Il règne une grande animation, annonça la princesse Akhushtal. Demain, c'est le solstice d'hiver, et à l'aube le Grand Prêtre dirigera une cérémonie avec les statues de jade pour déterminer l'endroit de la cachette du Codex maya. Mais il est très inquiet.

Depuis la plate-forme où elle était assise avec son père, le roi Yax Ain II, Akhushtal contemplait le grand terrain de jeu en contrebas. Les guerriers portaient d'épais rembourrages de paille pour se protéger les côtes de l'énorme balle en cuir de plus d'un mètre de diamètre tandis qu'ils se mettaient en position. Les règles leur interdisaient de la toucher avec les mains ou les pieds ; ils devaient se servir de leurs avant-bras, eux aussi protégés, et parfois de leur front. Des coiffes de cornes et de plumes de quetzals et d'aras identifiaient chaque camp.

Le regard de la princesse Akhushtal quitta le terrain pour se poser sur les splendides pyramides couleur saumon dressées à chaque extrémité de la Grande Place : le Temple du Grand Jaguar et le Temple du Masque. Ils avaient été bâtis cinquante ans plus tôt pour abriter les tombeaux de la famille royale du Grand Jaguar : le roi Jasaw Chan K'awil et sa reine, Dame Douze Macaw. Plus loin à l'est de la place, le marché de Tikal battait son plein. Les étals étaient protégés du soleil par des auvents de toile sous lesquels étaient suspendus des vêtements délicatement tissés. Tapis, poteries, épices, noisettes et fruits débordaient sur les allées. Les femmes, vêtues de tenues multicolores, portaient leurs achats en équilibre sur leurs têtes dans de grands paniers. Des chaises à porteurs fendaient la foule, transportant des aristocrates affublés de coiffes de plumes. Plus loin, au-delà du marché, Akhushtal pouvait apercevoir les sentinelles postées au sommet des Temples IV et V, les « pyramides gratte-ciel », les plus hautes structures du monde méso-américain. À leurs pieds, les portes de la grande cité sur la jungle étaient sévèrement gardées par les guerriers du roi.

— Les tambours battent plus fort maintenant, et la partie de balle se termine. Mon père se lève. Les joueurs se tournent tous vers nous et s'inclinent.

Aleta semblait agitée mais Arana resta silencieux et attendit.

— Le Grand Prêtre s'adresse à mon père. Il le prévient qu'une terrible catastrophe risque de s'abattre sur les Mayas.

— Nous devons trouver un moyen de faire la paix avec Calakmul et Naranjo, annonça le Grand Prêtre avec gravité.

Le vieux Maya était un homme respecté. Grand et vêtu d'une robe blanche à capuche, son visage ridé était empreint d'une grande sagesse. Même face au roi Yax Ain II, il faisait preuve d'une autorité indiscutable.

— Si ces guerres se poursuivent, non seulement chaque camp souffrira de pertes considérables, mais toute la civilisation maya sera menacée. Les batailles ravagent les terres qui assurent notre subsistance.

— Les peuples de Calakmul et de Naranjo sont très obstinés, se plaignit le roi. J'ai le devoir de protéger nos coutumes. Nous sommes la cité prééminente, et ils doivent s'y conformer eux aussi. Si nécessaire, nous les y obligerons par la force.

Assis sur un petit tabouret, le roi guerrier aux muscles saillants était resplendissant avec sa coiffe de plumes rouges, bleues et vertes et son armure de cuir fermée à la taille par un gros emblème de jade.

— La cité dominante doit montrer la voie, mais cela ne signifie pas qu'il faille rejeter les autres coutumes, insista le Grand Prêtre. Ce n'est pas faire preuve de faiblesse que de s'asseoir pour parvenir à un accord. C'est une force.

— Qui sera perçue comme une faiblesse, surtout par le conseil, grommela le roi.

— Nous arrivons au terme du dixième *baktun*. Nous entrons dans une période de grands bouleversements, prévint le Grand Prêtre, rappelant au roi Yax Ain II que le cycle actuel de 394 années approchait de sa conclusion. La destruction que nous avons connue à la fin du précédent *baktun* se répétera.

Le roi parut hésitant.

— Les signes se multiplieront jusqu'à ce que nous tenions compte de ces avertissements… ou alors nous planterons les germes de notre propre destruction et, finalement, celles du monde tout entier.

— Le monde tout entier ?

— La destruction à la fin de ce *baktun* sera immense, surtout pour ton propre peuple, mais la destruction du monde n'est prévue qu'au terme du treizième *baktun*.

— Et que se passera-t-il alors ? demanda le roi.

— Le treizième *baktun* signifiera la fin du grand cycle : la fin de l'âge du Cinquième Soleil. Les gens de cette époque ne verront pas les dégâts qu'ils infligent à Mère Nature. Ils ne seront pas capables de trouver un accord entre eux. Leurs guerres mettront aux prises de multiples religions, chacune d'entre elles prétendant être la seule vraie foi. S'ils ne parviennent pas à comprendre qu'il existe de multiples chemins, qu'aucune société n'est supérieure à une autre, ces conflits les détruiront tous.

— Ce moment est très lointain. De nombreux *bak-tun* devront s'écouler d'ici là, répondit le roi.

— Nous n'en avons pas moins le devoir d'alerter les futures générations des difficultés auxquelles nous devons faire face, ainsi que de celles qui les attendent.

— Et comment pouvons-nous faire cela ?

— Les avertissements ont été consignés dans un codex. Demain, lors de la cérémonie du solstice, les Gardiens des temples, les figurines de jade, seront placés au sommet des Pyramides I, IV et V. Au lever du soleil, ses rayons les traverseront. L'endroit qu'ils indiqueront sera celui où devra être caché le Codex maya. Il restera là bien longtemps après que, toi et moi, nous aurons quitté ce monde. Mais l'un qui est parmi nous aujourd'hui reviendra pour dévoiler ses secrets. Pour réussir, lui et ses amis devront connaître la séquence qui est à la base de l'univers lui-même. Cette séquence contient un nombre auquel la soustraction de 1 donne son réciproque et l'addition de 1, son carré.

Aleta s'agita sur sa couche, fronçant les sourcils devant les énigmes mathématiques du Grand Prêtre, avant de retrouver une expression apaisée comme si le mystère était résolu.

— Que se passe-t-il maintenant ? demanda Arana.

— Le ciel se colore de rose et de pourpre… l'aube approche. Les singes hurleurs se balancent dans les arbres au-dessus de nous. J'accompagne mon père vers la Grande Place, où ses sujets sont déjà réunis par milliers. Ensemble, nous gravissons les marches du Temple du Grand Jaguar. Le Grand Prêtre nous attend au sommet. Nous montons… nous montons. Les tambours battent, plus fort maintenant, des feux d'encens brûlent au pied du temple où les guerriers sont massés. Nous atteignons le sommet… le Grand Prêtre s'incline… mon père prend place sur son trône et voilà, je suis assise, moi aussi. Les prêtres s'activent autour des figurines de jade. Ils en ont placé une sur le faîte au-dessus de nous, une autre sur le Temple IV et la dernière sur le Temple V. Le Grand Prêtre porte une conque dorée à ses lèvres. Mais voici qu'il me montre le trou percé en son centre. Puis il souffle, et le son s'élève au-dessus de la jungle.

Le chaman ne quittait pas sa patiente des yeux, conscient de ce qui allait se produire. Aleta se tordait sur les coussins, en réaction au crescendo des tambours.

— Le ciel s'éclaircit, la canopée s'étale à l'infini comme la grande mer. Le Grand Prêtre est tourné vers l'endroit où le ciel est le plus brillant, là où le soleil va se lever pour le jour le plus court de l'année… maintenant ! Les premières lueurs atteignent le cristal de la figurine juchée au sommet du Temple I. Soudain, un rayon vert étincelant, plus mince qu'une corde, en jaillit en direction du Temple IV à l'ouest, il frappe très précisément le cristal qui s'y trouve déclenchant un autre rayon vers le Temple V.

Aleta tourna subitement la tête.

— Le rayon ! Il se dirige vers… attendez… je n'arrive pas à voir… oh, non !

Des hurlements montent des portes de la cité au bout de la grande allée qui mène au marché. L'un après l'autre, les toits de chaume des huttes dressées de chaque côté s'enflamment. Des milliers de guerriers enragés venus de Calakmul déferlent sur les gardiens des portes, les décapitant ou leur arrachant le cœur. Maintenant, ils se ruent sur la Grande Place. De féroces combats s'engagent tandis que les défenseurs de Tikal tentent de protéger leur roi.

Le Grand Prêtre est étrangement calme. Pour lui, cette attaque surprise à l'aube était inévitable. Il secoue tristement la tête. Les cités-États, il le sait, continueront à se battre jusqu'à leur destruction et, finalement, jusqu'à l'effondrement de la civilisation maya. Toujours aussi maître de lui-même, il fait signe aux prêtres qui se préparent à murer le Codex maya. À travers le chaos, la fumée et le massacre, le rayon vert continue à frapper le mécanisme qui contrôle l'entrée secrète d'un complexe situé non loin du Temple V. Les prêtres lèvent le précieux codex pour indiquer qu'ils ont vu le signal de leur chef et l'un d'eux descend dans un puits menant à un tunnel débouchant dans une chambre. Le soleil continue son ascension, et le rayon disparaît. Le Grand Prêtre fait signe qu'il est temps de sceller chaque figurine de jade dans les chambres secrètes qui ont été préparées au sommet de chaque pyramide.

— Non ! Non ! Les guerriers de Calakmul ont atteint le pied de notre pyramide. Les braves de mon père sont submergés… transpercés… décapités. Ils se battent avec courage, mais ils sont trop peu nombreux. Oh non ! Ils se ruent sur les marches vers *nous*… Non ! Non !

* * *

O'Connor trouva sans difficulté le Buddha Bar et son drapeau tibétain flottant au-dessus de l'entrée. Des statues et des images d'inspiration bouddhistes étaient censées donner une ambiance asiatique au bâtiment ocre de style espagnol dans lequel trônait un gros Bouddha en bois rescapé du tournage d'*Apocalypse Now*. O'Connor observa la salle du bar au rez-de-chaussée. Elle était bondée et, malgré l'éclairage tamisé, il lui parut vite évident qu'elle était essentiellement peuplée de jeunes touristes venus ici jouer au billard et fumer de l'herbe, un passe-temps *de rigueur** à San Pedro. Encore une fois, il s'assura qu'il n'était pas suivi avant de monter au restaurant.

Les grands box en forme de fer à cheval étaient tous occupés, et Jennings était installé dans l'un d'entre eux, au bout d'une rangée, en compagnie d'un gamin qui n'avait pas 15 ans. Le prêtre sirotait un whisky, et le garçon un soda qui ne devait pas contenir que de l'eau sucrée, se dit O'Connor.

Il monta au dernier étage pour jeter un coup d'œil au bar installé sur le toit-terrasse qui offrait une vue à 360° sur le lac. Lui aussi était bondé de jeunes gens que l'odeur d'herbe qui flottait ici semblait ravir. Dans ce contexte, O'Connor n'eut aucun mal à repérer les deux ex-Navy SEALs accoudés au balcon et qui lui tournaient le dos. Ces types ne connaissaient qu'une coiffure : la coupe en brosse. Il battit en retraite, redescendant au restaurant où Jennings revenait du bar avec un autre whisky et un autre « Coca ». La rage le saisit quand il le vit poser la main sur la cuisse du garçon, et il réprima une forte envie d'aller lui casser la figure. Ce n'était pas le moment. Au lieu de cela, il quitta le bar et remonta la rue principale où quelques boutiques étaient encore ouvertes et où les *tucs tucs* continuaient leur habile ballet sur les pavés. Sur un immeuble, un immense slogan proclamait que Jésus était le Seigneur de San Pedro de la Laguna.

Arrivé au sommet de la rue, O'Connor s'arrêta près d'une boutique pour examiner la place et l'église aux murs blanchis à la chaux. Le presbytère devait être le petit bâtiment attenant, conclut-il. Contournant la place au lieu de la traverser, il s'en approcha, protégé des regards par quelques palmiers et les jardins de l'église.

La serrure était rudimentaire. O'Connor referma discrètement la vieille porte en chêne derrière lui. À l'aide de sa lampe de poche, il entama une fouille systématique des nouveaux appartements de Jennings. La table de la cuisine qui devait aussi servir de bureau ne révéla rien d'intéressant. Pas plus que la kitchenette ou la petite salle de bains mais, tout comme Jennings avant lui, il trouva l'équipement de plongée dans le placard sous l'escalier. Il monta dans la chambre et trouva une petite malle rangée dans la penderie. Il crocheta le cadenas pour découvrir une pile de « bulletins » de la NAMBLA, le magazine officiel de l'Association nord-américaine pour l'amour entre hommes et garçons. Sur celui posé au sommet, Jennings avait inscrit « très mignon » sur la photo du gamin en couverture.

Il referma la malle pour s'intéresser à la trappe qui s'ouvrait dans le plafond. S'aidant de la seule chaise disponible dans la chambre, il se hissa dans les combles. Le rayon de sa lampe balaya les crottes de rats entassées parmi les vieilles poutres. Tout au fond de cet espace confiné, trois autres malles poussiéreuses étaient soigneusement rangées. Baissant la tête pour ne pas se cogner, il s'en approcha. L'épaisse couche de poussière omniprésente indiquait qu'elles n'appartenaient pas à Jennings et que celui-ci n'avait pas eu la curiosité de monter jusqu'ici. De nouveau, il força un cadenas puis souleva un couvercle. Des cahiers. Des dizaines de journaux intimes. Il feuilleta le premier qui lui tomba sous la main et découvrit que la dernière entrée datait de 12 mois avant la fuite de von Heißen. « En manque-t-il ? » se demanda-t-il en ouvrant la deuxième puis la troisième malle qui, elle, contenait les journaux datant de l'époque de Mauthausen. Ils étaient classés par ordre chronologique. Par curiosité, O'Connor retrouva celui de 1938. Cinq minutes plus tard, il proféra un juron étouffé en lisant le compte rendu méticuleux de la visite de Himmler au camp.

Le Reichsführer Himmler a été ravi des célébrations en l'honneur de l'anniversaire du Führer. Quarante-huit ordures juives exécutées... une pour chaque année de la glorieuse vie du Führer.
Himmler m'a personnellement félicité pour l'impeccable tenue du Konzentrationslager Mauthausen, laissant entendre que la promotion au grade de Standartenführer était envisagée !
Les préparatifs d'Herr Doktor Richtoff pour ses expériences médicales sont très avancés.
Himmler a donné son accord pour l'exécution de la vermine Weizman. On lui a fait monter l'escalier. Sa chienne et leurs bâtards seront les premiers « patients » du Dr Richtoff.

« Comment le Mossad a-t-il pu rater ceci ? » se demanda O'Connor. Il ne voyait qu'une seule explication : ses agents étaient *si* proches de von Heißen qu'ils avaient continué à le poursuivre sans prendre le temps de s'arrêter ici. Il garda le carnet contenant la révélation du massacre et redescendit dans la chambre à coucher de Jennings où il fouilla la table de nuit. Il trouva le dernier journal de von Heißen dans le tiroir et, à l'intérieur de celui-ci, la carte originale tracée sur le *huun*, montrant les repères pris à partir des trois volcans – celle-là même qui avait été confisquée à Ariel Weizman soixante-dix ans plus tôt.

Au moment où il tournait la première page du carnet, il entendit un bruit de clé dans la porte d'entrée en bas.

* * *

En nage, Aleta se tordait sur les coussins. Il était temps de la ramener.

— Tu quittes cette pièce maintenant, Aleta, dit le chaman. Tu repasses la porte par laquelle tu es entrée… tu es de nouveau dans le tunnel… et tu refermes cette porte derrière toi. Tu es plus calme maintenant… beaucoup plus calme.

Ces mots eurent un effet saisissant : elle ne s'agitait plus, et sa respiration était redevenue normale.

— Un… deux… trois, dit doucement José.

— C'était un rêve ? demanda Aleta.

Il sourit et secoua la tête.

— Ta réaction est assez normale mais non, tu ne rêvais pas. Ceci n'était qu'un souvenir d'une de tes vies antérieures, sans doute une des plus significatives, et si tu l'as revécu maintenant, ce n'est pas un hasard.

Il s'interrompit pour lui laisser le temps de se réajuster à son environnement. Une brise fraîche montait du lac, la nuit était claire. Ici, loin des grandes villes, les étoiles semblaient bien plus nombreuses et plus proches… tout comme elles l'avaient été pour les Mayas, plusieurs siècles plus tôt.

— As-tu appris quelque chose ? demanda-t-il.

— Le rayon comme un laser… les trois statues étaient placées au sommet des Pyramides I, IV et V… mais je n'ai pas vu l'endroit désigné par le rayon.

— Maintenant que tu sais quelles pyramides font partie de la matrice, il te suffit de découvrir la dernière figurine et, à condition de les positionner toutes les trois à l'aube du solstice d'hiver, tu as encore une chance de retrouver le codex.

— Il nous reste moins de trois jours.

— Comment te sens-tu ?

— Comme si on m'avait débarrassée d'un immense fardeau.

Le vieux Maya sourit.

— La purification a donc réussi.

— Je me demande ce que signifie cette conque d'or, murmura Aleta.

— Ceci, comme l'importance de l'équilibre, deviendra apparent très bientôt, déclara José, toujours aussi énigmatique.

* * *

Mgr Jennings jeta un rapide coup d'œil dans la rue derrière eux avant de pousser le jeune garçon à l'intérieur.

— Assieds-toi, Eduardo. Mets-toi à l'aise, dit-il en montrant le canapé posé contre l'escalier.

Passant dans la petite cuisine, il se versa un grand verre de Chivas Regal et ajouta une bonne dose de Johnny Walker Red Label au Coca d'Eduardo. Il revint s'asseoir à ses côtés, songeant aux merveilleux mots d'Oscar Wilde : « La grande affection d'un adulte pour un plus jeune homme… elle est aussi pure que parfaite… tant d'incompréhensions qu'il arrive qu'on la décrive comme "l'Amour qui n'ose dire son nom". Il est beau, il est délicat, il est la plus noble forme d'affection. Il ne comporte rien qui ne soit naturel. Il est intellectuel et existe souvent entre un jeune homme et un homme plus âgé quand l'aîné est un esprit éclairé et que le plus jeune a devant lui toute la joie, l'espoir et l'ivresse de la vie. Qu'il doive en être ainsi, le monde ne le comprend pas. Il se moque et parfois cloue au pilori celui qui s'y livre. » Jennings connaissait ces phrases par cœur. Il posa la main sur la cuisse magnifique d'Eduardo.

— *Cien quetzales*, annonça froidement celui-ci.

— *Más tarde*. « Plus tard », dit Jennings en prenant la main du garçon pour la placer sur sa propre érection.

Eduardo la retira.

— *Cien quetzales... o non contrato*.

Il n'avait peut-être que 14 ans, mais il possédait déjà la sagesse des rues.

— *¿ Cuánto para toda la noche ?* « Combien pour la nuit entière ? »

— *Quinientos quetzales.*

Avec une telle somme, Eduardo pourrait nourrir ses frères et sœurs pendant une quinzaine de jours.

— Voilà *cien quetzales*. Le reste plus tard, dit Jennings en lui tendant un billet rose et crasseux.

Des filets de sueur ruisselaient sur ses joues grasses, et il se tortillait sur le canapé. Il dégrafa sa braguette tout en caressant Eduardo, provoquant son érection avant d'attirer son visage contre sa propre queue gonflée mais pas encore dure.

O'Connor les photographia discrètement depuis la mezzanine. Il se demanda si, même avec de telles preuves, l'Église catholique se déciderait à agir, mais il se promit que le prêtre pourrirait un jour ou l'autre dans une prison quelconque. Pour l'heure, le moment était venu de filer. Certain que Jennings était complètement absorbé, il descendit les marches.

— Suce-moi, mon petit… suce-moi, râlait Jennings, la respiration sifflante. Oh oui. C'est *si bon.*

O'Connor ravala sa colère et sortit de la maison sans bruit. Il courut vers les quais, où Fidel l'attendait toujours.

— Santa Cruz. *La tienda de bucei, por favor, Fidel.*

La boutique de plongée était fermée à cette heure, mais O'Connor était certain qu'un peu d'argent surmonterait cet inconvénient.

— *Sí*, dit Fidel avec un sourire en larguant les amarres.

Non loin de là, un des mercenaires de la CIA debout sur le balcon du Mikaso surveillait les rives du lac. À travers ses jumelles de vision nocturne à haute résolution, Hank Sanders découvrit le canot au moment où il s'élançait sur les eaux sombres. Il le suivit tandis qu'il se dirigeait vers Santa Cruz sur la rive nord.

— Hé, Mitch, viens voir ça. Le type assis à l'arrière de cette barque. C'est pas notre homme ? demanda-t-il en tendant les jumelles à son partenaire.

— Difficile à dire. Mais si c'est lui, qu'est-ce qu'il va foutre là-bas à une heure pareille ?

Ils eurent la réponse à cette question vingt minutes plus tard. Sanders et Crawford virent le canot s'amarrer à la jetée de Santa Cruz puis leur cible se diriger vers la boutique de matériel de plongée tout proche.

* * *

Crawford garda ses jumelles braquées sur le petit *lancha* de Fidel quand celui-ci arriva à San Marcos. Il vit le vieil homme et O'Connor ramener l'équipement acheté vers une maison dans le jardin de laquelle Aleta était toujours en grande conversation avec José.

— Ils vont plonger.

— Oui, mais pas ce soir, répondit Crawford en aiguisant son poignard. Sinon, ils auraient laissé les bouteilles dans le canot. Je dirais demain matin à l'aube. Ce qui ne change rien. Le bateau et l'équipement sont prêts, dit-il avant de cracher par-dessus le balcon. On les aura par surprise.

* * *

O'Connor s'assit aux côtés d'Aleta.

— La carte originale de ton grand-père, annonça-t-il. Je l'ai trouvée dans un des journaux intimes de von Heißen. Il n'a pas eu le temps de les emporter. Il y avait aussi du matériel de plongée.

— Il devait être très pressé de partir, fit remarquer Aleta.

— Oui, le Mossad fait cet effet-là à certaines personnes.

— Tu crois qu'ils l'ont eu ?

O'Connor secoua la tête.

— Adolf Eichmann a travaillé incognito pour Mercedes pendant des années à Buenos Aires, mais quand les agents du Mossad et de la Shabak l'ont enfin capturé en 1960, ça a fait la une des journaux du monde entier. Von Heißen est désormais le plus recherché des nazis encore vivants… On en aurait entendu parler. Il y a encore trois malles de carnets dans les combles du presbytère qu'il faut récupérer.

Il ouvrit la carte gravée sur le *huun*.

— Regarde ça.

— Les repères ! murmura Aleta.

— Exactement, et ils se croisent un peu au large de ce point.

O'Connor indiquait un promontoire rocheux émergeant du lac à un kilomètre environ de distance.

— Quelqu'un – ton grand-père, j'imagine – a ajouté la lettre phi en bas de la page et il y a une marque là, tu vois ? Une petite ligne.

— Si la figurine se trouvait bien dans le lac, von Heißen l'a peut-être déjà récupérée…

— Il n'y a qu'un moyen de le savoir.

Ils se tournèrent tous les deux vers Arana.

— Si cela doit être, cela sera, dit-il calmement. Quand plongez-vous ?

O'Connor consulta sa montre.

— Il est près de 23 heures, et la journée a été très longue. Mieux vaut nous reposer quelques heures et nous acclimater à l'altitude.

52

Lac Atitlán, Guatemala

Fidel attendait tandis que O'Connor et Aleta, déjà en combinaison de plongée, descendaient le sentier jusqu'à la jetée. Le lac était comme du verre, l'aube rose caressant les trois volcans sentinelles.

Sur une autre rive du lac, Sanders abaissa ses jumelles et alla réveiller son partenaire.

O'Connor et Aleta effectuèrent un contrôle méthodique de leur matériel : bouteilles, régulateurs, jauges de pression et de profondeur, boussoles, système de compensation de flottabilité, moulinets de sécurité, lests, ordinateurs de poignet, torches et projecteurs de plongée. Il contrôla les attaches du poignard d'Aleta sur ses bottines avant de s'occuper du sien.

Fidel démarra le *lancha* et, suivant ses instructions, se dirigea vers un point situé à environ cinquante mètres de l'îlot rocheux qui surgissait du lac. O'Connor prit les relevés sur chacun des trois volcans et calcula mentalement les reports inverses.

— Encore 10 mètres, Fidel, dit-il en pointant vers le nord-ouest.

Il leur fallut 10 minutes de manœuvres pour arriver précisément sur le point indiqué sur la carte.

— Prête ? demanda O'Connor à Aleta.

Elle hocha la tête.

Assis sur le rebord du canot, ils ajustèrent leurs grandes palmes jaunes. Répondant à son compagnon, Aleta réunit son pouce et son index pour faire le *O* universel indiquant que tout allait bien. Il glissa son embout dans sa bouche puis, tenant son masque d'une main et plaquant les tuyaux contre sa poitrine, il se laissa basculer en arrière dans le lac. Par habitude, Aleta vérifia qu'il n'y avait personne sous elle avant de l'imiter, le rejoignant dans les eaux froides. Ils refirent surface, et il tourna son pouce vers le bas, donnant le signal de la descente. Elle pressa un bouton pour chasser l'air de son gilet et nagea derrière lui. Trois mètres sous la surface, O'Connor s'arrêta pour un « contrôle de bulles », cherchant le moindre signe de fuite dans l'équipement d'Aleta tandis qu'elle en faisait autant pour lui.

Le lac Atitlán se situait à près de 1 500 mètres au-dessus du niveau de la mer et atteignait par endroits près de 400 mètres de profondeur. O'Connor s'était assuré que ces paramètres particuliers avaient été introduits dans leurs ordinateurs de poignet. À une telle altitude, la pression atmosphérique était plus basse qu'au niveau de la mer : quand ils reviendraient à la surface, le différentiel serait bien plus important. Quant à trouver un caisson de décompression dans les parages, mieux valait ne pas y penser.

Sous l'eau, le promontoire continuait à descendre brutalement, telle une falaise sous-marine, mais à quinze mètres de profondeur O'Connor fut soulagé de constater qu'il s'interrompait pour former un plateau. Quand ils prirent pied sur le fond, un gros crabe s'enfuit, soulevant de petits nuages de poussière volcanique derrière lui. O'Connor libéra une longue corde de nylon de sa ceinture, en garda une extrémité tout en tendant la bobine à Aleta afin qu'elle la plante dans le lit du lac. À nouveau, elle réunit son pouce et son index, et il s'éloigna jusqu'à ce qu'elle bloque la corde à une distance de 5 mètres. Il se mit à nager en cercle, effectuant la manœuvre classique dite de la « fouille à la corde ». Les rayons de leurs torches trouaient l'obscurité, produisant un étrange kaléidoscope sous-marin, illuminant un fond grisâtre recouvert par endroits de plantes et de filets d'algues.

Le premier cercle ne révéla rien de particulier, et O'Connor transmit une secousse à la corde pour qu'Aleta lui accorde 5 mètres supplémentaires. Il décrivit une autre ronde, puis encore une autre. Côté lac, le promontoire s'enfonçait plus profondément. Sa jauge indiquait 20 mètres, mais il continua à nager, fouillant lentement le fond avec sa puissante torche. Tandis qu'il revenait vers sa position initiale, le fond remonta à 18 mètres, puis 16 et soudain il la vit. L'entrée de la caverne sous-marine était étroite mais immanquable. Il s'en approcha pour inspecter les rebords. Difficile de dire à quand cela remontait au juste, mais un ou plusieurs hommes étaient déjà passés ici.

Sur la jetée de San Pedro, les mercenaires de la CIA effectuaient à leur tour la vérification de leur équipement.

O'Connor tira brièvement à trois reprises sur la corde, signalant à Aleta de le rejoindre. Il lui montra l'entrée, débloqua la corde de façon à ce qu'elle continue à se dérouler grâce à la poulie fixée à sa ceinture. Le goulot une fois franchi donnait sur un vaste passage caverneux. Ébahie, Aleta regarda autour d'elle. Certaines stalagmites avaient rejoint les stalactites pour former d'impressionnantes colonnes, leur donnant l'impression qu'ils venaient de pénétrer dans une cité sous-marine. Un peu plus loin, une corniche volcanique apparut, et O'Connor leva son pouce pour indiquer qu'ils pouvaient remonter à la surface. À 6 mètres, il imposa un arrêt, et ils attendirent 3 minutes avant de poursuivre.

— C'est incroyable ! s'exclama Aleta quand ils émergèrent.

Sa voix retentit dans l'immense grotte. Plusieurs millions d'années auparavant, bien avant que cette caverne ne soit inondée, de l'eau avait ruisselé des cavités supérieures. Elle contenait des particules de calcaire et de poussière volcanique. La calcite s'était graduellement précipitée dans des formations géologiques étincelantes et multicolores : rouges profonds, pourpres, bleus, ocres et jaunes. Au-dessus d'eux, des vers luisants étaient accrochés au plafond. Des centaines de fils gluants produits grâce à leurs glandes buccales formaient un filet scintillant et splendide, mais mortel pour le moindre insecte attiré par un tel prodige lumineux. Une fois la proie engluée dans ce piège, le ver se contentait de tirer le long fil bleu-argent pour la dévorer vivante.

O'Connor se hissa sur la corniche et aida Aleta à sortir de l'eau. Ils se débarrassèrent de leurs bouteilles et de leurs palmes avant d'explorer les lieux. La margelle sur laquelle ils se tenaient se poursuivait encore sur une centaine de mètres avant de s'enfoncer à nouveau dans les eaux cristallines de la caverne.

— Je me demande jusqu'où ça va ?

O'Connor haussa les épaules.

— Certains de ces tunnels souterrains peuvent être gigantesques. J'en connais un à la frontière du Mexique qui s'étend sur plus de 150 kilomètres.

— J'espère bien que ce n'est pas le cas ici. Imagine qu'on doive fouiller 150 kilomètres de tunnels. Les indications sur la carte peuvent-elles nous aider ?

Il consulta sa boussole de poignet avant d'éclairer les parois avec sa torche. Soudain, il s'arrêta :

— Regarde ! Là-haut !

Il éclairait un point situé 2 mètres au-dessus de la tête d'Aleta.

— Sans la carte, on ne s'en serait jamais rendu compte, mais il y a une autre corniche.

Prenant appui sur une faille sur la paroi, il se hissa sur le rebord plus étroit qui menait, à son tour, à une autre grotte beaucoup plus petite. Il y pénétra pour découvrir une nouvelle colonie de vers luisants dont le rideau mortel décorait la paroi opposée. Il balaya le sol de calcaire avec le rayon de sa lampe. Dans un coin, quatre lingots frappés de l'aigle et de la croix gammée du Troisième Reich étincelèrent.

Aleta qui venait de se glisser derrière lui laissa échapper un petit cri étouffé.

— Certains des biens mal acquis de von Heißen, déclara O'Connor. Ces lingots ont sans doute été fondus à partir des dents en or de prisonniers juifs.

— Pourquoi les a-t-il abandonnés ? Tu crois qu'il n'a pas eu le temps de venir les récupérer ?

— Sans doute. Chacun de ces trucs pèse aux alentours de 400 onces, soit plus de 11 kilos, ce qui au prix du marché correspond à plus de 400 000 dollars.

Il y a là pour plus d'un million et demi de dollars. Dieu sait combien il en a emporté avec lui.

O'Connor examina le reste de la grotte.

— Aucun signe de la figurine.

— Tu crois qu'il l'a trouvée ?

— Je ne pense pas. Von Heißen tenait méticuleusement ses journaux. La dernière entrée de son dernier carnet date du jour précédant son départ, et il n'en fait aucune mention.

Ils continuèrent à fouiller la grotte pendant dix minutes, sans plus de résultat. Finalement, O'Connor s'approcha du « rideau de mort ».

— Là, à terre, juste devant les vers luisants ! fit Aleta. On distingue vaguement les contours de la coquille d'un nautile ! Tu te souviens des notes de mon grand-père ?

— La séquence de Fibonacci… chercher Φ.

— Oui !

Tous deux savaient que la spirale de la coque de ces céphalopodes croissait en fonction de la séquence de Fibonacci.

Aleta repensa aux paroles du Grand Prêtre. « L'un qui est parmi nous reviendra pour dévoiler ses secrets. Pour réussir, lui et ses amis devront connaître la séquence qui est à la base de l'univers lui-même. Cette séquence contient un nombre auquel la soustraction de 1 donne son réciproque et l'addition de 1 son carré. » Phi et la séquence de Fibonacci représentaient le nombre d'or présent partout dans l'univers, déterminant aussi bien des spirales des crustacés que de celles des galaxies. Dans cette suite, le rapport de n'importe quel nombre avec son prédécesseur approche le plus souvent de 1,618. En retirant 1, on obtient 0,618 qui est son réciproque ou bien 1/1,618 ; et si on y ajoute 1, les 2,618 obtenus sont le carré de 1;618.

— Je n'ai pas le temps de t'expliquer, dit-elle en s'agenouillant et en commençant à gratter avec délicatesse le calcaire qui s'était accumulé sur la conque, mais pendant que tu rampais sous le plafond de Jennings, José m'a soumise à une sorte de thérapie de régression. Chez les Mayas, c'est une conque telle que celle-ci qui a annoncé le début du solstice.

Le cœur battant, elle continua à gratter avec l'aide d'O'Connor. Petit à petit, apparut un rectangle creusé autour de la conque.

À l'extérieur de la caverne, Crawford et Sanders avaient atteint le lit grisâtre du lac. Le bateau de Fidel dérivait au-dessus d'eux. Crawford fut le premier à repérer la corde qui les mena à l'entrée de la caverne sous-marine.

53
Gakona, Alaska

Le vent qui hurlait le long de la Copper River semblait s'acharner sur la station de contrôle de Gakona, mais le Dr Tyler Jackson ne le remarquait pas. Il s'inquiétait bien davantage d'autres ravages encore à venir. Howard Wiley avait décidé de leur rendre une visite éclair. L'image satellite sur l'écran était marquée « TOP SECRET », montrant le site de la base des Gardiens de la Révolution islamique à Fordo, près de Qom, une des villes saintes d'Iran.

— Comme vous le savez, commença le directeur de Gakona, le Dr Nathaniel B. Hershey, nous soupçonnons les Iraniens de construire un complexe nucléaire enfoui sous les montagnes près de Qom. L'imagerie satellite à infrarouge n'a pas été capable de pénétrer la roche, et il est peu probable que notre armement conventionnel leur inflige de sérieux dommages.

Il fit apparaître un diagramme qui montrait le trajet prévu de la décharge inouïe provoquée par les ondes de très basses fréquences.

— La deuxième expérience de la série opération Ether enverra 3 milliards de watts directement dans ce complexe. Si tout se passe comme prévu, tout ce qui se trouve à l'intérieur de cette montagne sera pulvérisé. L'heure *H* pour la transmission aura lieu dans 3 jours, à 3 h 30. Ce qui correspond à 15 h 30 heure iranienne, quand le plus grand nombre de travailleurs seront en service.

Il continua en expliquant les détails de l'impact d'une telle décharge. Son exposé terminé, il s'interrompit, attendant les questions. Jackson décida de tenter sa chance une dernière fois.

— Il y a, bien sûr, un risque avec cette expérience, commença-t-il sans paraître remarquer le regard torve de Hershey. La tomographie à grande profondeur n'a jamais été testée à une telle échelle. Nous ignorons quels en seraient les résultats. Il n'est pas inconcevable d'imaginer que cette décharge massive d'énergie perturbe la rotation terrestre. Le séisme de Sumatra qui a provoqué le tsunami dévastateur de 2004 a atteint une intensité de 9 sur l'échelle de Richter, et nous avons la preuve irréfutable qu'il a accru l'oscillation de la Terre, déplaçant les pôles de plusieurs centimètres. Trois milliards de watts auront peut-être un effet encore plus cataclysmique qu'un tremblement de terre.

— Ceci n'est que pure conjecture, Dr Jackson, répliqua Hershey, glacial.

Wiley se retourna dans son siège pour dévisager le vieux scientifique.

— C'est à cela que servent les expériences, Dr Jackson. À voir si elles fonctionnent.

— Nous ne devrions pas oublier les leçons de l'histoire, monsieur. En 1954, comme vous le savez, nous avons fait exploser la première bombe à hydrogène sur l'atoll de Bikini. L'expérience Castle Bravo devait générer 4 mégatonnes. Le *résultat* a été près de quatre fois supérieur, décimant la population, vaporisant l'île de test, et laissant un cratère de près de 2 kilomètres de large sur le fond du lagon. Les retombées radioactives se sont propagées jusqu'en Australie, en Inde et au Japon. Nous sommes dans une situation similaire avec Ether : nous *ignorons* ce qu'il risque de se passer. Pire encore, nous approchons d'un alignement planétaire qui ne se reproduit que tous les 26 000 ans et qui aura lieu en décembre 2012. Les Mayas ont prédit qu'alors la Terre sera affectée par la formidable puissance du trou noir qui se trouve au centre de la Voie lactée. Nous devrions au moins repousser le lancement du missile et le déclenchement de la décharge ELF après 2012, quand la planète aura retrouvé une orbite plus stable.

— Vous parlez de science et vous me déballez ces conneries mystiques proférées par une bande de sauvages. Peut-être vous a-t-il échappé, Dr Jackson, qu'en 2012 les Iraniens auront la bombe ?

Il était temps de mettre ce scientifique sénile à la retraite, décida Wiley avant de se dresser de toute sa faible hauteur pour s'adresser à la trentaine d'employés présents.

— Les médias s'en sont donné à cœur joie ces derniers temps. Comme quoi la Corée du Nord aurait été visée, comme quoi nous aurions provoqué cette tempête au Japon… J'ai donc lancé une enquête. Qu'il n'y ait aucun doute dans l'esprit de quiconque : dès que j'aurais découvert celui qui cause aux journalistes de nos lancements de missiles ultra-secrets, il regrettera d'être né. Tous autant que vous êtes, vous avez signé la clause de confidentialité. Si vous la rompez, je vous arracherai les couilles… ou les seins. Cette installation est à but pacifique, voilà la ligne officielle ! Les opérations classifiées ne sont pas des sujets de discussion. Point barre !

* * *

Dès qu'il put quitter la salle de réunion, Jackson fonça dans son bureau. Cette expérience comportait les mêmes incertitudes que Castle Bravo, mais sur une échelle bien plus dévastatrice. D'une manière ou d'une autre, il devait trouver un moyen d'y mettre un terme.

54

Lac Atitlán, Guatemala

Le pouls d'Aleta s'accéléra quand le couteau d'O'Connor dégagea le dernier bout du rectangle qui entourait la conque. Un rectangle qui, comme la coque de nautile qu'il enfermait, obéissait au ratio de 1/1,618 ou Φ.

— L'ingénierie biologique dans ce qu'elle a de plus ingénieux, fit-il observer en replaçant son couteau dans son étui et en montrant la coquille. À mesure qu'une nouvelle loge se développe, l'ancienne se remplit d'un mélange de gaz et de liquide et se ferme par une cloison de nacre.

— Une spirale logarithmique qui fait que chaque nouvelle loge est proportionnelle à l'ancienne, approuva Aleta, essayant de contenir son excitation.

O'Connor extirpa les derniers morceaux de *sascab*, le même mortier obtenu à base de calcaire pilé et brûlé que le grand-père d'Aleta avait rencontré à Tikal, mais il eut beau faire levier, il fut incapable de déloger le bloc. Alors, d'un geste délibéré, elle inséra la pointe de son couteau dans l'orifice à peine visible de la spirale centrale de la conque. Un mécanisme dissimulé se mit soudain en action, et le gros bloc de calcaire s'enfonça lentement dans le sol de la caverne avant de glisser de côté, révélant un logement secret.

— Comment savais-tu ? fit O'Connor.

— Je te l'ai dit : c'est une longue histoire, mais regarde !

La troisième figurine était logée au fond de la cavité, le cristal et l'obsidienne noire cerclée d'or scintillant dans la lueur des vers luisants.

Il voulut s'en emparer, mais elle le retint.

— Non ! Attends !

Elle brisa une mince stalactite d'un orange crémeux pour insérer son bâton improvisé dans la cavité et effleurer le cristal.

O'Connor grimaça quand une lame tranchante comme un rasoir jaillit et sectionna le bout de stalactite avant de se rétracter. Aleta recommença la même opération pour toucher l'autre extrémité de la figurine. Une nouvelle lame, elle aussi mue par un ressort, frappa à la vitesse de l'éclair. O'Connor gonfla les joues et expira en se tâtant le poignet. N'importe laquelle de ces deux lames l'aurait tranché net.

— Comment…

— Comment je le savais ? Les anciens Mayas accordaient beaucoup d'importance à l'énergie du jaguar qui était, pour eux, d'essence féminine. José m'a prévenue que les anciens savaient que notre monde finirait par être dominé par les hommes et que le codex et cette figurine seraient protégés par un principe d'équilibre.

— Donc, la figurine repose sur une sorte de bascule mécanique et si on y touche, on perd le bras. Cet anneau au centre de la figurine, ce ne serait pas le point d'équilibre ?

O'Connor montrait un petit cercle de jade qui saillait d'une des plus basses branches de l'Arbre de Vie.

— C'est très probable. Si tu regardes attentivement, il y a deux marques sur les rebords de la cavité qui indiquent le centre.

O'Connor fabriqua deux autres bâtons avec des bouts de stalactite et, les tenant comme une paire de pinces, s'en servit pour manipuler la corde toujours accrochée à sa ceinture. Son outil improvisé effleura l'anneau, et cela suffit pour que les lames jaillissent à nouveau de leur cachette et tranchent les stalactites. Il dut s'y reprendre à trois fois pour finalement insérer la corde dans l'anneau. Il en tendit une extrémité à Aleta.

— Ces deux sillons, on peut y glisser la corde pour qu'ils nous servent de guide.

Elle acquiesça, et ils reculèrent lentement, hissant délicatement la figurine hors de son logement. Quand elle fut dehors, les lumières des vers luisants se réfléchirent sur son cristal.

— Le féminin perdu, s'exclama Aleta en l'examinant.

Au pied de l'Arbre de Vie, les anciens avaient gravé une puissante femelle jaguar avec ses deux petits, un mâle et une femelle.

O'Connor consulta sa montre. Plus que 72 heures avant le solstice. Dénouant deux sacs d'échantillons qu'il portait à sa ceinture, il glissa la statuette dans l'un et l'or dans l'autre. Ensemble, ils rapportèrent leurs précieuses marchandises sur la corniche principale.

Cachés derrière une grosse stalactite, les deux ex-Navy SEALs les regardèrent enfiler leur équipement et se préparer à repartir.

— Je prends l'or, dit O'Connor.

Aleta haussa un sourcil narquois.

— Parce que c'est lourd, se défendit-il en souriant.

— Surtout dans l'eau.

Il rigola et plongea, nageant vers l'entrée de la caverne. Elle le suivit avec la précieuse statuette. Ils n'avaient pas fait 30 mètres que O'Connor sentit les vibrations derrière eux. Il se retourna juste à temps pour voir Aleta se faire attaquer. Son assaillant lui arracha son masque avant de trancher son tuyau d'arrivée d'air. Son complice fonçait vers lui, poignard à la main.

Il lâcha le sac d'or qui atterrit sur le fond en soulevant un nuage de poussière. En une fraction de seconde, son entraînement à la base navale de San Diego lui revint. Son instructeur, le chef Petty, avait été l'un des hommes les plus durs qu'O'Connor avait jamais rencontrés et ses conseils étaient restés gravés dans sa mémoire : « Si on vous attaque sous l'eau, *laissez votre adversaire venir*. Arrangez-vous pour vous placer derrière lui – passez sur ou sous lui, mais placez-vous derrière – et, ensuite, renversez-le. »

O'Connor dégaina son poignard et attendit. Au dernier moment, il plongea sous son agresseur, remonta derrière lui et lui arracha son masque tout en sectionnant son arrivée d'air. Lui maintenant la tête en bas, il réussit à placer un étranglement. Il jeta un regard derrière lui. Aleta, sans masque et sans air, sombrait vers le fond de la caverne. Son agresseur lui avait arraché la figurine et fonçait à présent vers eux. O'Connor planta son couteau dans l'artère fémorale de son adversaire qui se débattait toujours. Un nuage de sang explosa autour d'eux. O'Connor le repoussa et attendit l'attaque du second mercenaire. Du coin de l'œil, il vit Aleta qui se débattait. Un geyser de bulles jaillissait de son régulateur brisé, mais il ne pouvait rien pour elle pour l'instant.

Le second plongeur hésita une fraction de seconde, mais préféra l'éviter et filer vers l'entrée de la caverne. O'Connor plongea aussitôt vers Aleta et la ramena à la surface. À bout de souffle, elle toussa et cracha. Il la hissa sur la corniche.

— Ça ira, fit-elle, haletante. La figurine !

— J'y vais !

Il replongea. Le corps du premier mercenaire gisait au fond. Il le dépassa à toute allure, arrivant à l'étroite entrée de la caverne en un temps record. Il fit surface à l'instant où son complice se hissait à l'arrière d'un bateau. Le leur dérivait non loin de là, mais Fidel restait invisible.

Obéissant à une impulsion, O'Connor replongea vers le fond du lac pour libérer la corde nylon toujours fixée dans le sol. Celle-ci, plus légère que l'eau, remonta à la surface. Il fit en sorte de la déployer rapidement autour de lui, de façon à former une sorte de filet. Le second tueur le repéra et lança le horsbord droit vers lui. Encore une fois, O'Connor attendit le dernier moment avant de plonger. L'hélice commença par hacher la corde mais le mouvement tournant ne cessait de l'aspirer. Le nylon s'enroula provoquant des hoquets formidables jusqu'à ce que finalement la goupille d'attache saute. L'hélice sombra en tournoyant follement au fond du lac tandis que le moteur tournant sans contrainte se mettait à hurler.

Sous l'eau, O'Connor suivait le bateau qui ralentissait au-dessus de lui, retenant sa respiration pour éviter de relâcher une traînée de bulles. Il se cacha sous la coque et dégaina son couteau. Prudemment, il remonta d'un côté pour découvrir, comme il l'avait espéré, le mercenaire en train de surveiller l'eau à l'arrière du hors-bord. Il se laissa glisser vers lui, mais soudain l'autre se retourna. Sans hésiter, O'Connor lança son poignard qui alla se planter dans sa gorge.

— Aaaarggg !

Les mains autour du cou, l'homme titubait. O'Connor le fit passer par-dessus bord d'une secousse sur le flanc du canot. L'autre sombra, tout en continuant à se débattre de plus en plus mollement dans un nuage rouge. O'Connor nagea derrière lui jusqu'à ce que finalement il devienne inerte, coulant toujours vers le fond. Il remonta à la surface et grimpa sur le hors-bord pour récupérer la figurine dans son sac de nylon posé à terre. Il replongea immédiatement.

Quand il refit surface dans la caverne, Aleta était assise sur le rebord de la corniche et tentait de réparer son matériel.

— Tu vas bien ?

Elle hocha la tête.

— Et eux ?

— Morts. Tous les deux. Mais je crois qu'ils ont eu Fidel.

— Les enfoirés ! Ils ne vont jamais nous lâcher, hein ?

— Non, et c'est loin d'être terminé. Mais nous avons encore une chance.

Il posa le sac contenant la figurine sur la corniche et replongea pour aller récupérer le masque d'Aleta et le sac contenant les lingots.

— Ton régulateur est bouché, dit-il peu après. Il va falloir qu'on partage mon embout.

— Merci, Curtis. Tu m'as encore sauvé la vie.

Il sourit.

— De rien, m'dame, c'est compris dans le service.

Ensemble, ils s'enfoncèrent dans les eaux à nouveau limpides de la caverne. Ils nagèrent lentement, échangeant l'embout toutes les trois respirations. Une fois revenus dans le lac, ils aperçurent distinctement les coques des deux canots à la surface, une quinzaine de mètres au-dessus d'eux. O'Connor montra celui qui avait toujours son hélice.

Fidel gisait, inconscient, la chemise maculée de sang. O'Connor s'empara d'une serviette pour presser la blessure et stopper l'hémorragie.

— Où est l'hôpital le plus proche ?

— Il y a un médecin à San Marcos, c'est plus près, dit Aleta en lançant le moteur.

José Arana les attendait sur la petite jetée. Les deux hommes portèrent Fidel jusqu'à la maison du docteur, et José leur conseilla d'aller chez lui tandis qu'il aidait le médecin.

À son retour, il trouva Aleta assise avec O'Connor dans le jardin, lui expliquant ce qu'elle avait appris au cours de sa transe.

— Il s'en sortira, annonça Arana, mais si vous ne l'aviez pas ramené aussi vite, Fidel ne serait plus parmi nous.

Il s'empara de la figurine de jade, admirant l'œuvre des anciens artisans.

— Saviez-vous que l'un d'entre nous aurait pu y perdre un bras ? demanda Aleta, non sans une certaine colère.

— Je vous avais prévenus tous les deux que la figurine et le codex seraient protégés, répondit simplement Arana. Maintenant, le solstice approche. Et c'est cela qui compte.

— Nous avons un petit travail à terminer à San Pedro avant de partir, dit O'Connor. Les journaux de von Heißen contiennent des preuves accablantes des atrocités commises par les nazis à Mauthausen… ainsi que de l'implication de la CIA aux côtés des escadrons de la mort guatémaltèques. Jennings ne se doute visiblement pas de leur présence ici. Il faut que nous les récupérions pour les mettre en lieu sûr.

— Il doit être en train de célébrer la messe, fit remarquer Aleta.

— Oui, confirma José. Et il en a encore pour une heure au moins. Cela vous suffit-il ?

— Amplement, fit O'Connor avec un large sourire. Pour une fois que ce type va servir à une bonne action…

55

Base aérienne de Vandenberg, Californie

La sécurité autour de la base aérienne était encore plus stricte qu'à l'accoutumée. Une lourde houle soulevait les eaux sombres du Pacifique tandis qu'un projecteur installé sur la plage de Point Sal fouillait les vagues couronnées d'écume. Les derniers préparatifs de lancement du missile Minuteman LGM-30 spécialement modifié étaient quasiment terminés dans le silo Lima Foxtrot-26. Non loin de là, les techniciens effectuaient les ultimes contrôles à bord du *Looking Glass*. L'équipage du E6-Mercury était déjà sanglé dans ses sièges, prêt à guider le missile jusqu'à une position très précise pour permettre l'attaque massive aux ELF sur le système de tunnels iranien, une décharge qui pénétrerait jusqu'au noyau de la Terre. À 4 000 kilomètres au nord, la base de Gakona était en effervescence, tout le personnel testant les complexes circuits de HAARP. Tyler Jackson était nerveux sur sa chaise de bureau. Le compte à rebours avait commencé.

Howard Wiley piqua une crise quand Ellen Rodriguez, sur une ligne sécurisée de l'ambassade à Guatemala City, le mit au courant des derniers développements. Une fois encore, son visage prit la même teinte carotte que sa chevelure.

— Le corps a été retrouvé flottant sur le lac, pas très loin de la plage de San Marcos. Les autorités ne l'ont pas encore identifié, mais c'est certainement l'un des nôtres. Il portait une combinaison de plongée, et il avait un poignard planté dans la gorge.

— Comment pouvez-vous être sûre que c'est l'un des nôtres ? gronda Wiley.

— À cause du tatouage US Navy SEALs sur son bras gauche.

— Merde ! Et l'autre ?

— Disparu… présumé mort.

— C'est une sacrée présomption, Rodriguez !

— Ils traquaient O'Connor, répliqua-t-elle calmement, et celui-ci a été aperçu à San Pedro *après* la découverte du premier corps.

— Où est-il maintenant ?

— Je dirais que Weizman et lui sont en route pour Tikal.

— Nous avons briefé 5 autres soutiens hier. Sont-ils arrivés ?

— Pour le moment, non.

— Bordel de merde, Rodriguez, c'est quoi, ce foutoir ?

Elle préféra ne pas répondre.

— Ramenez vos fesses à Tikal et réglez-moi cette merde. Je veux des barrages sur les routes, une surveillance 24 heures sur 24. Je veux que Toutankhamon et Néfertiti crèvent à la première occasion… Et je veux ce codex !

Là-dessus, la communication fut coupée.

Rodriguez secoua la tête. Quoi que Wiley et ses semblables pensent du Guatemala, c'était un État souverain, et il allait lui être assez difficile d'établir des barrages routiers.

* * *

Ne désirant pas attirer outre mesure l'attention, O'Connor respectait les limitations de vitesse. Les heures et les kilomètres défilaient lentement dans le vieux 4 × 4 fourni par José. Les buissons rabougris de la plaine de Petén laissaient peu à peu la place à la forêt tropicale de Tikal. Le site de l'ancienne cité maya faisait désormais partic d'un parc national. Il s'arrêta à la barrière qui en marquait l'accès.

L'employé attendit que le véhicule soit hors de vue pour appeler le numéro qu'on lui avait donné. Il n'avait pas la moindre idée de qui étaient l'homme et la femme dans ce vieux Toyota, et il ne s'en souciait guère. Ils correspondaient au signalement, et cette Américaine s'était montrée très généreuse.

* * *

— Tu as un plan ? demanda Aleta.

— Pas vraiment, répondit O'Connor avec un sourire désarmant.

Le 4 × 4 décolla subitement sur un nid-de-poule. L'atterrissage fut violent.

— Il y a un hôtel, reprit-il, avec des bungalows assez corrects où nous pourrions passer la nuit, à quelques centaines de mètres à peine des pyramides.

— Mais c'est là qu'ils vont nous chercher, non ?

— Oui, et donc nous n'irons pas… Ce qui est fort dommage. Une nuit dans un vrai lit avec toi…

— Tu sais, tu as un truc là-haut, tout là-haut, bien au-dessus de la ceinture. Ça s'appelle un cerveau et ça sert à réfléchir…

Ils souriaient tous les deux.

— Pendant qu'on trimballait les malles de von Heißen à San Marcos, répondit O'Connor, José m'a dit qu'il contacterait les anciens d'un village qui se trouve de l'autre côté de la rivière. Il a pris une route plus directe et doit probablement déjà y être. C'est ce même village que ton grand-père a visité autrefois. Selon José, il devrait y avoir une piste qui y mène dans environ… un kilomètre.

S'ils n'avaient pas su où la trouver, ils l'auraient manquée. La jungle était juste un peu moins dense au départ de la piste. Guère utilisée, sinon par les villageois, elle permettait à peine le passage du Toyota. Il dut conduire très lentement parmi les branches et les lianes qui venaient heurter le pare-brise. La végétation était d'une extraordinaire densité autour des immenses acajous et des kapokiers. Quarante minutes plus tard, ils arrivèrent à la rivière et à ce même pont que Levi avait franchi soixante-dix ans auparavant.

— Tu ne caches pas la voiture ? s'étonna Aleta tandis qu'elle enfilait un des sacs à dos.

— Inutile, dit O'Connor en prenant l'autre. Langley a sûrement un satellite qui surveille la région 24 heures sur 24, et ils l'ont déjà sûrement repérée. Mais, une fois que nous aurons traversé le pont, ils ne pourront plus nous suivre sous la canopée. Il leur faudra des soutiens au sol qui, j'en suis sûr, doivent déjà être en route.

Il s'engagea sur le pont branlant, et elle le suivit, avançant avec précaution sur les vieilles bûches de cèdre qui se balançaient dix mètres au-dessus des eaux tumultueuses. La traversée se déroula sans encombre et, encore une fois, il prit les devants sur le petit sentier qui serpentait en direction du village maya. Il devait écarter les feuillages pour avancer. Soudain, il s'arrêta si brusquement qu'elle faillit lui rentrer dedans. Il se cacha derrière un arbre, lui faisant signe de le suivre.

— On n'est pas seuls, articula-t-il sans un bruit avant de poser un doigt sur ses lèvres.

Aleta regarda autour d'elle sans rien percevoir d'anormal.

— La CIA ? chuchota-t-elle.

— Je ne sais pas. Ça pourrait être des hommes du village… j'ai vu quelque chose à 150 mètres environ.

Aleta sursauta quand la jungle s'ouvrit juste à côté d'elle, laissant apparaître José Arana.

— Vous avez raison d'être prudents. Vos ennemis ne sont pas loin. Ils sont arrivés à Tikal la nuit dernière.

— José, vous m'avez fait peur ! s'exclama Aleta, le cœur battant.

— Vous n'avez pas perdu de temps, dit O'Connor en hochant la tête pour reconnaître sa maîtrise de la jungle.

Arana sourit.

— Nous n'en avons guère à perdre. Suivez-moi. Le village tient à vous souhaiter la bienvenue.

Au cours des soixante-dix années qui s'étaient écoulées depuis la visite de Levi Weizman, peu de choses y avaient changé. La population était un peu plus nombreuse, mais la fumée s'élevait toujours des mêmes feux, et les mêmes délicieuses odeurs de cuisine flottaient dans l'air. Les femmes continuaient à faire mariner des épis de maïs dans du citron vert avant de les écraser en galettes de *masa*, et les plaques en fonte étaient toujours brûlantes, prêtes pour les tortillas. Le menu du dîner était resté le même : du poulet revenu avec du piment, du poivre, de l'origan et toujours ce citron. Les femmes les plus jeunes, les petites-filles de celles que Levi avait rencontrées, s'occupaient à présent du tissage et façonnaient des *huipils* et des *traje* aussi bariolés que par le passé, utilisant les couleurs et les motifs propres au village.

Les anciens, descendants de ceux qui avaient autrefois gouverné Tikal, étaient vêtus de leurs chemises de coton traditionnelles rouge et jaune et de leurs chapeaux de paille. O'Connor et Aleta furent solennellement présentés. Nul mieux que ces hommes ne savait l'ampleur des événements à venir.

56

Tikal, Guatemala

Ellen Rodriguez arriva à Tikal dans un 4 × 4 anonyme de l'ambassade arborant des plaques locales. Elle fouilla le parking du Jungle Lodge à la recherche du Toyota repéré par le gardien du parc sans trouver le moindre véhicule correspondant à sa description. Après avoir pris possession de sa chambre, elle retourna boire un jus de mangue dans le hall de l'hôtel, attendant que l'employé au bureau de la réception, un homme assez âgé avec une fine moustache noire, soit seul.

— Serait-il possible de voir la liste des clients ?

— Je suis navré, señora, c'est contraire au règlement.

Elle lui glissa un billet de 200 quetzales.

— Mais je vais voir ce que je peux faire, dit-il, impassible en empochant l'argent.

Peu après, il revenait avec une enveloppe fermée.

De retour dans sa chambre, elle étudia la liste. O'Connor n'aurait pas eu la stupidité de s'enregistrer sous son propre nom, mais elle était à la recherche d'un homme et d'une femme qui avaient dû se présenter à l'hôtel peu après leur entrée dans le parc. Après un examen minutieux, elle laissa échapper un petit soupir de frustration. Personne, en couple ou non, ne s'était présenté dans ce laps de temps. « Où sont O'Connor et Weizman ? » se demanda-t-elle. Elle consulta sa montre. Il était temps d'aller retrouver les gros bras envoyés par Washington. La traque d'O'Connor s'était jusqu'à présent soldée par un échec retentissant, et elle commençait à espérer que son ancien collègue s'en sorte une fois de plus mais, face à cinq tueurs, ses chances paraissaient faibles, d'autant que demain, jour du solstice d'hiver, il allait devoir se montrer à découvert.

Elle était censée les retrouver au pied de la Pyramide I, lors d'une visite nocturne des ruines mais, au moment où elle se présenta sur la Grande Place, Wiley en personne se détacha du groupe de touristes. Rodriguez était sidérée. Cette présence du directeur adjoint sur le terrain était sans précédent dans l'histoire de l'agence.

— Je prends le commandement, Rodriguez. Dès le départ, cette opération a été foireuse. Vous me brieferez dans votre chambre.

— Mais, monsieur… Les soutiens…

— … Sont déjà sous mon commandement direct. Cette fois, je ne tolérerai aucune erreur.

* * *

— Voulez-vous boire quelque chose ? demanda Rodriguez, sur un ton glacial, en fermant la porte de son bungalow.

— Un scotch.

Elle trouva une bouteille miniature de Johnny Walker Red Label dans le petit frigo.

— Alors, qu'est-ce que vous avez ? demanda Wiley.

— O'Connor et Weizman sont entrés dans le parc il y a 2 heures, mais depuis on ne les a plus vus nulle part. J'ai vérifié la liste des clients de l'hôtel, personne ne s'est présenté. Pour le moment, ils ont disparu, mais ils ne doivent pas être bien loin.

— Langley a une image satellite d'un véhicule sur ce qui semble être une piste abandonnée, dit Wiley. Nous avons aussi une prise de vue en temps réel de deux individus traversant un pont à pied. Après, ils se perdent dans la jungle.

Il sortit une carte de Tikal et des environs de son attaché-case et l'étala sur la table basse.

— À mon avis, ils se rendaient dans ce village.

— Et les soutiens ?

— Trois d'entre eux ont été déployés dans les ruines, avec instruction de tirer à vue.

— Vous ne craignez pas d'attirer l'attention ?

— J'en ai rien à foutre, Rodriguez. Avec les cartels mexicains, les fusillades à tous les coins de rue sont une sorte de sport local. Les deux autres soutiens sont en route pour ce village. Si les deux personnes qui ont traversé ce pont sont bien Toutankhamon et Néfertiti, nous les aurons. D'une façon ou d'une autre.

— Et le codex ? Ne vaudrait-il pas mieux attendre qu'ils nous y conduisent ?

— C'est le problème avec vous, Rodriguez… Vous laissez trop faire le hasard. Il ne vous est pas venu à l'esprit qu'ils ont sans doute trouvé un élément conduisant au codex ? Il suffit de le récupérer. Je n'ai pas besoin de cette salope pour me dire comment faire. Autre chose ?

— Vous semblez avoir pensé à tout, *monsieur*.

— Bien.

Wiley avala son scotch et replia la carte.

— Je suis dans le bungalow 11. S'il y a du neuf, je veux être informé sur-le-champ. Mais je doute que vous puissiez m'apprendre quoi que ce soit.

Il claqua la porte derrière lui. Et Rodriguez, à sa propre surprise, sentit qu'elle aussi claquait la porte sur une carrière à laquelle elle s'était jusqu'à aujourd'hui vouée corps et âme. Elle régla l'alarme de son téléphone portable sur 3 heures du matin.

57

Tikal, Guatemala

Les deux mercenaires progressaient en silence sur le sentier menant au village où Arana, O'Connor, Aleta et les anciens étaient en grande conversation autour du feu central. Tous écoutaient attentivement la jeune femme expliquer, en se référant aux notes de Levi Weizman, l'interaction des rayons du soleil avec les cristaux des figurines lors du solstice d'hiver.

— La seconde carte lui a été donnée par vos propres grands-pères, dit-elle en étalant le *huun* sur le sol. Elle montre un triangle précis reliant les Pyramides I, IV et V.

Arana hocha la tête.

— Mon grand-père a trouvé la figurine ornée d'un jaguar mâle dans la Pyramide I, j'en déduis qu'elle doit être placée sur la crête de celle-ci. Chaque statuette possède un trou à sa base qui a la forme de la lettre grecque Φ, mais chaque fois placé différemment. Je suppose que c'est pour leur donner l'orientation correcte.

À nouveau, Arana acquiesça.

— Si ma théorie est exacte, continua Aleta, la figurine femelle doit aller sur la Pyramide IV, d'où elle provient à l'origine. La dernière, celle représentant le neutre, va sur la Pyramide V, là où mon grand-père l'a découverte et là où elle devrait être frappée par le rayon réfléchi par les deux autres cristaux.

— C'est du bon travail, Aleta, et que se passera-t-il alors ?

— C'est une hypothèse, mais j'espère que mon grand-père avait raison quand il a conclu que le dernier rayon nous indiquera l'endroit où se trouve le codex.

— Le problème étant, intervint O'Connor, qu'il nous faudra de l'aide pour protéger les figurines une fois que nous les aurons mises en place…

Soudain, un cri bref monta de la jungle, aussitôt suivi par un autre.

— Deux de nos ennemis ont eu la stupidité de tenter de s'approcher par le sentier, annonça Arana. Mais ils ignoraient comment se déplacer dans la jungle la nuit. Plus de vingt guerriers protègent le village.

Il se tourna vers les anciens et les consulta dans l'ancienne langue maya. Le chef du village lui répondit en lançant des regards interrogateurs vers Aleta. Était-elle bien celle qui avait été envoyée afin de révéler le codex sacré ?

— Les anciens sont d'accord, dit finalement Arana. Vous avez tous les deux accompli un travail remarquable, et le temps est peut-être venu pour nous d'intervenir. Mais nous ne pouvons pas vous aider à placer les figurines. Nos ancêtres ont été très clairs à ce sujet. Le codex ne doit être trouvé que par celui ou celle dont c'est le destin. Nos guerriers pourront les protéger, mais une fois seulement que vous les aurez disposées. Je tiens encore à vous prévenir : le codex est farouchement défendu. Plus encore, ajouta-t-il avec un regard grave, que la statuette que vous avez trouvée dans le lac Atitlán, même si, encore une fois, le principe d'équilibre s'appliquera.

* * *

Il était bien plus de minuit quand les hommes cachés dans la jungle autour du village se rassemblèrent, leurs peintures de guerre brillant à la lueur du feu.

— Il est temps de partir, annonça Arana. Le soleil se lèvera à 6 h 49, ce qui nous laisse un peu plus de 3 heures.

Il fit signe aux guerriers, et quatre d'entre eux s'élancèrent aussitôt vers le sentier qui conduisait au pont et aux ruines de la cité maya.

— Nous ne partons pas avec eux ? s'étonna Aleta.

— Ce sont nos éclaireurs, expliqua O'Connor. Pour nous prévenir en cas d'embuscade.

Elle frémit.

— Ils risquent leur vie.

— De bon cœur, lui dit Arana. Le sacrifice pour le bien commun fait partie de notre culture.

Un rugissement formidable déchira la nuit. Un des rares jaguars encore en vie de Tikal était en chasse.

— C'est un présage, déclara Arana sans préciser s'il était bon ou mauvais, avant de faire signe à un autre homme portant une longue torche.

Ils marchèrent en file indienne, dix guerriers ouvrant la voie avec leurs torches, suivis par O'Connor et Aleta. Ensuite, venaient les anciens avec Arana et dix autres guerriers formant l'arrière-garde de la colonne.

Une demi-heure plus tard, ils rejoignaient les éclaireurs qui avaient pris position non loin des ruines. Arana ordonna l'extinction des torches et, une fois encore, les quatre mêmes guerriers prirent les devants, plus furtifs que jamais. Quand ils arrivèrent aux abords de la Grande Place, leur chef se figea, aussitôt imité par le reste du groupe. O'Connor et Arana le rejoignirent, et il leur montra le sommet de la Pyramide I. Dans le clair de lune, O'Connor n'eut aucun mal à le repérer : un homme assis, un fusil d'assaut entre les bras.

— Encore un des tueurs de Wiley, murmura-t-il en se tournant vers Arana. Je m'en occupe, ajouta-t-il en vissant un filtre rouge à sa lampe. Quand vous verrez mon signal, faites en sorte de provoquer une diversion.

Il contourna la Grande Place, se dirigeant vers le flanc de la Pyramide auquel le tireur embusqué tournait le dos. En silence, il commença à grimper les vieilles marches de calcaire, le regard fixé sur la crête au sommet. Il s'immobilisa quand l'homme se dressa d'un bond. Il était jeune, et ses mouvements étaient brusques. Mauvais signes. Le mercenaire agita son arme en direction de la Pyramide IV, comme dans l'attente d'une réponse rassurante. Finalement, il se rassit, dos au mur.

Un de ses complices était donc installé là-bas. O'Connor reprit son ascension, s'arrêtant avant la dernière marche. Il braqua sa lampe vers les guerriers dissimulés dans la jungle en contrebas et pressa trois fois le bouton. Grâce au filtre rouge, le rayon n'était vu que par ceux vers qui il était dirigé. Cachés parmi les arbres, les villageois se mirent à tirer sur des lianes et, soudain, la jungle parut prise de folie. Le tireur se leva aussitôt, braquant nerveusement son arme vers toute cette agitation. O'Connor franchit sans bruit les derniers mètres. Au dernier moment, l'autre se retourna, mais il était trop tard. O'Connor avait déjà noué un garrot autour de son cou. Le mercenaire résista longtemps, les entraînant tous les deux au bord du vide. O'Connor s'arc-bouta, serrant de toutes ses forces. L'autre finit par céder.

* * *

Ellen Rodriguez tâtonna à la recherche de son téléphone, croyant que l'alarme s'était déclenchée, mais c'était Tyler Jackson qui l'appelait.

— Ellen, il faut que vous m'écoutiez attentivement. Nous n'avons pas beaucoup de temps.

— Que se passe-t-il ?

— Nous sommes sur le point de lancer un missile depuis Vandenberg qui sera positionné au-dessus de l'Iran. Il servira de lentille afin de concentrer un rayon ELF pour détruire le complexe nucléaire de Fordo.

— Je vous entends, Tyler, mais je ne suis pas sûre de pouvoir faire grand-chose pour empêcher ça.

— Vous étiez à la Maison Blanche avant, non ? Vous m'avez dit que vous connaissiez le chef de cabinet, Andrew Reed.

— Oui, mais il nous faudra de solides arguments pour arrêter ce lancement. Les Iraniens sont sur le point d'avoir la bombe, et le Président a sûrement donné son feu vert à cette attaque.

— Parce qu'il ne dispose pas de tous les éléments. Nul ne sait ce qui va se passer maintenant que notre système solaire va être soumis à l'influence du trou noir au centre de notre galaxie. Nous sommes sur le point d'expédier une décharge de 3 milliards de watts au cœur de la planète alors qu'elle se trouve sur son orbite la moins stable depuis 26 000 ans. Je peux vous envoyer un e-mail ?

— Oui. J'allume mon ordi.

— Il part.

Jackson vérifia son message et cliqua sur le bouton « envoyer ».

— Je le reçois.

— Si vous ouvrez le premier document joint, vous devriez voir une image de la structure interne de la Terre.

— Oui… le noyau, le manteau et la croûte terrestre.

— Bien. Sur le diagramme, vous noterez que le noyau fait 7 000 kilomètres de diamètre et qu'il est composé de fer solide entouré de métaux en fusion. Vous verrez aussi que la couche intermédiaire, ou manteau, d'une épaisseur de 2 800 kilomètres est, elle, composée de silicates brûlants – autour de 3 000° C – mais c'est surtout la croûte terrestre qui m'inquiète.

— Je ne vous suis pas.

— Globalement, son épaisseur maximale n'est que de 70 kilomètres. En certains lieux au fond des océans, elle n'est plus que de 5 kilomètres, et cette croûte est flexible. Nous n'en sommes pas conscients, mais la Terre tourne sur elle-même à la vitesse de 1 600 kilomètres-heure. Quand un enfant monte sur un manège dans un parc, la force centrifuge le pousse vers l'extérieur et peut même le projeter au-dehors si elle est suffisamment forte. Dans le cas de la planète, cette même force fait que la croûte gonfle de façon significative au niveau de l'équateur.

— Je ne vois toujours pas en quoi cet argument va permettre d'empêcher le lancement du missile.

— C'est ce renflement à l'équateur qui détermine la position des océans. Si une force suffisante change l'axe de la Terre, la faisant en quelque sorte basculer sur celui-ci, la position des océans *changera*. C'est cela qui rend l'opération Ether aussi dangereuse. Si vous donnez une pichenette à une toupie qui tourne sur une table, elle va s'emballer et tomber… mais la Terre n'est pas posée sur une table, rien ne la retient. Si une énergie de 3 milliards de watts remue la couche externe en fusion du noyau, l'oscillation de Chandler s'accroîtra, provoquant une série de tremblements de terre plus puissants que ceux d'Haïti ou du Chili… après quoi, oui, la Terre se stabilisera et tournera toujours à la même vitesse, mais selon une autre inclinaison, sur un axe différent.

Rodriguez frémit devant l'énormité de ce qu'annonçait Tyler Jackson.

— L'équateur aura changé de position…

— Tout comme les pôles, acquiesça Jackson. Avec un changement des pôles *magnétiques*, le nord et le sud se contentent de s'inverser, ce qui a déjà des conséquences assez néfastes : destruction des systèmes de navigation aérienne, extinction des espèces d'oiseaux migrateurs et ainsi de suite. Mais avec un changement des pôles *géographiques*, c'est l'équateur qui se déplacerait et avec lui son renflement et donc la position et la profondeur des océans. Londres, Washington, New York, Tokyo, Sydney… Toutes ces villes se retrouveront sous l'eau. Aux États-Unis, 60 % de la population vit près des côtes. Au Japon et en Australie, c'est 80 %. À vrai dire, partout dans le monde, la population vit majoritairement sur les côtes ou près d'elles. Si vous ouvrez le deuxième document joint, vous verrez une projection du monde après un tel bouleversement.

Rodriguez regarda le schéma avec incrédulité. D'immenses portions des deux Amériques, de l'Europe, du Japon, de l'Inde, de la Russie, de la Chine avaient disparu tandis que de nouvelles terres avaient émergé autour de Cuba et de la Floride, et entre l'Australie et la Papouasie-Nouvelle-Guinée.

— Ceci s'est-il déjà produit par le passé ? demanda-t-elle.

— Les gens s'imaginent que l'Atlantide relève de la science-fiction, mais l'Atlantide n'a pas sombré… comme vous pouvez le voir sur la carte, après un changement des pôles géographiques, ce sont les océans eux-mêmes qui changent de place, et des continents entiers disparaissent. Ils sont recouverts d'eau alors que de nouvelles terres font surface.

— Existe-t-il une preuve de cela ?

— Pas dans les livres d'histoire, car notre histoire ne remonte qu'à environ 6 000 ans mais les preuves sont bien là… juste sous notre nez. Les travaux entrepris dans les calottes glaciaires de l'Arctique et de l'Antarctique vont surprendre de nombreux scientifiques. Un forage au fond de la mer de Ross montre clairement qu'il n'y avait pas de glace dans l'Antarctique, et les carottages en profondeur révèlent des forêts fossilisées.

— En d'autres termes, les pôles ne se sont pas toujours trouvés là où ils sont maintenant ?

— Non. Et nous découvrons à présent de plus en plus d'indices permettant de croire à la présence de cités disparues au fond des océans et qui sont autant de signes supplémentaires d'un changement des pôles géographiques par le passé. En bas de la carte, vous verrez des images obtenues à partir de balayages au sonar qui montrent d'anciennes routes et pyramides. Une équipe d'archéologues maritimes très respectée a trouvé des preuves de l'existence de ce qui pourrait être une cité maya au large de Cuba. Et, pas plus tard qu'il y a deux ans, du marbre et des constructions en pierre ont été découverts dans des eaux peu profondes près des îles Bimini dans les Bahamas.

— Combien de temps avons-nous ?

— Quelques heures tout au plus.

— Je vais voir ce que je peux faire, Tyler. Si j'obtiens un résultat, vous sentez-vous prêt à briefer le Président par vidéoconférence ?

— Absolument.

Rodriguez raccrocha pour appeler le numéro personnel du portable d'Andrew Reed.

— Bon Dieu, Ellen. Est-ce que vous fumez des machins illégaux là-bas ?

Reed, agacé d'être réveillé à une telle heure et de tenir cette conversation sur une ligne non sécurisée, ne se montra guère réceptif... mais leur discussion fut interrompue par des coups de feu en provenance de la cité antique.

* * *

Les premières balles ratèrent O'Connor de quelques centimètres, ricochant sur la pyramide. Raflant l'arme de sa victime, il se mit à couvert. La maçonnerie en calcaire se désintégra un peu plus quand le deuxième mercenaire passa en automatique et lâcha plusieurs rafales. O'Connor descendit quelques marches et se faufila de l'autre côté du monument de façon à avoir une meilleure vue. Dans le clair de lune baignant la Pyramide IV, il distingua un petit mouvement derrière le coin droit de la crête. Il ajusta la crosse du fusil contre son épaule, aligna les mires du viseur télescopique et attendit. Soudain, sa cible jaillit de son abri pour ouvrir le feu. Les balles sifflèrent autour de lui, mais il les ignora, ajustant calmement sa visée. Il ne tira qu'une fois. Le mercenaire s'écroula, un trou au centre du front. O'Connor le regarda rouler sur le flanc de la pyramide avant de finir sa chute dans la jungle.

Il fit signe avec sa torche et Aleta, sac à dos sur l'épaule et accompagnée par quatre guerriers, apparut à la lisière de la forêt. Elle entama l'ascension. Vers l'est, au-dessus de la canopée qui s'étalait jusqu'à l'horizon, le velours de la nuit s'éclaircissait. O'Connor consulta sa montre. L'aube du solstice d'hiver se lèverait dans moins d'une demi-heure.

Réveillé par la fusillade, Howard Wiley se dirigeait déjà vers les ruines.

— Nous n'avons pas beaucoup de temps, dit Aleta, à bout de souffle, en prenant pied au sommet de la Pyramide I.

O'Connor se hissa sur le faîte et alluma sa torche. Ici, le calcaire était particulièrement érodé mais, au centre même de la crête, la gravure dans la pierre était intacte.

— Regarde ! s'exclama Aleta en désignant le Φ sculpté dans la pierre.

— Et il est entouré par une rainure dans laquelle devrait s'insérer la base de la figurine, dit O'Connor.

Aleta grimpa à ses côtés et sortit la statuette représentant le principe mâle de son sac. Elle la lui tendit. S'aidant de sa torche, il aligna le Φ de la figurine avec celui de la pyramide avant de la glisser dans la rainure où elle se logea à la perfection. Le cristal brilla dans les premières lueurs de l'aube.

O'Connor se tourna vers l'est. Le ciel ne cessait de s'éclaircir. Il baissa les yeux vers les guerriers pour leur indiquer qu'ils devaient à présent protéger la figurine, mais quatre d'entre eux avaient déjà pris position aux quatre coins de la pyramide. O'Connor et Aleta dévalèrent les marches. Quatre autres guerriers les rejoignirent pour foncer à leurs côtés vers la Pyramide IV qu'ils gravirent à toute allure. Encore une fois, O'Connor grimpa sur la crête, trouva le Φ et le sillon. Aleta lui tendit la figurine femelle et il l'inséra dans son logement.

— Tu sauras t'en servir ? lui demanda-t-il en lui tendant le fusil du deuxième mercenaire, qu'il avait pris soin de ramasser au passage.

— J'ai appartenu à un club de tir, mais je ne faisais que du pistolet.

— Le principe est le même.

Laissant les guerriers garder la Pyramide IV, ils coururent retrouver Arana et les autres, à une centaine de mètres de là.

— Nous avons moins de 5 minutes devant nous, et la Pyramide V se trouve à 500 mètres d'ici, annonça O'Connor.

— Les anciens et moi resterons sur la Grande Place, déclara Arana. Que les dieux des Mayas soient avec vous.

O'Connor et Aleta s'engagèrent sur la piste dans la jungle derrière leur escorte de guerriers. Leurs peintures de guerre scintillaient dans la semi-pénombre. Une bande de singes hurleurs se balançait bruyamment parmi les branches d'un immense figuier étrangleur au-dessus d'eux. Ils avaient déjà parcouru 300 mètres quand une rafale de pistolet-mitrailleur éclata. Deux guerriers moururent sur le coup, et O'Connor grimaça quand une balle lui arracha son arme.

Instinctivement, Aleta se jeta à couvert derrière un buisson, avant de se mettre en position, un genou en terre. Les brefs éclairs en provenance de la Pyramide V révélaient la position du tireur embusqué à la base de celle-ci. Calmement – à l'image d'O'Connor quelques minutes plus tôt –, elle ajusta les mires et pressa la détente à trois reprises.

— Aaggghhh !

Les coups de feu cessèrent.

— Belle et fatale, déclara O'Connor, admiratif. Exactement comme je les aime.

Il se pencha pour récupérer son arme.

— Tu saignes ! s'exclama-t-elle.

— Ce n'est rien. Juste une égratignure.

Il fit signe aux guerriers restants de se remettre en marche.

Ils atteignirent la pyramide et, une fois encore, O'Connor et Aleta partirent à l'assaut du sommet.

— Deux minutes, annonça-t-il. Le voilà !

Le Φ et la rainure étaient à peine visibles. Aleta sortit la figurine neutre et la lui tendit. Il la mit en place.

— Reste allongée, dit-il, il y a peut-être d'autres tireurs.

Ensemble, ils se tournèrent vers l'est. La canopée s'étalait aussi loin que portait le regard. Ici et là, le sommet reconnaissable d'un kapokier géant saillait au-dessus des chicles, des balsas et des figuiers. La bande de singes continuait sa danse insouciante parmi les arbres, leurs caquètements se mêlant aux cris rauques des aras, aux trilles des colibris et aux *kyow-kyow* des faucons orangés. L'horizon brillait dans un mélange de roses et de jaunes incandescents là où le soleil du solstice allait apparaître.

— Vingt secondes, murmura O'Connor. Dix…

Le cœur d'Aleta battait à tout rompre.

— Maintenant !

Les rayons de lumière qui avaient voyagé à près de 300 000 kilomètres par seconde depuis le Soleil distant de 150 millions de kilomètres illuminèrent les langues de brume qui stagnaient au-dessus de la jungle. O'Connor braqua ses jumelles sur le cristal installé au sommet de la Pyramide I. La figurine mâle avait déjà réagi et dévié selon un angle de 287 degrés très précisément un rayon de lumière verte, semblable à un laser, qui frappa le sommet de la Pyramide IV. Le cristal femelle réagit de la même façon, envoyant un nouveau rayon sur celui qui se trouvait tout près d'eux. Dans un silence impressionnant, celui-ci s'illumina et réfracta la lumière. Ils suivirent la trajectoire du rayon qui frappa un point situé à 300 mètres de là.

— La Pyramide du Monde Perdu ! s'exclama O'Connor, les yeux rivés à ses jumelles. Fais un relevé, dit-il en tendant sa boussole à Aleta.

Celle-ci passa sous le rayon et consulta le cadran.

— 269 degrés !

— Le rayon frappe une des marches, à peu près un mètre au-dessus du sol.

Tandis qu'il repérait mentalement l'endroit, le soleil continuait à monter au-dessus de la jungle, et les rayons issus des miroirs commencèrent à faiblir. Au loin, retentissait faiblement une sirène de police. Plus proche, et dissimulé dans l'ancienne Acropole centrale, Howard Wiley surveillait Toutankhamon et Néfertiti à travers ses propres jumelles. Il les vit dévaler la Pyramide V au pied de laquelle les attendaient des guerriers.

Fusil en main, O'Connor et Aleta empruntèrent la piste dans la jungle menant à *Mundo Perdido*, la Pyramide du Monde Perdu. Les premiers archéologues, frappés par cette grande pyramide se dressant au sein d'une jungle grouillante de vie sauvage et exotique, n'avaient pu s'empêcher de faire le rapprochement avec le monde primitif décrit par Conan Doyle dans son roman. Prudemment, O'Connor et Aleta s'arrêtèrent près des marches, tandis que les guerriers montaient la garde. La sirène se rapprochait.

— On voit une marque de brûlure sur le calcaire, fit remarquer Aleta. Là, au-dessus de la première marche.

— Une chambre secrète ?

— Les anciens étaient d'excellents ingénieurs. Il y a peut-être un mécanisme caché.

Elle récupéra un ciseau et un maillet dans son sac et se mit à tailler doucement la pierre autour de la marque. Soudain, elle heurta du métal.

— Un levier ! s'exclama-t-elle, travaillant plus rapidement maintenant pour le dégager entièrement.

O'Connor tendit la main vers le levier de bronze, forgé en forme de jaguar.

— Non ! ordonna Aleta en lui saisissant le bras.

Les paroles d'Arana résonnaient en elle : « le codex sera protégé… plus encore que la figurine que vous avez trouvée dans le lac Atitlán. »

— Passe-moi ta corde.

Elle en noua une extrémité autour du cou du jaguar, et ils reculèrent de 10 mètres, la longueur de la corde. Elle tira, sans résultat. O'Connor vint à sa rescousse. Ensemble, ils plantèrent leurs talons dans le sol. Le levier bougea lentement. Soudain, toute la façade du temple trembla, et quatre énormes marches disparurent, révélant un puits à la base de la pyramide, exactement à l'endroit où ils s'étaient tenus quelques secondes plus tôt. La poussière monta des tonnes de décombres qui s'étaient écroulés 6 mètres plus bas. O'Connor récupéra la corde pour la fixer à l'arbre le plus proche avant de la jeter dans le puits. Il descendit en rappel. Dès qu'il eut atteint le fond, Aleta le rejoignit.

— Regarde ! D'autres marches, et un tunnel qui s'enfonce dans la pyramide !

Il jeta un caillou dans ce nouvel escalier, redoutant qu'un autre gouffre s'ouvre sous leurs pieds. La pierre roula dans un passage qui était resté scellé pendant plus de 1 200 ans. Ils s'engagèrent sur les marches puis dans le tunnel. Ici, à l'abri de l'air et des intempéries, les pierres avaient gardé leur teinte originelle : elles avaient été peintes en un rose éclatant. Le plafond était haut, formant l'arche pointue typique des Mayas.

— C'était la couleur de toutes les pyramides au moment de leur construction, fit observer Aleta. Le rouge cinabre, la couleur de l'aube… la couleur de la vie.

— Et ces hiéroglyphes ?

À espaces réguliers, les anciens avaient incrusté des tablettes de jade gravées dans les parois.

— Je ne peux pas les déchiffrer à la volée, mais celle-ci est très explicite, répondit Aleta avec un frisson. « La mort trouvera celui qui, sans y être autorisé, troublera le lieu de repos du codex. » Curtis ! Il est ici !

Au-dessus d'eux, la voiture de police venue de la ville de Flores surgit de la piste, traversant la jungle, et s'arrêta, pneus hurlants à l'entrée de la Grande Place. Howard Wiley sortit de sa cachette et contourna la place pour se diriger vers la Pyramide du Monde Perdu. Ellen Rodriguez le suivait à distance, prenant position parmi les trois petites pyramides situées à l'est de *Mundo Perdido*, chacune alignée avec les équinoxes et les solstices d'été et d'hiver. Wiley s'approcha du puits qui venait d'être dégagé sous le temple. Rodriguez le vit empoigner la corde.

58

À l'aide de sa puissante torche, O'Connor examinait les murs à l'étrange couleur. La pente devenait de plus en plus raide à mesure qu'ils s'enfonçaient dans *Mundo Perdido*. Après une soixantaine de mètres, ils se retrouvèrent face à de nouvelles marches qui descendaient vers ce qui semblait être un mur au centre duquel était enchâssé un immense et curieux engrenage en jade. Il y avait là trois roues en tout, représentant les différents calendriers mayas : une, immense, qui jouxtait la deuxième, plus petite, elle-même contenant la troisième. Toutes comportaient des dents leur permettant de s'imbriquer. En haut de l'escalier, de chaque côté, deux longs bâtons de bois étaient fixés aux murs, chacun se terminant par une antique lampe à huile. O'Connor en décrocha un et s'en servit pour sonder les marches. Aleta l'imita avec l'autre, craignant que celles-ci ne dissimulent un piège quelconque, mais rien ne se produisit.

— C'est le *Haab*, le « calendrier long » des Mayas, et ceci, le *Tzolk'in* sacré, le « calendrier court », expliqua-t-elle avec excitation quand ils atteignirent le mur.

Elle passa la main sur les roues magnifiquement sculptées, chacune couverte de hiéroglyphes et du système numérique de points et de traits qui permettait aux Mayas de décompter les jours et les dates.

— Le calendrier long est basé sur les cycles de la Terre, le plus court sur celui de l'amas des Pléiades dans la constellation du Taureau, reprit-elle. À eux deux, ils ne donnent pas simplement un jour ou une date uniques, mais une date précise dans trois calendriers différents : le premier de 52 ans, un autre de 5 125 ans et le dernier grand cycle de 25 625 années. Nous arrivons maintenant à la fin des temps. Le cinquième grand cycle du soleil se terminera le 21 décembre 2012… Une occurrence très rare dans la façon dont les trois calendriers s'entremêlent.

O'Connor éclaira le mur avec sa torche.

— Mais je ne vois rien ici qui permette de trouver le codex.

Aleta secoua la tête en lui montrant les hiéroglyphes.

— En fait, ces calendriers indiquent une date : *4 Ahau, 8 Cumku*… qui est celle d'aujourd'hui ! C'est extraordinaire ! Il doit y avoir un mécanisme quelconque derrière ce mur qui fait tourner ces roues depuis 1 200 ans. Tu comprends ce que cela veut dire ?

Il acquiesça.

— Qu'il y a peut-être un réglage qui permet d'ouvrir ce mur ?

— Exactement. Le système de calendriers interdépendants des Mayas pouvait prédire des dates 4, 40 ou 40 000 ans à l'avance, donc je me demande si ce réglage ne serait pas celui correspondant au 21 décembre 2012 ?

Elle rangea sa lampe pour poser les mains de chaque côté de la roue représentant le *Haab*. Quand elle tenta de la tourner, celle-ci réagit aussitôt, lentement d'abord, puis avec plus de facilité. Aleta recula tandis que les hiéroglyphes de jade, les points et les traits se déplaçaient et tournoyaient avec un synchronisme parfait, les jours, les semaines et les mois défilant rapidement. Puis tout l'engrenage ralentit jusqu'à ce que les dents du *Ik* et du *Kank'in* sur le grand *Haab,* ainsi que sur le *Tzolk'in* sacré et sur la roue intérieure, s'imbriquent. Un éclair jaillit. Aleta poussa une exclamation étouffée :

— Le 21 décembre 2012 !

Un mécanisme enfoui dans les tréfonds de la pyramide se mit en branle dans un grondement formidable. La paroi derrière les calendriers sacrés commença à glisser.

— À terre !

Un mouvement à la limite de son champ de vision alerta O'Connor. Il plaqua Aleta au sol. Un énorme balancier accroché au plafond s'était libéré. L'immense boule de bronze recouverte de pointes aiguisées les frôla, passant à quelques centimètres au-dessus d'eux pour aller s'écraser contre les marches. Livide, Aleta se tourna vers O'Connor.

— Tu viens encore de me sauver la vie.

— Et toi, tu m'as évité de perdre un bras.

Il plaisantait, mais il savait qu'ils avaient eu beaucoup de chance. Se relevant, ils braquèrent les rayons de leurs torches vers la vaste salle rectangulaire qui venait de se dévoiler. Aleta poussa une nouvelle exclamation de surprise en découvrant le trésor. La pièce était remplie d'inestimables artefacts de jade : tout autour, des vases disposés sur des trépieds étaient gravés d'images représentant les dieux de la pluie et du soleil, ainsi que des cormorans et des tortues. Au centre, une sépulture était recouverte par une pierre tombale rouge cinabre sur laquelle étaient représentés le *Haab* et le *Tzolk'in*. Le tombeau était entouré de colliers de perles, de bracelets de poignet et de cheville taillés dans toutes sortes de jades.

Ils s'en approchèrent prudemment. Soudain, Aleta se figea.

— Qu'y a-t-il ? demanda O'Connor.

Elle était livide.

— C'est la tombe de la princesse Akhushtal, murmura-t-elle, le rayon de sa lampe braqué sur les hiéroglyphes gravés sous le délicat masque mortuaire, en jade lui aussi.

— C'était la fille du roi Yax Ain II, et le calendrier sur la tombe indique la date du vendredi 21 décembre 2012.

* * *

— Contrôle à Vandenberg, *Looking Glass*, prêt.

— *Looking Glass*, autorisation pour décollage immédiat sur la piste 20. Prochain contact, en vol.

— *Looking Glass*, merci et bonne journée.

Le colonel de l'Air Force Bill Glassic amena le Boeing 707 E6-Mercury au centre de la piste, bloqua les freins et fit monter le régime des moteurs. Satisfait, il relâcha les freins et poussa lentement les quatre manettes des gaz.

— Vitesse 80 nœuds, annonça le premier officier.

Désormais, le décollage ne pouvait plus être annulé. Glassic se concentra sur la piste et envoya toute la sauce.

* * *

O'Connor examinait les parois du tombeau. D'autres tablettes de jade étaient incrustées dans la pierre, toutes portant des hiéroglyphes. Une série de fresques murales colorées de rouge brillant, de vert émeraude, de bleu turquoise et de jaune iridescent dépeignaient l'offrande de peaux de jaguars à d'anciens rois mayas. Des torches étaient accrochées aux murs à intervalles réguliers. Elles étaient faites de *tinto*, un bois à brûler venu des marais particulièrement endurant. Il en décrocha une pour tâter la mèche. Elle était parfaitement préservée. Récupérant une boîte d'allumettes dans son sac à dos, il l'alluma. Elle s'enflamma difficilement au début puis plus facilement, à mesure que l'huile montait du réservoir en céramique, projetant une étrange lueur tremblotante sur les artefacts. Il alluma quatre autres torches.

— Curtis ! Regarde !

Aleta braquait le rayon de sa lampe sur le mur opposé. Au centre, une alcôve était peinte de rouges, de bleus et de verts éclatants. Les flammes se reflétaient sur un piédestal d'obsidienne noire sur lequel trônait une urne splendide d'une cinquantaine de centimètres, faite d'une mosaïque de jade. Les poignées étaient magnifiquement sculptées en forme de jaguars, l'un mâle, l'autre femelle. O'Connor s'avança pour s'en emparer.

— Mains sur la tête. Tous les deux ! gronda Wiley.

Le directeur adjoint émergea de l'obscurité du passage, un automatique à la main.

— Vos armes. Posez-les à terre et poussez-les vers moi. Un geste de travers, O'Connor, et votre copine s'en prend une dans la tête.

Ils obéirent en silence.

— Bien. Et maintenant, qu'y a-t-il dans cette urne ? demanda Wiley à Aleta.

Elle ne répondit pas.

Dans l'espace confiné du tombeau, le coup de feu fut assourdissant. Aleta sursauta quand la balle ricocha sur le sol en miaulant entre ses deux jambes.

— Je t'ai posé une question, salope !

Cela faisait trente ans qu'elle ne l'avait pas vu, mais le visage de l'homme responsable des meurtres de son père, de sa mère, de ses deux frères et de milliers de Guatémaltèques descendants des Mayas était à jamais gravé dans son esprit.

— Il semblerait que l'honneur de faire l'une des plus grandes découvertes archéologiques depuis le tombeau de Toutankhâmon vous revienne, monsieur Wiley, répliqua-t-elle.

— Reculez ! ordonna-t-il.

Encore une fois, ils obéirent. Les tenant toujours en joue, il s'avança vers l'alcôve. Puis il souleva l'urne qui n'avait pas bougé depuis plus de 1 000 ans.

— Aaaggggh !

Le plateau à pression sur lequel elle se trouvait avait activé un autre mécanisme. Six javelots, à la pointe trempée dans le venin mortel du fer-de-lance, jaillirent de leurs cachettes dans les parois de l'alcôve. Deux d'entre eux lui transpercèrent les cuisses. Sous la violence des chocs, Wiley lâcha son arme. L'urne retomba à sa place sur le plateau au moment où Ellen Rodriguez, pistolet à la main, surgissait à son tour.

— Rodriguez... butez-les, ordonna Wiley en essayant d'arracher un des javelots.

Mais la pointe était trop profondément enfoncée, et le poison faisait déjà son effet. Il s'écroula.

— Chef ? répondit calmement Rodriguez en ramassant son arme. Je vous emmerde.

— Enfoirée de salope. Vous finirez à San Quentin.

— Je crois plutôt que c'est vous, monsieur Wiley, qui vous retrouverez derrière les barreaux quand l'administration apprendra cette histoire.

— Pauvre conne, rétorqua-t-il. Cette opération a été approuvée au plus haut niveau.

Il avait déjà du mal à respirer.

— Ce qui intéressera sans doute la commission d'enquête du Sénat sur le renseignement.

Rodriguez se retourna vers Aleta.

— Pensez-vous qu'on puisse récupérer l'urne en toute sécurité maintenant ?

— Elle attend ici depuis des siècles d'être découverte par la personne apte à prévenir le monde.

José venait d'apparaître, son visage luisant comme du bronze dans la lueur des torches. Il était accompagné par quatre guerriers. Il fit signe à celui qui portait une petite fiole contenant l'antidote au poison, lui indiquant qu'il était temps de l'administrer à un Wiley désormais inconscient.

* * *

Les quatre actionneurs balistiques à gaz s'enflammèrent simultanément, et un nuage de vapeur d'eau s'éleva. Le toit de béton renforcé du silo Lima Foxtrot-26 glissa silencieusement, révélant le missile Minuteman 3 modifié. Dans le centre de contrôle de la base de Vandenberg, le lieutenant-colonel Dan Williams parcourait du regard la myriade de moniteurs et d'écrans qui allaient suivre la mission vers l'Iran. Tous les systèmes étaient au vert.

* * *

O'Connor lui offrit son couteau, et Aleta glissa la lame sous le bouchon de jade. Elle l'ouvrit délicatement et s'écarta quand un air vicié, prisonnier depuis plus d'un millénaire, s'échappa. Au fond de l'urne, gisait une sorte de paquet enveloppé dans une couverture en cuir. Les mains d'Aleta tremblaient quand elle l'ouvrit.

— Le Codex maya ! murmura-t-elle en découvrant le fabuleux artefact.

Une larme coula sur sa joue tandis qu'elle pensait à son grand-père. C'était à lui qu'aurait dû revenir cet honneur. Elle posa l'ouvrage sacré sur la pierre tombale et l'ouvrit, tournant chaque page de *huun* avec un soin infini.

Le téléphone de Rodriguez bourdonna, et celle-ci recula dans le tunnel pour obtenir un meilleur signal.

— Des nouvelles de la Maison Blanche ? demanda Jackson. Le lancement aura lieu dans moins d'une heure.

— J'ai essayé, Tyler, mais Reed ne veut rien savoir. Ils ont plus peur de la bombe iranienne que de l'oscillation de Chandler… Je doute d'ailleurs qu'ils sachent de quoi il s'agit.

Tyler Jackson raccrocha, accablé. Cette opération était une pure folie, aux conséquences plus terribles encore que Castle Bravo.

Rodriguez retourna dans le tombeau. Aleta, O'Connor et José étaient penchés sur le codex.

— Tu peux le déchiffrer ? demanda José.

Il respectait ainsi la consigne des anciens en laissant la personne qu'ils avaient choisie traduire le codex.

Aleta acquiesça.

— Il faudra un peu de temps pour comprendre tous les détails, mais l'avertissement est clairement là. Même si…

Elle s'interrompit, soudain perplexe.

— C'est curieux… il semble y en avoir deux. L'un est à plus court terme, à propos d'un événement qui surviendrait avant, mais tous deux – le premier, comme celui qui parle de décembre 2012 – conduisent à la destruction de l'humanité.

— Comment ça, à plus court terme ? fit O'Connor.

— C'est en rapport avec la Terre et son axe, dit Aleta, déchiffrant les hiéroglyphes à la lueur de sa torche. Mon Dieu ! Il est question d'un changement des pôles géographiques, suivi par l'annihilation de toutes les villes situées près des côtes. Et il y a une comète qui tombe… Non, attendez… elle ne *tombe* pas, elle *vient* de la Terre… comme une sorte de fusée.

Ce fut au tour de Rodriguez de pousser un cri de surprise. Saisissant O'Connor par le bras, elle lui résuma rapidement les appels qu'elle avait reçus de Tyler Jackson.

— Tyler est un des meilleurs scientifiques que je connaisse, Ellen et, s'il est inquiet, la Maison Blanche devrait l'être aussi.

— L'oscillation de Chandler ?

— L'oscillation de Chandler est tout à fait réelle, et nous avons pu constater les conséquences du tremblement de terre du Chili. Une partie de la croûte a glissé sous la plaque sud-américaine, ce qui a redistribué une portion non négligeable de la masse terrestre. Une décharge de 3 milliards de watts pourrait bien nous faire franchir le point d'équilibre. Mais le Président ne peut envisager ce risque si on ne le lui a pas expliqué.

Rodriguez composa le numéro d'Andrew Reed.

— Bon Dieu, Ellen, vous m'avez déjà emmerdé avec ça à 3 heures du matin. La réponse est non… C'est un mot que vous ne comprenez pas ?

— Dans ce cas, nous révélerons tout aux médias.

— Alors, non seulement vous serez virée, mais vous finirez votre vie en taule.

— Vous n'avez pas la moindre idée de ce que magouille la CIA avec ce missile, alors fermez-la et écoutez-moi.

Rodriguez expliqua la situation en détail à son ancien patron, prenant ce risque sur une ligne non sécurisée. Quand elle eut terminé, un long silence régna sur la ligne.

— Vous avez compris, Andrew ?

— On a une réunion du cabinet, mais je vais la faire repousser. On peut joindre ce Jackson ?

— Il attend votre appel à Gakona.

59

Tikal, Guatemala

C'était l'une des plus grandes découvertes archéologiques de tous les temps. La salle de réunion de l'hôtel qui pouvait pourtant contenir une centaine de personnes ne suffisait pas. La conférence de presse avait donc dû être déplacée sur la Grande Place de Tikal, au pied des Pyramides I et II : le Temple du Grand Jaguar et le Temple du Masque.

José accomplit un ancien rituel maya avant de présenter Aleta. Confiante, elle s'avança vers le microphone qui avait été placé sur les marches de la Terrasse nord. Les appareils photo se déchaînèrent. La retransmission télévisée se ferait dans 150 pays. Elle aurait voulu commencer en remerciant O'Connor, mais il l'en avait fermement dissuadée : la partie à Washington n'était pas encore terminée, loin de là. Juste avant qu'elle ne monte sur les marches, Rodriguez lui avait annoncé l'annulation du lancement du Minuteman.

— Les avertissements sont sans équivoque, souligna Aleta après avoir effectué une brève présentation des Mayas et de leur codex. Et les menaces majeures pour notre civilisation touchent à la religion et à l'environnement, dit-elle, préférant éviter de mentionner le tir de missile avorté. Les Mayas ont bâti une des grandes civilisations de notre monde, mais la dernière inscription connue relevée sur une stèle de Tikal est datée du 13 août 896, une époque où elle était en proie à de grands troubles. En 950, toute la civilisation maya s'est effondrée. Les superbes cités-États, avec leurs innombrables temples et pyramides, ont été totalement désertées. On s'est beaucoup interrogé sur les raisons d'une telle fin et, jusqu'à présent, la cause réelle n'avait pas encore été établie.

Sa voix résonnait avec autorité parmi les grandes pyramides. À 300 kilomètres de là, Mgr Jennings observait la retransmission sur son téléviseur noir et blanc.

— Salope, marmonna-t-il en jetant sa bouteille de scotch contre le mur.

— Il est clair maintenant, poursuivit Aleta, que malgré toute une série d'avertissements adressés aux grands rois mayas – des rois comme Patte de Jaguar, Oiseau Sans Lune, Jasaw et sa femme, Dame 12 Macaw, Yax Ain II –, les cités-États de Tikal, de Calakmul et de Naranjo, cette dernière gouvernée par la puissante reine guerrière Dame Six Sky, étaient engagées dans une guerre continuelle. Un conflit qui a fini par ravager leur environnement, détruit leurs sols, leur capacité à se nourrir et, au bout du compte, toute leur civilisation. Le Codex maya annonce sans la moindre équivoque que nous subirons le même sort si nous ne changeons pas du tout au tout.

Elle s'interrompit pour laisser la menace planer sur l'auditoire.

— Notre civilisation, à l'instar des Mayas, a peur des différences. Nous menons nos guerres au nom de la religion, que ce soit en Irlande du Nord ou bien dans l'Hindu Kush, et nous semblons incapables de tolérer, et encore moins d'accepter, des cultures autres. Au Pakistan, un État très fragile, des armes nucléaires pourraient tomber aux mains d'extrémistes. Des terroristes qui n'auraient aucun scrupule à les utiliser au cours d'attentats-suicides perpétrés au nom d'Allah.

» Aux États-Unis, quarante millions d'évangélistes souscrivent à l'idée que le Christ ne reviendra que quand le dernier centimètre carré de la prétendue Terre promise, c'est-à-dire tous les territoires palestiniens occupés, sera rendu à Israël.

À 10 000 kilomètres de là, le préfet de la congrégation pour la Doctrine de la Foi, le cardinal Salvatore Felici, était rivé à son téléviseur dans son opulent bureau du Palazzo della Sacra Inquisizione.

— Et enfin, le Vatican n'a toujours pas divulgué le troisième secret de Fatima, accusa Aleta, alors qu'il conserve dans ses Archives secrètes la confession manuscrite de sœur Lúcia. En 1917, la Vierge Marie lui est apparue pour lui délivrer un avertissement semblable à celui contenu dans le Codex maya. La Sainte Vierge était accompagnée de saint Malachie, qui a reçu une révélation sur la colline du Janiculum de Rome en 1140 lui permettant de prédire avec une extraordinaire précision la succession des futurs papes. Une succession qui s'achève en décembre 2012.

Certains journalistes étaient déjà au téléphone.

— Le message d'amour du Christ n'est pas unique, déclara Aleta. Le Codex explique qu'une meilleure acceptation d'autrui est un message commun à de nombreuses religions – le christianisme, le judaïsme, le bouddhisme, l'islam. Un enfant de Bagdad n'est pas élevé dans le dogme de la résurrection du Christ, mais apprend celle du prophète Mohammed lors de son voyage nocturne de La Mecque à Jérusalem. Nul ne peut prétendre posséder la voie unique. Il existe plusieurs chemins vers l'Oméga, comme l'explique le Codex, car l'appartenance à une foi n'est, après tout, qu'un accident de naissance. Si nous n'apprenons pas à accepter et à respecter nos différentes cultures, la religion deviendra l'une des forces qui nous détruiront.

Le cardinal Felici brisa un crayon.

— Mais l'avertissement le plus strident contenu dans le Codex concerne notre environnement, car c'est cela, au bout du compte, qui a détruit la civilisation maya, qui a forcé ces gens à abandonner leurs cités. La conférence de Copenhague, comme toutes les autres avant elle, a été un échec patent, malgré l'évidence des preuves du changement climatique. Le Codex maya est très clair : si nous ne faisons rien, les sceptiques qui prétendent défendre les emplois découvriront bientôt qu'il n'y a plus d'emplois à défendre. Enfin, le Codex ne laisse aucun doute quant à l'influence de l'alignement du trou noir au centre de la Voie lactée sur notre système solaire. La NASA a confirmé que les anciens astronomes avaient raison, que leurs prédictions étaient exactes à la seconde près. S'ajoute à cela le fait que, depuis que nous sommes capables de le mesurer, le champ magnétique terrestre n'a jamais été aussi faible et que les pôles se déplacent à travers l'Arctique et l'Antarctique à une vitesse qui dépasse les 30 kilomètres par an. L'activité des taches solaires s'accroît, elle aussi, de façon spectaculaire et atteindra un pic en 2012. Néanmoins, et malgré tous ces signes alarmants, je tiens à m'élever contre toute mesure extrême.

Arana, debout près d'O'Connor au pied de la Pyramide I, hocha la tête en signe d'approbation.

— Il serait sage que nos gouvernements mettent en place des plans visant à prévenir un éventuel déplacement des pôles et envisagent comment, dans une telle hypothèse, tout notre système de communication serait affecté. Ils devraient aussi s'assurer que des plans d'évacuation des zones côtières soient développés et répétés, que nos données bancaires soient bien stockées en ligne, tout en déménageant les systèmes physiques de sauvegarde en altitude. Mais, encore une fois, comme mes très chers amis mayas, je réprouve toute action alarmiste.

Elle se tourna pour s'incliner en direction de José, des anciens du village et des guerriers.

— Selon les anciens, décembre 2012 ouvrira un portail spirituel – une porte ouvrant sur une nouvelle ère de grande énergie et d'espérance, mais que ne pourront franchir que ceux qui seront prêts à réévaluer leurs priorités, à se dédier à une existence plus paisible et plus calme. Ce portail sera aussi accessible aux grandes puissances actuelles, mais uniquement celles qui seront prêtes à reconsidérer leur politique étrangère de façon à privilégier un monde plus juste et plus équilibré et qui encourageront leurs citoyens non pas à tolérer mais à *accepter* les autres cultures. Si cela arrive, il nous reste un grand espoir. Sinon, le Codex est très clair. Nous connaîtrons le même sort que les puissants Mayas.

* * *

Les guerriers mayas montaient la garde devant le bungalow d'O'Connor et Aleta. À l'intérieur, José s'apprêtait à partir.

— Nous ne pourrons jamais assez vous remercier, José, dit Aleta, la gorge nouée.

— Il me suffit que tu aies retrouvé le Codex, répondit-il en l'embrassant avant de serrer la main d'O'Connor. Mais je crains que les gouvernements ne continuent à palabrer, comme ils l'ont fait pour le changement climatique, et que les médias ne se lassent et ne finissent par s'intéresser à autre chose. Si cela se produit, souvenez-vous des Incas, dit-il, énigmatique.

Là-dessus, il s'en fut, les laissant seuls. Aleta se tourna vers O'Connor.

— Sommes-nous encore en danger ? demanda-t-elle.

— Washington niera avoir eu connaissance des agissements de la CIA et des expériences de Gakona, répondit-il. C'est la procédure standard. Nier et continuer à nier dans l'espoir que les médias passent à autre chose. Mais, parfois, une preuve irréfutable surgit, qui les oblige à se rétracter. Il y a des gens très puissants là-bas qui aimeraient bien me faire la peau et, tant que Wiley aura un souffle de vie, il ne renoncera pas à me réduire au silence.

— Et moi aussi, donc. Alors, que faisons-nous maintenant ?

— J'ai quelques amis au Mossad. Ils sont sur la piste de von Heißen au Pérou… qui se trouve être le pays des Incas. Un cargo part de Puerto Quetzal dans deux jours.

— Couchettes séparées ?

— Non, un grand lit deux places.

— Enfin une bonne nouvelle.

Note de l'auteur et remerciements

C'était une journée étouffante de février 2008, et je revenais des jungles montagneuses. En raison de célébrations culturelles dans la capitale du Guatemala, il était difficile de trouver une chambre d'hôtel au centre-ville. Je me suis donc retrouvé dans un établissement délicieux, le *Vista Real*, une oasis de fontaines et de jardins dans les collines qui dominent Guatemala City face aux volcans Agua et Fuego. Le lendemain matin, un véhicule noir remonta l'allée, et un homme pénétra dans le hall de la réception.

— *¿ Señor d'Hagé ? Jerónimo Lancerio. Mucho gusto.*

Typique de la merveilleuse hospitalité des Guatémaltèques, le ministre de la Culture en personne était venu me chercher, malgré un emploi du temps très chargé en raison de ces mêmes manifestations culturelles. Au ministère, je fus convié à plusieurs conférences sur la culture maya et sur les projets en faveur de sa défense qui sont impressionnants. Je suis profondément reconnaissant au ministre et à son équipe dont le señor Tzunam B'alam. Je veux aussi remercier señor Jorge Chaclan, Charlie Hogg et son équipe à Brahma Kumaris, qui ont organisé ces rencontres.

Je tiens à exprimer ma gratitude à la lauréate du prix Nobel de la paix, Rigoberta Menchú qui m'a envoyé son assistante, Aura Leticia Cuxe Pirir afin de faciliter la traduction. En 1992, Rigoberta a reçu le Nobel en « reconnaissance de son travail pour la justice sociale et la réconciliation ethno-culturelle basée sur le respect des droits des peuples indigènes ». Comme mon Aleta Weizman de fiction, Rigoberta a vu sa mère, son père et plusieurs membres de sa famille se faire assassiner par les militaires guatémaltèques. L'ombre de la CIA plane sur ces meurtres. Le rôle criminel de la School of the Americas à Fort Benning a incité le président américain de l'époque, Bill Clinton, à exprimer en mars 1991 ses regrets pour le rôle des États-Unis dans la guerre civile au Guatemala qui aura duré trente-six ans et à déclarer que Washington a « eu tort » de soutenir les forces de sécurité guatémaltèques qui ont torturé, kidnappé et assassiné des milliers de Mayas ruraux.

Beaucoup a été écrit sur les événements à venir en 2012. Le rare alignement de notre système solaire avec le centre de la galaxie est un fait. Que cela provoque ou non un changement des pôles, on l'ignore encore, même si les altérations du champ magnétique terrestre et l'accroissement de l'activité des taches solaires sont des signes inquiétants. C'est là un point de convergence entre plusieurs anciennes cultures. Les Incas (le sujet de mon prochain livre), les Aztèques, les Hopis, les Pueblos, les Cherokees (dont le calendrier s'arrête lui aussi en 2012), les Zoulous, les Maoris et les anciens Égyptiens (sujet du dernier roman de cette trilogie) possèdent tous des traditions et des prophéties à propos de 2012, qui vont de l'apocalypse à un accroissement de la conscience pour ceux qui auront la capacité spirituelle de procéder à cet ajustement. La plupart prédisent un développement de la spiritualité aux dépens du dogme de la religion, ce qui ne sera pas une mauvaise chose, et s'accordent à dire que des changements sans précédent nous attendent. Le nombre toujours croissant d'éruptions volcaniques, de séismes, d'inondations, d'incendies et de tsunamis pourrait très bien constituer un avertissement que nous ignorons avec une constance imperturbable. En novembre 1992, quelques-uns de nos plus brillants cerveaux – 1 700 scientifiques, dont une *centaine* de prix Nobel – nous prévenaient déjà : « L'humanité et le monde naturel se trouvent sur des trajectoires de collision. L'activité humaine inflige des dégâts considérables et souvent irréversibles à notre environnement et à nos ressources critiques. Si elles ne sont pas contrôlées, beaucoup de nos pratiques actuelles font courir un risque grave à l'avenir tel que nous le souhaitons pour les sociétés humaines et pourraient altérer le monde du vivant de telle sorte que nous serons incapables de pourvoir à notre subsistance, en tout cas comme nous l'avons fait jusqu'à aujourd'hui. » Nous n'y avons guère pris garde en 1992, tout comme près de vingt ans plus tard, nous avons été incapables de décider de la moindre mesure concrète à Copenhague. Comme le dit Aleta Weizman : « Les sceptiques qui prétendent défendre les emplois découvriront bientôt qu'il n'y a plus d'emplois à protéger. »

Les activités et les personnages de Gakona sont fictifs, mais les installations de HAARP (*High frequency Active Auroral Research Program*) sont bien réelles, et de nombreux scientifiques et environnementalistes inquiets ont mis en doute le véritable but de ce projet. S'il s'agit bien d'une étude inoffensive de la haute atmosphère, pourquoi est-il placé sous la tutelle du ministère de la Défense ? Les militaires cherchent depuis longtemps à contrôler la météo. Y a-t-il un lien entre HAARP et le nombre croissant de tremblements de terre ? Des chercheurs ont aussi souligné les dangers que pourraient faire courir les expériences qui y sont actuellement menées. N'oublions pas les catastrophes résultant des essais nucléaires. Castle Bravo évoqué dans ce roman était le nom de code pour l'explosion d'une bombe thermonucléaire sur l'atoll de Bikini en 1954. Sans entrer dans les détails, les scientifiques ont commis une terrible erreur en considérant que l'isotope lithium-7, qui entrait pour 60 % du lithium contenu dans la bombe, resterait inerte. Bien au contraire, il se montra hautement fissile, et la bombe atteignit une puissance de 15 mégatonnes… au lieu des 5 prévues. La radioactivité fut 1000 fois supérieure, et tous les équipements de contrôle furent vaporisés lors de la déflagration. Les équipes des navires civils surveillant le test et des milliers d'iliens furent contaminés avec pour résultat une multiplication des cas de cancers. Les retombées atteignirent l'Australie, le Japon, l'Inde et même certains pays d'Europe. Comme mes personnages, les expériences de Gakona décrites ici sont de la pure fiction, mais…

Mgr Jennings n'existe pas, mais j'avoue avec tristesse n'avoir eu aucune difficulté à trouver des

« modèles » au sein de l'Église catholique sur lesquels baser ce personnage. Cela dit, il y a une myriade de prêtres catholiques dans le monde entier qui méritent notre plus grand respect et notre admiration. Bien évidemment, la pédophilie n'est pas l'apanage de l'Église catholique. Des prêtres d'autres religions et des « éducateurs » appartenant à certaines de nos plus prestigieuses écoles ont molesté des enfants et ruiné d'innombrables jeunes vies. Mais ce sont les silences et la protection offerte à ces personnes de façon répétée et criminelle par le Vatican et les hautes autorités de l'Église qui méritent qu'on les dénonce.

Beaucoup l'ignorent mais, à commencer par saint Pierre lui-même, et pendant ses mille premières années d'existence, l'Église autorisait le mariage des prêtres. Le Christ lui-même n'y aurait rien trouvé à redire. Le célibat ne fut introduit qu'en 1022, quand le pape Benoît VIII interdit les mariages et jugea aussi nécessaire de proscrire les maîtresses. La raison essentielle (mais pas unique) en était l'héritage. Le Vatican s'inquiétait que, à la mort d'un prêtre, ses biens reviennent à sa famille et non à l'Église. Plus tard, le pape Innocent II força les prêtres mariés à divorcer de leurs épouses, dont beaucoup devinrent des femmes perdues. Peu d'entre nous sont faits pour être célibataires et, contrairement à ce que proclament certains célèbres journalistes procatholiques, des recherches indiquent que *moins de 2 %* des membres du clergé observent un célibat absolu. Le pape Benoît XVI a maintenant l'occasion d'inverser la décision de son prédécesseur. S'il n'est pas dit que l'abolition du célibat résoudra le problème de la pédophilie au sein de l'Église catholique, il permettra néanmoins aux prêtres de pouvoir trouver un exutoire sain à leurs besoins naturels, qu'ils soient hétérosexuels ou homosexuels.

De nombreuses personnes interviennent dans la production d'un roman, et je tiens ici à remercier la superbe équipe de Penguin : Bob Sessions et mon éditeur, Ben Ball ; les héros dans l'ombre du design, dont Elissa Webb, Sally Bateman et son équipe des relations publiques ; et Peg McColl. Merci à Dave Altheim pour cette nouvelle merveilleuse couverture et à Bridget Maidment et Arwen Summers pour leurs corrections perspicaces. Enfin, *last but not least*, je salue la contribution inestimable de Belinda Byrne.

Lors de l'écriture de cet ouvrage, de nombreuses personnes qui n'appartiennent pas à Penguin m'ont aussi fourni avis, encouragements et, parfois, réconfort. À Robyn, qui était là quand c'était le plus dur, et à Antoinette et ses amis, mes remerciements les plus sincères. Mon agent, Clara Foster (Curtis Brown) a donné sans barguigner de son temps, relisant mon manuscrit et offrant, comme toujours, d'excellents conseils. J'ai beaucoup de chance de les avoir avec moi. À Kate, Nic et Patrick au Stockmarket Café de Leura et aux clients comme Stephen Measday, Guy et Jayne, Rod et Bronwyn et à tous les autres qui fréquentent les longues tables en bois pour résoudre les problèmes du monde. À Mary Rodwell, la directrice et fondatrice de l'ACERN, le Réseau de recherches pour les rencontres extraterrestres en Australie, pour ses conseils et sa compréhension des vies antérieures. À Tom, Wendy, Josie, Tom, Kathie, Imogen, Tegan, Judy et toute l'équipe à Megalong Books. À Caroline Ledewig, qui a lu certaines des premières épreuves. J'ai aussi une dette envers d'autres érudits comme le

Dr José Argüelles, le Dr Carl Jonan Calleman, le Pr Michael D. Coe, Maurice Cotterell, Barbara Hand Clow, Adrian Gilbert, John Major Jenkins, Geoff Stray et beaucoup d'autres.

Les historiens auront noté certains ajustements dans la chronologie des événements, particulièrement dans l'Allemagne nazie. Ils ont été rendus nécessaires pour élaborer le fil de mon intrigue et, encore une fois, toute erreur est uniquement la mienne.

Finalement, je veux saluer mes deux garçons, David et Mark (à l'épouse et à la partenaire de qui ce livre est dédié), le premier capitaine de pompiers, le second détective, qui continuent à se gratter la tête en se demandant ce que leur père a bien pu encore mijoter.

Composé par Nord Compo
à Villeneuve-d'Ascq (Nord)

Imprimé en France par

MAURY-IMPRIMEUR
à Malesherbes (Loiret)
en octobre 2012

POCKET – 12, avenue d'Italie – 75627 Paris Cedex 13

N° d'impression : 177032
Dépôt légal : novembre 2012
S21522/01